U0933804

珍藏本
纪念版

汉译世界学术名著丛书

人类交换规律与人类行为准则的发展

〔德〕赫尔曼·海因里希·戈森 著

陈秀山 译

王辅民 校

2017年·北京

Hermann Heinrich Gossen
ENTWICKLUNG DER GESETZE DES MENSCHLICHEN VERKEHRS UND DER DARAUS FLIESSENDEN REGELN FÜR MENSCHLICHES HANDELN
Berlin
Verlag von R. L. Prager
1889
本书根据 R. L. 普拉格尔出版社 1889 年版译出

汉译世界学术名著丛书
（120 年纪念版·珍藏本）
出 版 说 明

2017 年 2 月 11 日，商务印书馆迎来 120 岁的生日。120 年前，商务印书馆前贤怀揣文化救国的理想，抱持"昌明教育，开启民智"的使命，立足本土，放眼寰宇，以出版为津梁，沟通中西，为中国、为世界提供最富智慧的思想文化成果。无论世事白云苍狗，潮流左右激荡，甚至战火硝烟弥漫，始终践行学术报国之志，无改初心。

迻译世界各国学术名著，即其一端。早在 20 世纪初年便出版《原富》《天演论》等影响至今的代表性著作，1950 年代后更致力于外国哲学和社会科学经典的译介，及至 1980 年代，辑为"汉译世界学术名著丛书"，汇涓为流，蔚为大观。丛书自 1981 年开始出版，历时三十余年，迄今已推出七百种，是我国现代出版史上规模最大、最为重要的学术翻译工程。

丛书所选之书，立场观点不囿于一派，学科领域不限于一门，皆为文明开启以来，各时代、各国家、各民族的思想与文化精粹，代表着人类已经到达过的精神境界。丛书系统译介世界学术经典，引领时代思想，为本土原创学术的发展提供丰富的文化滋养，为推动中国现代学术和现代化进程做出了突出的贡献。

为纪念商务印书馆成立120周年，我们整体推出“汉译世界学术名著丛书”120年纪念版的珍藏本，寄望既利于文化积累，又便于研读查考，同时向长期支持丛书出版的译者、编者和读者致以敬意。

两甲子后的今天，商务印书馆又站在了一个新的历史时间节点上。我们不仅要铭记先辈的身影和足迹，更须让我们的步伐充满新的时代精神。这是商务人代代相传的事业，更是与国家和民族的命运始终紧密相连的事业。我们责无旁贷，必须做好我们这代人的传承与创造，让我们的努力和成果不仅凝聚成民族文化的记忆，还能成为后来人可以接续的事业。唯此，才能不负前贤，无愧来者。

商务印书馆编辑部

2017年10月

译者前言

德国经济学家赫尔曼·海因里希·戈森(Hermann Heinrich Gossen,1810—1858年)是边际效用理论的先驱,生于德国西部的迪伦(Düren);1829年至1833年先后在波恩大学学习法律和公共管理学,毕业后曾当过律师、地方政府税务官;退休后与他人合办过保险公司,后退出经营,专心致力于经济学研究与写作。

此书出版于1854年,然而问世后并未引起人们的注意,这主要是因为在当时的德国经济学中,历史学派占据了主导地位。戈森在失望与痛苦之余,在1858年要求停止发行并销毁余书,以致该书曾长期下落不明、埋没于世。直至19世纪70年代,才由法国经济学家瓦尔拉斯和英国经济学家杰文斯发现并肯定了戈森学说的价值与意义。杰文斯在其《政治经济学理论》的再版序言中(1879年),详细介绍了戈森的思想体系观点,并承认这些观点是先于自己的。自此之后,戈森的理论才开始为人们所重视,在国内国际上产生了影响。1889年,戈森的著作重印发行,中译本就是根据这个版本并参照了英译本译出的。

全书共计四篇二十五章,第一篇论述享受与效用规律,第二篇论述交换规律,第三篇分析个人行为及福利与社会的相互关系,第四篇提出了有关经济和社会改革的各种政策主张。

戈森理论的核心是关于人的享受规律。他为经济学规定的任务是:发现这些享受规律,阐明按照这些规律行事的条件,从而帮助人们获得最大的生活享受,并以此作为己任。戈森自命不凡,把他的学说与哥白尼等人的学说相提并论,认为他所发现的规律可以使人类生活道路发生重大改变。他通过对人的享受过程的观察与分析,提出了几个重要的享受规律:(1)“如果我们连续不断地满足同一种享受,那么这同一种享受的量就会不断递减,直至最终达到饱和”。(2)“如果我们重复以前已满足过的享受,享受量也会发生类似的递减;在重复满足享受的过程中,不仅发生类似的递减,而且初始感到的享受量也会变得更小,重复享受时感到其为享受的时间更短,饱和感觉则出现得更早。重复享受进行得越快,初始感到的享受量则越少,感到是享受的持续时间也就越短。”这种连续享受或重复享受时出现的享受量递减的规律性,后来被称为“戈森第一定律”,也就是享受或效用递减定律。如何避免这种情况,获得最大的生活享受呢?戈森提出了另外一个重要的规律:“为使自己的享受量达到最大化,人们必须在充分满足最大的享受之前,先部分地满足所有的享受,而且要以这样的比例来满足:每一种享受的量在其满足被中断时,保持完全相等。”这就是后来被称之为的“戈森第二定律”,即享受均等定律。

从这些享受规律出发,戈森进一步论述了他的主观效用价值论和与享受相关的劳动理论以及交换理论;最后,在这些理论的基础上,提出了有关经济与社会改革的各种政策主张。

戈森较早在经济学中应用了数学分析方法,并实际上已经完整地提出了边际效用理论的雏形,尽管他没有明确作出边际效用决定价值的结论，也没有提出一个统一的主观价值的尺度，然而却为后来的边际效用价值理论奠定了基础。他把效用或价值看作是由人的主观欲望和感受决定和衡量的，显然是不科学的。

感谢王辅民先生补译了最后的第二十一章至第二十五章，并校对了全文，同时还要感谢程秋珍女士和吴衡康先生为本书的编辑所付出的辛勤劳动。

目　　录

第三篇　个人与社会

第四篇　经济与社会改革原则的应用

重印前言

面前的这本书曾长期被埋没。作者具有卓越的研究才能，然而，令他痛心的是他不得不经受完全的冷遇，而不是所期待的承认；他本人也将所印之书从市面上撤回。在戈森的著作出版20年以后，才由外国人瓦尔拉斯和杰文斯指出了它的意义。今天，当所有文明国家的大量杰出人才正致力于经济数学的研究，土地问题开始成为热点问题之际，重新出版戈森的开创性的著作，以此公正对待已逝的作者并为科学服务，正当其时。

R. L. 普拉格尔出版社

柏林 1888 年 10 月

序　　言

在下面的著述中，我把20年来思考的结果交给公众去评判。

我认为，哥白尼为解释宇宙天体间的相互关系成功地提出的见解，也可以用来解释地球上人类之间的相互关系。我相信，我成功地揭示了使人类能够相互发生关系并不断使人类进步的力量，而且大体揭示了这种力量作用的规律。像哥白尼的发现能够确定天体在无限时间中运行的轨道一样，我自信通过我的发现也能为人类准确无误地指明，他们为以最完善的方式实现自己的生活目的所必须遵循的道路。

我的这一信念是否无误，这要看我的阐释是否像哥白尼的发现那样具有令人信服的力量。凯普勒和牛顿成功地精确表述了使人产生运动的那种力量作用的规律。要是我的阐释能这样地得到证明，那就如愿以偿了！

我在上面提到我的研究所经历的时间，人们大概不会由此而猜测到，我要以时间的长短来衡量我的研究的价值。本书的全部内容将会驳斥这种臆想。我提及这点只是向读者说明，他们在我后面的叙述中不会看到那种即兴之作，而是书中的每一处论述都在写出之前经过尽可能多方面的思考。另一方面，我把那些有杰出贡献的名人像这里所作的那样与本书相提并论，但愿人们别把这视为高傲。我也十分清楚地知道，个人一般地进行估价和特殊地对自己的著作进行估价时，会陷入多么严重的迷误。因此，在得到完全证实以前，每个人都有充分的理由怀疑自己的判断。我之所以提到那些名人，只是因为我不能找到更言简意赅的方式向读者表明，他们在最有利的情况下所希望得到的东西。

至于叙述的形式，对大多数喜欢研究国民经济问题的人来说，无疑会存在数学基础的障碍。因为遗憾的是数学至今仍然囿于习惯而不被看作对人的训练的必要组成部分。为了证明这种叙述形式的正确性，只要指出下面一点也就够了：在国民经济学中涉及各种力量的共同作用，如果不进行计算，便无法确定这些力量的作用的结果。因此，不借助于数学，也同样不能表述真正的国民经济学。就像在真正的天文学、物理学、力学等学科中，这已是早已公认的事实一样。直至现在还未成功地找到适合于国民经济学的数学形式，也同样是国民经济学迄今仍陷于那种混乱的原因。然而，考虑到数学的训练至今没有成为普遍的习惯，我一直努力只以一部分为人熟知的数学为前提，这部分数学是在我们的中学里讲授过的。只有少数几次必须确定最大值或最小值时，才不得不借助那些超过上述界限的数学知识。但是这对于叙述的理解完全没有影响。因为对读者来讲，在计算最大值或最小值时能否准确计算并不重要，值得关心的是他们在有关情况下是否也能以其他方式搞清最大值或最小值问题。因此，我相信，对于那些严肃地检验我的论述的人来讲，数学基础并不构成检验的真正障碍。但是为使我的论述更容易理解，实际上我是利用图表假设的例子来进行理论阐述的。这样，那些没有兴趣搞清理论阐述的人，也易于了解结果而无须搞清理论阐述，从而对在这些结果的基础上建立起来的进一步的结论做出评价。每个读者都可以不用犹豫地放弃对计算的检验，因为众所周知，当由以出发的前提被认识到是正确的时候——任

何一个人即使完全没有数学知识,也可以对这些前提的正确性进行检验——数学论述中结果的正确性就可以容易地得到证明。有些人感觉到检验理论阐述太辛苦了,对于他们,我要说明,像第 57 页至第 77 页包含的全部内容,可以在第 78 页至 89 页的数例中重新找到;因此,只要他们自己把例子搞清楚,就可以不管哪几页中所作的阐述。

对于阐述本身我要说明,大部分阐述与其看作已经完成的著作,不如看作一些概述。只有人们事前了解了指导原则,细节的阐述才有价值。因此,在作细节的阐述之前,我也不得不首先期待我的一般原理得到承认。对于那些更希望得到详细阐述的人,请允许我说明,我打算以我所从事的科学的教师的身份,准备给予他们所期待的说明。

最后,我希望我的著作能受到严格的,但不带偏见的检验。我有特别充分的理由必须提出这一最终要求,因为相当普遍地认为是真正可靠的思想其实是不正确的,我必须同这些思想进行斗争。许许多多的人,当他们的生活地位完全地或部分地取决于对这些思想的信仰时,就会对这些思想更加珍视。因此,他们只要放弃这些思想,就会处于像我所处的境地一样——人到不惑之年还必须寻求新的位置。实在说,我也不是没有经过斗争,也不是没有经过部分巨大和最初痛苦的斗争,就能摆脱那些思想的;当我赢得了以建立无与伦比的美好的东西代替应该放弃的东西的坚定信念时,最初的痛苦就变成了快乐。我这样说,也许有助于避免由于读者和我之间的看法不同而产生的冲突。相信这种解释至少给读者提供了一个证据,我不是轻率的,而是怀着诚挚的信念同那些思想作斗争的。

戈　森

1853 年 1 月于科隆

第一篇

孤立的个人经济

第一章　享受的一般规律和经济价值

人们希望得到生活享受，他们的生活目的是把自己的生活享受提到尽可能高的水平。但是一方面，人们要经历一个相当长的时间，有许多生活享受人们暂时可以得到，但它们的结果却给人们带来匮乏，这是与他们以前曾有的享受完全不相称的。另一方面，只有在人们首先培养了自己对最高级和最纯粹的享受的理解能力时，这些享受才能为他们所理解。如果人们在任何时刻都想获得似乎对他们暂时是最大的享受而不顾其后果，他们自以为最充分地达到了自己的生活目的，其实却犯了严重的错误。为了获得某种真正的享受量，不仅必须看到暂时享受的量，而且还必须从所有这些享受中进行节俭，其结果便给人们在整个未来时期带来真正的享受。尤其必须考虑的是，一种享受会在多大程度上造成妨碍人的实现体力和智力训练——只有这种训练才能使他们达到高级的和纯粹的享受——的障碍。换句话说：

必须把享受安排得使一生中的享受总量成为最大值。

我们看到，所有的人，国王与乞丐，轻佻的花花公子与忏悔的修道士，在从摇篮到坟墓的一生中，无一例外，都是按照这一原则行事。如果人的行为方式，像我们在生活中感觉到的那样，表现出极大的差异，那么这仅仅是因为对各种不同生活享受量（毫无疑问，这种享受量因人们所受教育程度不同而各异）以及对阻止这种享受后来成为所期待的享受的障碍大小的看法不同。所有人都一致认为，每个人都想使他的生活享受最大化。即使是禁欲主义者——他看上去似乎同这个生活目的相距最远——当他认为通过禁欲和自愿进行各种节俭就可升入天堂时，也就证明了这个定理是真理。因为撇开他们奉行的生活方式——这只是使他笃信这样一种行为方式，即这里自愿进行的节俭将在彼岸的生活中加倍给他报答——本身达到一定点时使他感觉到是一种享受不谈，一旦人们使他摆脱这一信念，他就会很快地接受一种与他迄今为止完全相反的行为方式。历史提供了许多这样的例子：轻佻的花花公子变成了禁欲主义者，而反过来，忏悔的修道士变成了一流的花花公子。在上述原则方面，禁欲主义者与花花公子之间的区别仅仅在于，他是一个更为贪得无厌的利己主义者，他并不满足于把世间所提供的东西作为享受总量，而是企求更多，并且相信这可以用他自己的方法去获得。是的，人们在改变自己的行为方式时，往往陷入极端，这极为清楚地表明了上述定理的普遍作用。谁的行为方式最为突出，谁就以此证明了他采取这种行为方式的动机特别强烈，或者说决定他采取这种行为方式的力量特别强大。因此，十分自然，一旦他由于某种原因改变了信念，他必然要从一个极端走向另一个极端，从而获得用于其他目的的那种力量。倘若所有使我们从中获得历史知识的积极的宗教——把这一定理设定为一个无可争辩的公认的信条，那它们在努力用善恶报应因果轮回来规劝人们走正道时，甚至会认为再说出来提醒人们注意它的存在就是多余的了。它们赋予善恶报应因果轮回以永恒的性质，其目的正在于使下面一点成为完全不容置疑的：遵循这一劝诫，生活享受总量才真正变成最大化。

但是，享受最大化不仅无一例外地被所有人视为生活目的，而且毫无疑问也是上帝所希望的那种人的真正的生活目的。对人们实现这一目标的愿望不可遏制地和持续不断地产生出来，我们只能做出如下的解释：我们假定，上帝在人身上创造了一种其作用作为愿望产生出来的力量，就像我们试图通过相应的，根据一定规律起作用的力量的假定来解释自然界中全部其他现象一样。我们可以把每一种力量的全部本质归结为，它在发挥作用，而且精确地按照它的强度的比例发挥作用。每一种力量的目的，从而上帝创造这种力量的目的，只能是上帝希望达到那种作用，只能是上帝希望人们听命于这种力量而行事。因而，如果像人们所提出的某些道德规范企图达到的那样，想完全地或部分地消灭这种力量，也就意味着完全地或部分地破坏上帝的目的。但是，一个人怎能如此傲慢，居然想完全地或部分地破坏上帝的目的！

但是，那些规范不是源于人的傲慢，而是源于人的迷雾。因为重要的是，人们并不是简单地实现整个一生中生活享受总量的最大化，相反，如果人们享受的时机不当或过度就会发现如此大量享受的不良后果。当人们认为这种后果与享受密不可分地联系在一起时，进而认为享受是有害的必须加以禁止时，甚至会达到这样一种地步，即把享受本身看做是某种不能允许的东西。

那些与规律直接矛盾的从而真正违反自然的规范，完全归咎于缺乏对那些上帝用来统治世界的永恒的和不可改变的规律的认识。人们只有研究那些规律，才能防止犯类似的错误。

从这种生活目的中得出了人的行为方式的一个主要规则：

人的行为的目标是，使他的生活享受总量最大化。上帝通过创造使人们不可遏制地和持续不断地产生实现这一目的的愿望的力量，创造了这样可靠的保证：人们一旦认识了他们能够达到这一目的的道路，就会实现他们的这一生活目的。不仅如此，远远不仅如此。上帝通过使这种力量的作用也像所有其他力量的作用一样服从一定的自己所固有的规律，实现了使人们共同生活的目的，正像它通过重力及其所固有的规律，实现了使它的天体相互发生关系的目的完全一样；正像它通过后一种秩序创造了它的天体一样，它也通过前一种秩序创造了它的人类；正像它通过重力规律永远不变地规定了它的天体的运行轨道一样，它也通过享受力量的规律永远不变地规定了人类共同生活的道路。上帝以此达到：一旦使人们明白了那种力量作用的规律，每个人必然会为自己的幸福而运用他的力量，这同时也是以最合理地促进社会幸福的方式为社会幸福运用他的力量。所以，这是一种使人类社会协调一致的力量，它是联结全人类的纽带；它强制人们在相互交换中获得自身幸福的同时，促进他人的幸福。这种为人类创造了不可估量的幸福的力量，可能受到严重的误解，以致把它诋毁为享受欲，因为它也可以被滥用，以致当人们认为能完全地或部分地抑制这种力量本身时，还相信是自己的功劳！当人们无视上帝的启示——上帝永远不变地和随时地不断地在他的世界中传播这种启示——时，当人们以人的规范取代上帝的启示作为准绳时，他们陷入了多么深的迷雾之中啊！然而这里也显示出上帝的不可思议的智慧。他必定会预见到人类的这种过失，因此使那种力量强大无比，以致人

们同这种力量的作用所作的任何抗衡，虽然能削弱它，但却不能使它丧失作用；无论人们怎样努力扼制这种力量的发挥，但它总是以更大的强度在难以预料的其他方向上重新表现出来。因此，切勿再无视上帝每天以极其多样的形式和明确无误的信号反复昭示我们的指令！这个指令就是：

人们啊！研究我创造的这些规律，并且按照这些规律行事吧！

无需从人们口中证明这一启示的真诚和可靠，它通过自身以无可置疑的方式确认，任何证明看来都是多余的。

按照这一原则，首先应努力研究造成享受的力量借以发挥作用的规律。

如果仔细考察一下享受是怎样发生的，那么我们就会发现，在所有享受中有下列一些共同特征：

1. 如果我们连续不断地满足同一种享受，那么这同一种享受的量就会不断递减，直至最终达到饱和。

2. 如果我们重复以前已满足过的享受，享受量也会发生类似的递减；在重复满足享受的过程中，不仅会发生类似的递减，而且初始感到的享受量也会变得更小，重复享受时感到其为享受的时间更短，饱和感觉则出现得更早。享受重复进行得越快，初始感到的享受量则越少，感到是享受的持续时间也就越短。

日常生活中的无数事实证明了这两个特征。

一件新的艺术品给艺术家以享受，这种享受在他为了准确地理解作品的所有细节而充分观赏的那段时间内最大。这种享受因连续观赏而不断递减，按观赏的对象和个人不同，过了或短或长的一段时间，他就会感到疲劳，即使他这时还要进行其他享受，甚至还要欣赏类似的其他艺术品，也会出现饱和。假定按照观赏的对象和个人的不同，在经过一段或短或长的时间后又出现了重复这种享受的要求，那么他就会由于以前就得到的对这件艺术品的认识而在更短的时间内达到享受的极点。重复享受的次数越多、间隔的时间越短，这一点的高度与第一次相比就会变得越低。在享受艺术品过程中，持续的观赏又带来享受的不断下降，直至饱和。重复享受的次数越多，间隔的时间越短，饱和本身也就来得越早。在多次重复享受过程中，越来越清楚地表明，重复享受中的享受的极点确实在下降，享受持续的时间也确实在缩短。即使是最狂热的艺术爱好者，如果他不存在其他任何动机，那他对于已占有的艺术品的享受也会越来越淡薄。后来甚至孤独终日地不再寻思对这件艺术品的享受。一方面，他重复享受的间隔时间将不断拖长；另一方面，享受的时间也缩短了。这极为明显地证明了。重复享受的次数越多，对享受的兴趣即享受的量就会越来越小。

对同一对象的思考，不论是人们独自进行还是同别人谈话得到启发后进行的，都会增加对这一对象的兴趣，直到完全把握它为止。谁能把一个新真理的真正的和令人信服的发现给自己带来的享受忘怀！在这个对象上逗留一段时间也还能带来享受，但这种享受越来越降低，直至最后若再固定于这一对象上便感到厌烦。重复处理同一对象，当每一次新的重复发生时，享受便会减少；重复的次数越频繁，间隔时间越短，享受减小就越厉害。向别人通报自己的思考，开始时能提供享受，后来则变成说教，成为繁杂的工作。

不仅在这种所谓的精神享受中是如此，而且在物质享受中，也发生这种按照类似的规律出现享受递减的现象。

只用一种饭菜解饿的人，吃第一口时味道最好，第二口次之，第三口更次之，这样吃下去，一直到差不多吃饱时，他是否还吃这最后一口也就无所谓了。我们看到，经验清楚地证明：与精神享受持续时间的缩短相应，重复吃同一种饭菜解饿时，享受降低，享受量减小。穷人只有在节日里才吃上一块烤肉，毫无疑问，他从烤肉中得到的满足的享受比那些每天都使这种享受达到饱和的人要大。对后者来说，不给他吃烤肉满足的享受的时间越长，这种享受也就越大。

对每一个人来说，在重复享受同一种物品时，这种享受递减的程度是不同的，这大概几乎可以不予考虑。此外，它是多么普遍地被注意到，可以从下述事实得到证明：经常听到这样一种说法：是的，我喜欢对某种东西看它一两回，听它一两回，尝它一两回，总之，享受它一两回。但我们不能经常这么干。但是，另一方面，当我们遇到一种物品，即使频繁地重复享受它，享受开始时的减小也难以察觉出来，例如吃面包就是这样。这种使我们感到奇怪的情况，也证明了上述论点。这种令人奇怪的原因只能是，我们恰恰习惯于感受一般较为强烈的减小。人们通过上述说法也承认：享受在开始时，或者在第一次重复时，或者在最初几次重复时，补偿了人们为它所耗费的时间和精力，因此人们不会对此而感到后悔。但是，人们感到，时间久了，重复的次数多了，就会导致享受递减，即与应牺牲的时间和精力相比，得到的享受不够大。所有的物品，也包括前面说的面包，由于重复享受，并且仅仅由于这种重复享受，享受便出现递减。对此只需指出，对那些习惯于每天吃面包的人来说，如果他们由于某种意外情况，仅仅几天不能获得这种享

受，那么他们再吃面包时，享受的提高该有多么大。我们敢打赌，一个人连续许多天吃同一种饭菜，即使这种饭菜对他来说是美味可口的，也肯定会变成餍足；一个人每天吃这一种饭菜的数量，即使是开始打赌时使他保持好胃口的那种数量，也肯定会感受到重复享受时的享受递减，从而人们通常能吃得下的数量递减。

任何一种享受感觉，整个说来，都可以通过训练得到提高，不应把它同继续重复享受同一种物品过程中的享受递减混为一谈。视觉、听觉、味觉和精神状态的训练提高了一般在这些意义上提供服务的那些物品的享受。但是尽管如此，继续重复享受同一种物品，仍然使享受递减。

在所有享受中，既包括精神享受，也包括物质享受，无一例外，这种享受量递减的规律都会反复出现。正因为**上帝使享受力量、享受欲望服从于这一规律，它才能促使其表现出上面详细阐明的那些结果**。

这一规律的不可估量的重要性，使取得对这一规律尽可能明确的认识成为值得追求的。只要成功地通过一个图示忠实地表示了某一真理，便能达到双重的好处：首先，真理不仅能通过我们的思辨力来认识，而且亦能通过另一感官即眼睛来认识，从而得到关于这一真理的真正印象。其次，如果图示正确，计算就能更容易地应用于它，并保证得出的结果的正确性，就像数学演算所能达到的正确性一样。众所周知，物理学家极为重视这一优势。

在目前的情况下，可以以下列方式建立这样一个图示：

图 1.1 中的 ab 线表示享受持续的时间，每一个点都有相对应的时点；因此，ab 线的每一个部分都表示相对应的一段时间。

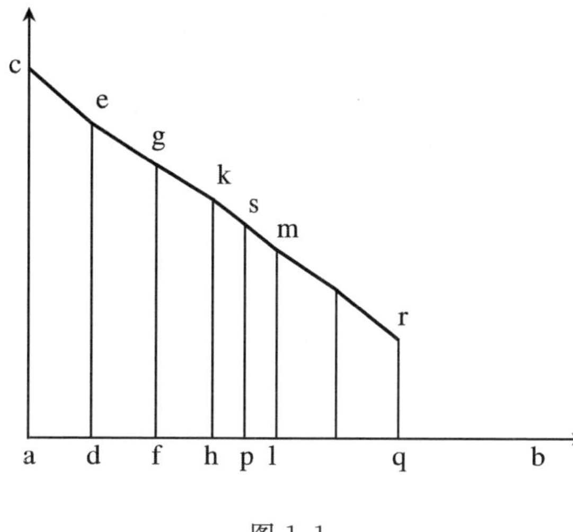

图 1.1

因此，在这种情况下，*ad* 作为第一个十分之一，表示相应时间的第一个十分之一；*df* 作为第二个十分之一，表示相应时间的第二个十分之一；如此等等。然后设想在 *ab* 线的每一点上画一条垂直线，就像这里在诸如 *a*、*d*、*f* 等等点上所作出的那样，同时使这些垂直线彼此处于同相应时点上的享受一样的量的比例之中。如果把垂直线终点 *c*、*e*、*g*、*k* 等等彼此连结起来，那么十分明显，面积 *adec*、*dfge*、*fhkg* 等等，精确地表示了时间段 *ad*、*df*、*fh* 等等的享受的量的比例。一般说来，任何通过 *ab* 线上的两条垂直线以及 *cr* 与 *ab* 线所限定的面积，都表示一定时间内享受的量的比例。例如 *pqrs*，就表示在 *pq* 期间内享受的量的比例。

显然，为了使这一图示真实地表示任何一个实际的享受，还需要测定每一个时点上的享受量。但是到目前为止，还没有成功地解决这一任务，甚至可以说连一次目的明确的尝试也没有。在几何学中，为了真实地表示某一现实中既定空间的一幅忠实的图形，需要对这一空间的按其各个方向进行测量。但是，为了发现几何定理，似乎没有必要进行这样的测量，而是只要从空间的条件阐明它的各部分彼此相关联的可能性也就够了。在几何学中，所发现

的处在我们背后的定理，在我们永远不可能直接测量空间的地方，提供了测量空间的可能性——这使我想起了天文学家的测量。同样，这里发现的定理也使我们后面有可能测量享受，尽管直接测量享受的手段还没有发现。

发现这些可能性，为我们提供了关于在持续或重复享受中享受量递减规律的充分数据。它告诉我们，在某一特定享受的图示中，*cr* 线（图 1.1）——不管它的情形如何——当它从 *c* 向 *r* 移动时，必然持续地不断地向 *ab* 线接近。正是由于这种接近，即 *ab* 上的垂直线缩短，所以便在几何形式上表示了在持续享受中的享

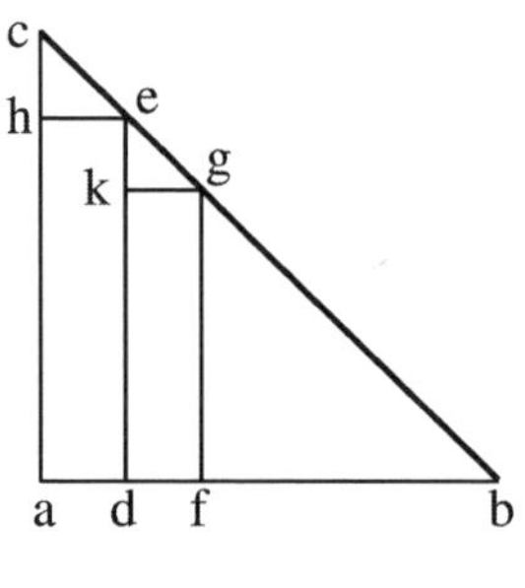

图 1.2

图 1.3

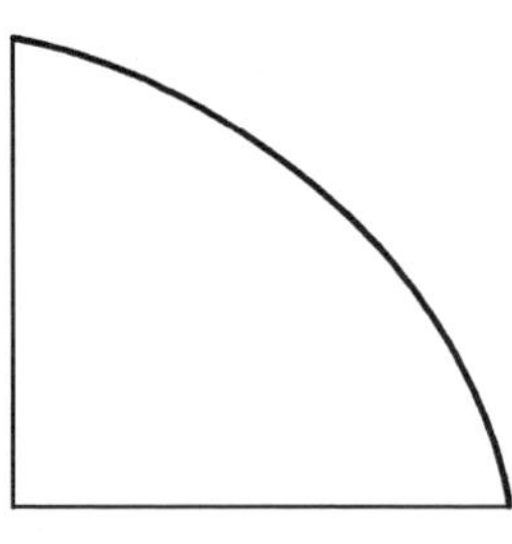

图 1.4

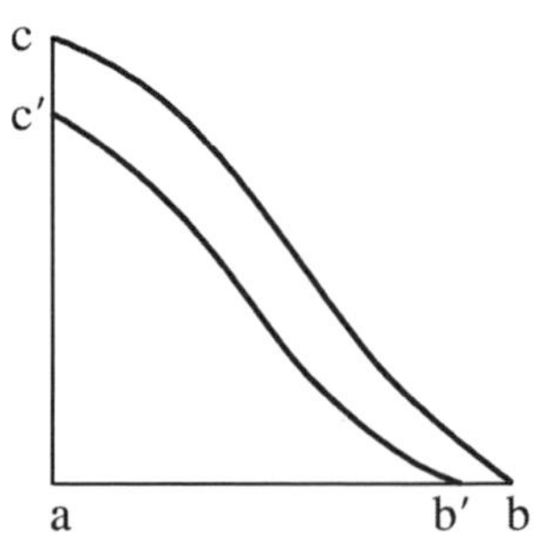

图 1.5

受递减，它还告诉我们这些线必然在 b 点即暂时饱和的时点上会聚，因为正是在那里由于达到饱和而使垂直线等于 0。这个图形是否必须保持类似于图 1.2、图 1.3 或者图 1.4，甚至也许像图1.5那样的形状，不能排除在我们直接的考察之外。对此，必须保持暂时不作定论。因此我暂且选择图 1.2，也就是直角三角形，因为它更为简单。它满足了我们迄今发现的唯一条件，即享受是不断递减的条件；而且是以假定不断递减的方式，即在相同时间内递减量同样大。因为在直角三角形中（图 1.2），当 $ad = df$ 并且 eh 和 gk 与 ab 平行时，$ch = ac - de = ek = de - fg$ 。这个图示应该是经得住推敲的，除非以后所获得的结果表明递减规律发生了变化，结果出现某种偏离。

不论享受中 cb 线的情形如何，从重复享受时享受量递减的规律中都可以得出这样的结论：如果 abc（图 1.5）表示享受量，如果享受量按一定顺序重复进行，在表示这一享受量的图示中，当重复更经常地发生时，ab'必定小于ab，ac'必定小于ac，同时 $c'b'$线的轨迹必定与 bc 线更相类似，因此 ab 线每一点上的垂直线与 $b'c'$线相交早于与 bc 线的相交。从上述情况可以得出这样的结论：由自然力引起的享受量递减，只有通过自然力作用的不同强度才能相互区别开来。由于更经常的重复，这个图必然变得越来越小，一直到最后收敛到 ab 线的 a 一个点上。在所有的享受中，这种收敛到 ab 线的 a 一个点上的情形，必然发生在这样的时候，即重复如此频繁地发生，以致享受刚刚下降到零，重复的享受便又立即重新开始；换句话说，必然发生在人们想持续不断地满足同一种享受的时候。

我们常常处于这样一种状况，大自然给予的享受不费我们的吹灰之力，例如阳光、温暖、自然环境等等。我们通常并不觉得阳光本身——抛开我们通过它享受得到的物品不谈——是一种享受。只有在由于某种意外停止了持续的享受时，没有这种享受的时间越长，享受的程度也就越强烈。熬过了一个黑暗的不眠之夜之后，我们迎来了白天，抛开其他东西不谈，它本身就带来了愉快。那些曾蹲过黑暗牢房的人怎能忘记他们重见光明时的兴奋激动的心情。长期待在一个温度适宜的房间里，感觉不到是一种享受，但是经受了炎热或酷寒之后再进入这样的房间，就会感觉到这是一种舒适的享受。农民在环境优美的地区从早到晚在他的田地上耕作，他在环视这一地区时感觉不到什么享受，而其他人来这里远游却获得了享受。这个农民只要离开这个地区一段不长的时间，他的享受就提高了，直至患上思乡病。

从以上论述中得出了与享受有关的下列三个定理。

1. 在任何一种享受中，都有一种主要取决于更经常地或比较经常地重复享受的方式和方法使人们的享受总量最大化。如果达到了最大化，那么，通过更经常地或比较经常地重复享受所得到的享受总量就会减小。这只要看看图就一目了然。因为一种享受在 b 点上降为零，所以再继续享受也不能使面积 abc 即享受总量扩大，这是纵坐标继续停留在零的缘故。如果在这种情况下继续不断地享受不能扩大享受总量，那么可以明显地通过下列方法达到这一点，即在一段时间停止享受，因为正是通过这种方法人们对外部世界的印象现在就会重新感到是一种享受。但是，这里必然出现的最大化，无疑来自下述事实：不断缩减的满足最终导致，享受只能再得到一次满足或根本得不到满足，因而满足的缩减首先使总量增加，最后又使总量减小到零。因此，必然存在一个使总量达到最大值的满足方式。

这个定理常常被误解，使为数甚多的人总是陷入不能实现他们的生活目的的巨大不幸之中。这种情形在一些人中最为常见，这些人按照迄今人们的看法似乎具有达到人类幸福顶点的特殊资格，即所谓世间显贵。为了举一个近代史上最为显著的例子，我想起了法国国王路易十五。他的朝臣和侍从们耗用全国的力量，来安排他的宫廷生活，凡是能满足现有体力和智力训练阶段上的人的享受的任何东西，都几乎不间断地提供给他来享受。这个目标越是接近实现，令人憎恶的路易的生活享受总量也必然越减少。因为对他来说，全部享受当然早已超过了享受总量的最大点。其结果是，最后甚至连他的情人庞巴杜夫人——只要能给路易带来享受，她不羞拒任何违反自然的淫戏——也休想摆脱极度的无聊。由于对上述定理的误解，只会导致这样的结果：使整个民族陷入不幸，是为了使路易本人比他的大帝国中最受压抑的农奴们更不幸。

为了达到这种最大化，对每一种个别的享受来说，究竟应该怎样安排享受是一个实际问题。这个问题的回答取决于对享受递减规律的更为详细的规定，而这一点又取决于对享受的实际测量。因此，这个问题眼下还不能着手予以回答。在这里，认识这一定理的存在，了解每种享受中都会出现这种最大化、这种最大化首先取决于更为经常的重复，也就足够了。

2. 人们在多种享受之间自由进行选择。但是，他们的时间不足以充分满足所有的享受。尽管各个享受的绝对量有所差别，但

为了使自己的享受总量达到最大化，人们必须在充分满足最大的享受之前，先部分地满足所有的享受，而且要以这样的比例来满足：每一种享受的量在其满足被中断时，保持完全相等。

这是从享受递减规律中得出的结论。我们可以用图 1.6 说明这一点。

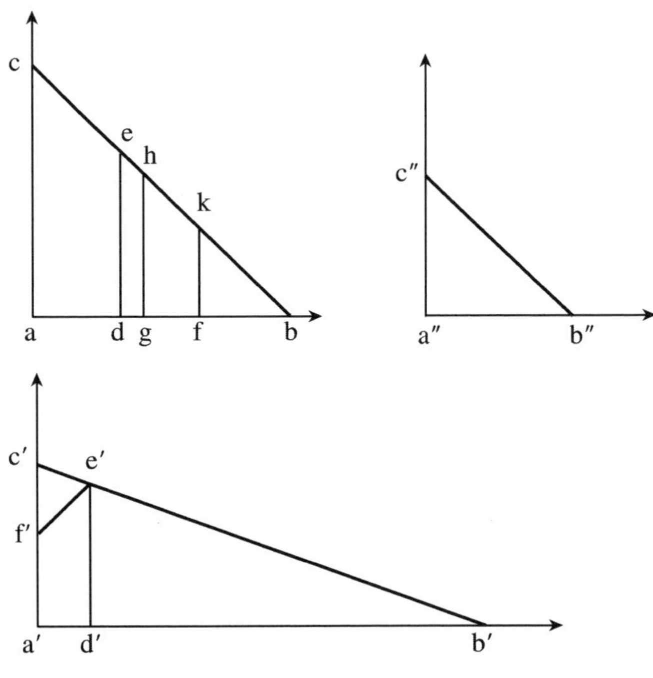

图 1.6

图 1.6 中，设 abc 表示某一享受 A 的量，$a'b'c'$ 表示第二个享受 B 的量。人们为了实现享受总量最大化，必须首先从满足起初是最大的那种享受开始，这里也就是从 A 开始。随着满足长时间的持续，这种享受便大幅度减小，直到与享受 B 在其开始时的程度相等。这里也就是一直到当 $de = a'c'$ 时的 d。因此，如果允许他满足这个享受的

时间只有 ad，那么他必须把这段时间完全用于享受 A 上。如果他有更多的时间可供支配，例如到 f，并且想把整个 af 这段时间都用于满足享受 A，那么他显然达不到最大的享受总量。我们按 $a'd' = fg$ 和 $d'e' = gh$ 的方式设定 d'。这总能发生的，因为 cb 和 $c'b'$ 线不断向水平线 ab 和 $a'b'$ 靠近；若使 $a'f' = fk$，$\measuredangle\ a'f'e' = \measuredangle\ fke$，并使 $e'd'$ 垂直落于 $a'b'$ 上，就会发生这种情况。这样，当时间 gf 用于满足享受 A 时，享受量便通过 $gfkh$ 来测量，当它用于满足享受 B 时，享受量便通过 $a'd'e'f'$ 来测量。由于边和角都相等，所以 $gfkh = a'd'e'f'$，从而 $a'd'e'c' = gfkh + f'e'c'$。因此，当时间以这样的方式分配于两种享受时，即在享受中断时每一种享受的量达到相等；这就是说，当 $gh = d'e'$ 时；享受总量比仅仅把全部时间用于满足享受 A 时增大至 $f'e'c'$。显而易见，任何其他一种时间分配方式都将引起享受总量减小。只有在时间足以充分获得两种享受时，才能使享受 A 的 b 点和享受 B 的 b' 点同时达到。

如果再加上第三个、第四个等等享受，结果也没有根本的改变。人们将总是把允许他去享受的时间首先用于开始时是最大的享受上，直到这种享受下降到与下一个享受相等，在图 1.6 中也就是下降到 $de = a'c'$。从这里开始，他把他的时间分配于 A 和 B 两种享受上，过一段时间后下降到 $gh = d'e'$，变成与下一个最大的享受即这里的 $a''c''$ 相等。这时，如果还有空闲的时间，这些时间将分配于所有三个享受上面并且还是以享受在其中断时的边线彼此相等的方式进行，如此等等。

假定以直角三角形为基础，为计算一个既定的时间如何分配，便得出下列公式。

设 $ab=p$, $a'b'=p'$, $a''b''=p''$, 总之, $a^{(v)}b^{(v)}=p^{(v)}$, 为感觉到享受的时间；享受在其开始时的量为 $ac=n$, $a'c'=n'\cdots a^{(v)}b^{(v)}=n^{(v)}$；拥有的全部时间为 E，用于享受 A 的时间为 e，用于享受 B 的时间为 e'，…… 用于享受 N 的时间为 $e^{(v)}$；那么，为计算出 $e^{(v)}$ 可用下列等式：

$e^{(v)}$ 的总量必须与全部可利用的时间相等，因而：

$$1)\ E=e+e'+e''+\cdots+e^{(v)}.$$

还因为这些享受在其中断时的边线 —— 以 de, $d'e'$，总之 $d^{(v)}e^{(v)}$ 表示各个边线 —— 应该全部相等，所以在每一个三角形中（图 1.6）：

$$ab : ac = bd : de$$
$$= ab-ad : de,$$

从而

$$de=\frac{ac(ab-ad)}{ab}=\frac{a'c'(a'b'-a'd')}{ab}\cdots$$

将上述等式变为

$$2)\ \frac{n(p-e)}{p}=\frac{n'(p'-c')}{p'}=\cdots\frac{n^{(v)}(p^{(v)}-e^{(v)})}{p^{(v)}}.$$

由等式 2 又得出：

$$e'=p'-\frac{p'}{n'}[\frac{n(p-e)}{p}],$$

进而得出：

$$e''=p''-\frac{p''}{n''}[\frac{n(p-e)}{p}],$$

一般式子为：

$$e^{(v)}=p^{(v)}-\frac{p^{(v)}}{n^{(v)}}[\frac{n(p-e)}{p}].$$

如果在分出公因式$\frac{n(p-e)}{p}$的条件下，把 e'，$e''\cdots e^{(v)}$ 的值代入等式1，那么就得出：

$$E=e+p'+p''+\cdots+p^{(v)}-(\frac{p'}{n'}+\frac{p''}{n''}\cdots+\frac{p^{(v)}}{n^{(v)}})[\frac{n(p-e)}{p}].$$

如果两边加上 $p-\frac{p}{n}[\frac{n(p-e)}{p}]$，则换算为：

$$E=p+p'+p''\cdots+p^{(v)}-(\frac{p}{n}+\frac{p'}{n'}+\frac{p''}{n''}\cdots+\frac{p^{(v)}}{n^{(v)}})[\frac{n(p-e)}{p}].$$

因此如果设$\frac{p}{n}+\frac{p'}{n'}+\frac{p''}{n''}\cdots+\frac{p^{(v)}}{n^{(v)}}=\alpha$，$p+p'+p''\cdots+p^{(v)}=P$，则：

$$E=P-\frac{\alpha n(p-e)}{P},$$

或者：

$$e=p(1-\frac{P-E}{\alpha n}).$$

用与 e 完全同样的方式，得出一般式子：

$$e^{(v)}=p^{(v)}(1-\frac{P-E}{\alpha n^{(v)}}).$$

借助于这个 $e^{(v)}$ 的值，通过比较替代，便得出享受 de 在其中断时的量：

$$p:n=p-e:de,$$

化简后得出：

$$de = \frac{P-E}{\alpha}.$$

最后在每个三角形中，测量已满足的享受的部分为：

$$adec = \frac{ac+de}{2} \times ad = \frac{n+de}{2}e$$

$$= \frac{n+\frac{P-E}{\alpha}}{2}P(1-\frac{P-E}{\alpha n})$$

$$= \frac{pn}{2} - \frac{p(P-E)^2}{2n\alpha^2}.$$

因此，如果以 W' 表示在 E 时间内通过这种分配方式所获得的生活享受总量，则：

$$W' = \frac{pn+p'n'+p''n''+\cdots}{2} - (\frac{p}{n}+\frac{p'}{n'}+\frac{p''}{n''}+\cdots)$$

$$\frac{(P-E)^2}{2\alpha^2} = \frac{1}{2}[pn+p'n'+p''n''+\cdots-\frac{(P-E)^2}{\alpha}].$$

必须指出，在这些式子中，只有在 E 保持小于或至多等于 P 时，它们才能得出正确的结果；在计算某一特定情况时，只对那些同样参与 E 的分配的享受，才应取 P 和 n 的值。若设相应的 e 式等于零，即

$$E \gtreqless P - \alpha n^{(v)},$$

便可以得出某一特定享受开始这种参与时的 E 值。用一个数例便可说明这一点。假设在四种随意选择的享受中，它们开始时的总量的比例为：10∶8∶5∶2，它们持续的时间为：10∶16∶15∶18。在这种情况下，也就是：$n=10$，$n'=8$，$n''=5$，$n'''=2$；$p=10$，$p'=16$，$p''=15$，$p'''=18$。这里必须首先满足其比例数为 10 的享受。为了得出

这种享受的时间有多长，我们在这个公式中设：$E=P-\alpha n^{(v)}$，$P=p+p'=26$；$\alpha=\frac{p}{n}+\frac{p'}{n'}=1+2=3$；$n^{(v)}=n'=8$；由此便得出：

$$E=26-3\times8=2.$$

因此，在只有两个时间单位的条件下，仅仅满足了享受 A。如果进一步设 $P=p+p'+p''=41$；$\alpha=\frac{p}{n}+\frac{p'}{n'}+\frac{p''}{n''}=1+2+3=6$；$n^{(v)}=n''=5$；于是就变成为：

$$E=41-6\times5=11.$$

把 E 的这一值代入 $e^{(v)}$ 的公式，得出：

$$e=5, e'=6.$$

因此，一直到 11 个时间单位时，时间应分配于两个最大的享受上。如果正好提供了 11 个时间单位，那么其中 5 个时间单位应用于最大享受，6 个时间单位应用于第二个享受。最后设 $P=p+p'+p''+p'''=59$；$\alpha=\frac{p}{n}+\frac{p'}{n'}+\frac{p''}{n''}+\frac{p'''}{n'''}=1+2+3+9=15$；$n^{(v)}=n'''=2$；于是就变成为：

$$E=59-15\times2=29,$$

在这种情况下，则：

$$e=8;\ e'=12;\ e''=9,$$

因此，在 29 个时间单位中 8 个应用于最大享受，12 个应用于其次的享受，9 个应用于再次的享受。如果还有更多的时间，必然去部分地满足第四个享受，直到在 59 个时间单位时，完全满足全部享受。

图 1.7 提供了有关这个问题的图示。假定 abc 表示某种享受的线图，其中 $p=ab=10$ 和 $n=ac=10$；那么 $a'b'c'$ 提供了 $p'=a'b'$

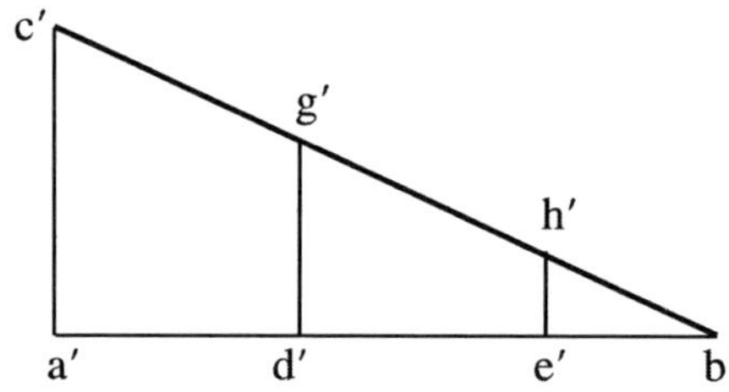

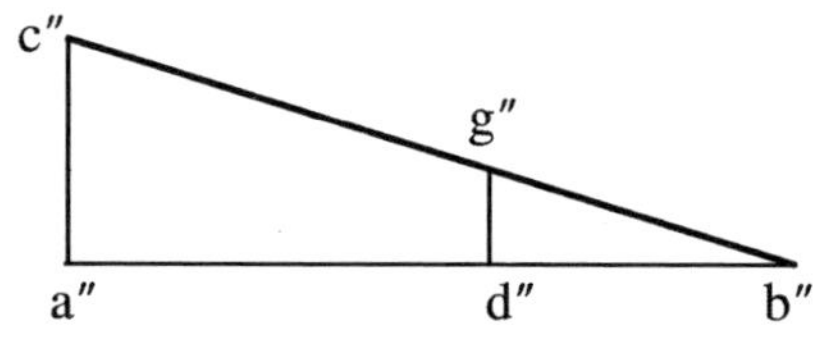

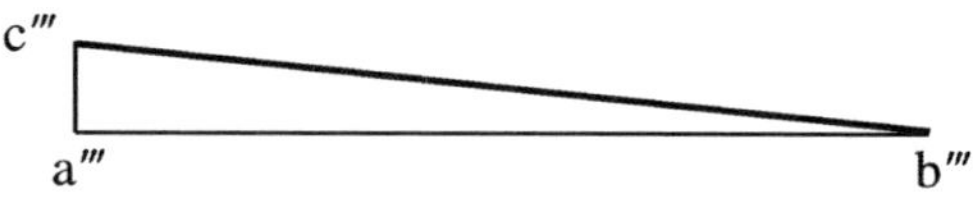

图 1.7

$= 16$ 和 $n' = a'c' = 8$ 时的情况；其次 $a''b''c''$ 提供了 $p'' = a''b'' = 15$ 和 $a''c'' = 5$ 时的情况，最后 $a'''b'''c'''$ 提供了 $p''' = a'''b''' = 18$ 和 $n''' = a'''c''' = 2$ 时的情况。假定只有时间 ad 是既定的，那么必定只满足了享受 A，因为 $dg = a'c'$；假定时间 $ae + a'd'$ 是已知的，那么享受 A 到 e，享

受 B 到 d'，因为 $he=d'g'=a''c''$；假定既定时间等于 $af+a'e'+a''d''$，那么享受 A 到 f，享受 B 到 e'，享受 C 到 d''，因为 fk，$e'h'$，$d''g''$ 和 $a'''c'''$ 相等；假定时间还更长，那么最终还可部分地满足享受 D。下面这个表还更详细地说明了这个问题：

表 1.1

E	e	e'	e''	e'''
2	[2]	[0]		
3	$2\frac{1}{3}$	$\frac{2}{3}$		
4	$2\frac{2}{3}$	$1\frac{1}{3}$		
5	3	2		
6	$3\frac{1}{3}$	$2\frac{2}{3}$		
7	$3\frac{2}{3}$	$3\frac{1}{3}$		
8	4	4		
9	$4\frac{1}{3}$	$4\frac{2}{3}$		
10	$4\frac{2}{3}$	$5\frac{1}{3}$		
11	5	6	0	
12	$5\frac{1}{6}$	$6\frac{1}{3}$	$\frac{1}{2}$	
13	$5\frac{1}{3}$	$6\frac{2}{3}$	1	
14	$5\frac{1}{2}$	7	$1\frac{1}{2}$	
⋮	⋮	⋮	⋮	
28	$7\frac{5}{6}$	$11\frac{2}{3}$	$8\frac{1}{2}$	
29	8	12	9	0

续表

E	e	e'	e''	e'''
30	$8\frac{1}{15}$	$12\frac{2}{15}$	$9\frac{1}{5}$	$\frac{3}{5}$
31	$8\frac{2}{15}$	$12\frac{4}{15}$	$9\frac{2}{5}$	$1\frac{1}{5}$
32	$8\frac{1}{5}$	$12\frac{2}{5}$	$9\frac{3}{5}$	$1\frac{4}{5}$
⋮	⋮	⋮	⋮	⋮
44	9	14	12	9
⋮	⋮	⋮	⋮	⋮
59	10	16	15	18

从表1.1中可以看出，一旦B加入，时间就必须在A与B之间按1∶2的比例分配，这就是说，新增加的时间中应该1/3用于A，2/3用于B，如果C也加入进来，那么从新增加的时间中，A只获得1/6，B获得1/3，C获得1/2。最后，如果D再加入进来，那么从新增加的时间中，A获得1/15，B获得2/15，C获得1/5，D获得3/5。

关于通过这种方法获得的享受总量，人们可以借助于公式de得到证明。由此得出这样一个概念，即允许一个人为满足各种不同的享受所支配的时间从零开始逐渐增大。即使假定这一时间为结束的时间，人们也总是会发现，按照上面的论述，这些享受在其中断时的量$=\dfrac{P-E}{\alpha}$. 如果使ab上的垂直线与这个公式相应的量成比例，ab上的面积就必然表示生活享受总量或者说W'。在把W'和E看做变量时，求W'公式的微分便可立即得出这个值。显而易见，因为W'表示生活享受总量，所以微分系数$\dfrac{dW'}{dE}$就表示在时间dE时，新增加到

W' 上的享受量。求 $W' = \frac{1}{2}[pn + p'n' + \cdots - \frac{(P-E)^2}{\alpha}]$ 的微分便可以得出：

$$\frac{dW'}{dE} = \frac{P-E}{\alpha},$$

因此，如果以 w' 表示这个量，那么可以得到曲线的等式为：

$$w' = \frac{P-E}{\alpha}.$$

在这个问题上应该注意的是，一旦 E 达到使迄今为止尚未满足的享受得到部分满足的量时，α 和 P 每次都要发生变化。

在我们的数例中则是：到 $E=2$ 时，$\alpha = \frac{p}{n}$，$P = p$，因此 $w' = \frac{10-E}{1}$；……

从 $E=2$ 到 $E=11$ 时，$\alpha = \frac{p}{n} + \frac{p'}{n'}$，$P = p + p'$，

因此 $w' = \frac{26-E}{3}$；

从 $E=11$ 到 $E=29$ 时，$\alpha = \frac{p}{n} + \frac{p'}{n'} + \frac{p''}{n''}$，$P = p + p' = p''$，

因此 $w' = \frac{41-E}{6}$；

从 $E=29$ 到 $E=59$ 时，$\alpha = \frac{p}{n} + \frac{p'}{n'} + \frac{p''}{n''} + \frac{p'''}{n'''}$，$P = p + p'' + p'''$，

因此 $w' = \frac{59-E}{15}$.

下表按照 E 的量给出 W' 和 w' 的量：

表 1.2

E	w'	W'
0	10	0
1	9	9.5
2	8	18
3	$7\frac{2}{3}$	25.833
4	$7\frac{1}{3}$	33.333
5	7	40.5
6	$6\frac{2}{3}$	47.333
7	$6\frac{1}{3}$	53.833
8	6	60
9	$5\frac{2}{3}$	65.833
10	$5\frac{1}{3}$	71.333
11	5	76.5
12	$4\frac{5}{6}$	81.417
13	$4\frac{2}{3}$	86.167
14	$4\frac{1}{2}$	90.75
⋮	⋮	⋮
28	$2\frac{1}{6}$	137.417
29	2	139.5
30	$1\frac{14}{15}$	141.467
31	$1\frac{13}{15}$	143.367
⋮	⋮	⋮

续表

E	w'	W'
58	$\frac{1}{15}$	169.467
59	0	169.5

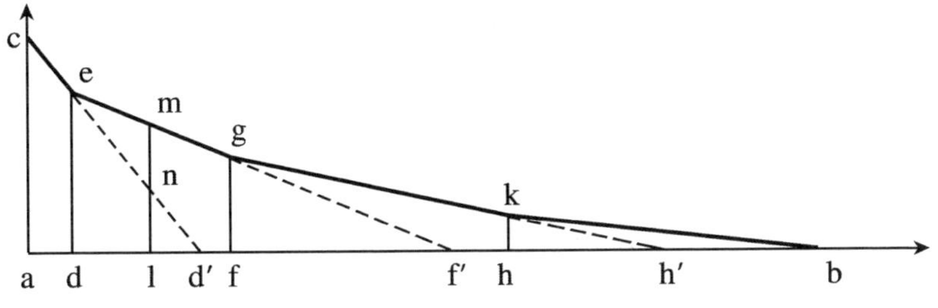

图 1.8

由于比例是图 1.7 的一半大，几何图形便获得了图 1.8 的形状：这里在 $E=2$ 的情况下，我们假设 $ac=10$，因此 $ad=2$，$de=8$，$adec=\frac{10+8}{2}\times 2=18=W'$。进而，在 $E=11$ 时，假设 $af=11$，因此 $af-ad=9$，$fg=5$，$dfge=\frac{8+5}{2}\times 9=58.5$，从而 $afgec=18+58.5=76.5=W'$。如此等等。(从公式 $w'=\frac{P-E}{\alpha}$ 中得出的结果是：只要 α 和 p 保持等值，这就是说，只要时间分配于同等的享受上，那么 ce，eg，gk 和 kb 等线，总之，边线便是直线。其原因在于，这里是以直角三角形作为享受图形。) 因此，按照这一定理，生活享受总量的图形一般可以通过曲线 cb'(图 1.9) 来表示，这个曲线不断向 ab 靠近，并向 ab 线呈凸形状。

从这里可以看出，W' 即生活享受总量，随着享受时间的延长而

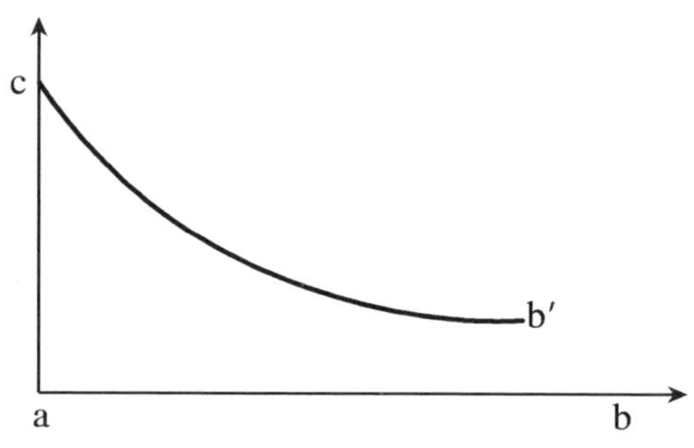

图 1.9

不断增加，一直到时间足以充分获得全部享受。W' 的公式直接证明了，这是在任何情况下都会发生的，因为被减去的一项 $\frac{(P-E)^2}{\alpha}$ 由于 E 的扩大而变得越来越小，从而 W' 越来越大。即使 W' 随着享受时间的延长而扩大，但这种扩大绝不是按时间延长的比例发生的。在我们的例子中，前 29 个时间单位只是满足全部享受的时间的一小半，提供的生活享受为 139.5；尔后 30 个时间单位也就是一大半，提供的生活享受只有 30，是前 29 个时间单位提供的 2/9 左右。如果对一个时间单位提供的生活享受量进行比较，差别还要更大。第一个时间单位提供的生活享受为 9.5，最后一个时间单位提供的生活享受为 $169.5-169.467=0.033=1/30$，因而只有第一个时间单位提供的生活享受的 1/285。公式 $w'=\frac{P-E}{\alpha}$，正是表示生活享受的增加。它表明这种关系是普遍适用的，即 E 越大，w' 则越小。

由这个定理得出的结论是：

3. **每当成功地发现了一个新的享受——尽管它本身还很小——或者通过自身训练或通过对外部世界施加影响提高某种已**

为人熟知的享受，都给人们提供了在现在情况下扩大生活享受总量的可能性。

扩大已知的享受只能按在一个或几个时刻内提高它的绝对量的方式进行。（通过延长享受时间达到这种扩大，在本质上与上述方式没什么区别。在此情况下，这种扩大是在以前享受为零的时刻里发生的。这也适用于发现一个新的享受的情况。）因此，cb 线（图 1.10），或是它的全长或是它的一部分，离 ab 比以前更远。假定 $defg$ 表示在 df 时间内某种享受的量，假定在这段时间内成功地扩大了这种享受的量，那么这必然是通过延长 de 和 fg 的线来实现的，例如通过 de' 和 fg' 来实现的。如果由于上述原理享受在 df 这段时间内确实得到满足，那么在不考虑时间在这种变化了的享受上的分配的情况下，即在时间分配按照与以前一样的方式保持不变的情况下，享受总量扩大到 $egg'e'$。但是，由于这种时间的分配，这个最后享受的边线现在仍高于其他满足的享受的边线。因此，还可以通过合理地分配可利用的时间来扩大享受总量。以致即使不能充分满足全部享受，但却使享受总量的扩大甚至超过那种特殊享受本身的扩大。

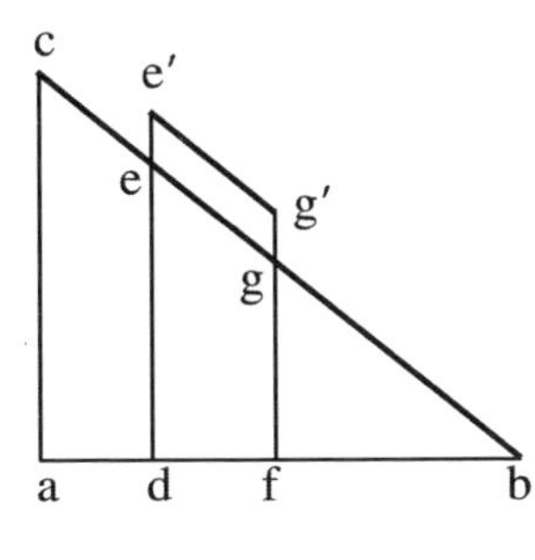

图 1.10

公式 w' 得出了同样结论。如果 w' 在各个时刻内扩大了，生活享受总量必定同样扩大；反之则减小。公式 $w' = \frac{P-E}{\alpha}$ 表明，P 越大，w' 超于零的时间越晚，这就是说，w' 的量的递减就越慢，因此 w' 在更长的时间内保持比先前更大的量。但是，P 等于必须用于充分获得全部享受的时间，享受的绝对量本身对这种时间量没有任何影响。这种时间由于发现新的享受或延长已知的享受而扩大。在图 1.8 中，如果我们把 ce，eg 和 gk 延长到与 ab 相交，就能清楚地说明这一点。延长 ce 在 d' 点上已达到与 ab 相交。假定仅仅停留在第一个享受上，那么享受将在 d' 点上结束。通过加入第二个享受，这一点就移至 f'，因而享受从 d 点开始保持不断扩大。例如，享受现在在 l 点上已不是 ln 而是等于 lm 了，在任何其他点上以及在增加一种新的享受的情况下，也是同样。

公式 $w'=\frac{P-E}{\alpha}$ 还表明，α 越小，w' 也就越大；但是由于后者等于 $\frac{p}{n}+\frac{p'}{n'}+\frac{p''}{n''}+\cdots$，所以即使只有一个 n 扩大，即一种已知的享受的绝对量增加，它也会变小。

只有在人们成功地做到在其整个一生中不断有许多大的享受可供选择，以致新发现的，或扩大了的享受不能得到满足时，发现一种新的享受和扩大一种已知的享受对他们才是无关紧要的。人们至今距离这个目标还有多远，路易十五又提供了一个最明显的例证。他在众百姓面前优越无比，腰缠万贯，能随心所欲地获得任何已知的享受。如果他懂得把他的时间总是用于满足真正新的享受，他也许不会步入歧途，为了过度满足享受而任意挥霍浪费。

只要享受量不断发生递减，限制递减规律也不能从根本上改变上面谈到的定理。它只能导致这样的一种局面，即或多或少、或迟或早地重复享受，并且在时间分配上考虑到以另外一种比例去享受，然而总还是限制在重复享受之内。假定时间不够用来充分满足所有享受，那么在充分满足最大享受之前，也必须部分地满足最小的享受。但是，每一种享受直至在其中断时还保持等量时，才不会由于那些规律的变化而变化。

从这些定理中可以得出下述人类行为的规则：

人们只有在认识了整个世界连同全部在其中起作用的那些力量时，才能按照这些规律成功地在世界秩序所允许的程度上实现他们的生活目的。因为只有这时，他们才有把握认识所有人类可能得到的享受以及提高这些享受的可能性。所以，人们行为的第一个规则是：全力以赴地去获得这一认识。由此人们已经看出，上帝如何通过它建立享受规律那样的方式和方法创造了这种绝对的必然性：人类将不停地在艺术和科学方面取得进展，直至达到上帝以他那惊人的智慧所设置的目标。

然而，在通向这一认识的道路上迈出第一步时，人们就会立即明白，认识世界的规律还不足以实现自己的目的，还必须通过拥有的这种认识为了真正的享受而作用于外部世界，以使外部世界采取那种只能发挥合乎理想的效果的形式。不仅如此，人们还会明白，他们的力量决不足以立刻对外部世界造成任何合乎理想的改造，而相反地通过他们对外部世界的作用只能引起它的微不足道的变化。但是，不论这种作用的结果对人类生活目的所带来的益处大小，这种作用的方式和方法却有着极其重要的影响。此外，当许多人的联合起来的力量为实现这一目标而努力时，这种作用的量按照比物质力量增长大得多的比例增长。因此，回答下述问题便具有特别重要的意义：怎样识别对外部世界的分散的或共同的作用是否使外部世界采取了一种更适合于人的生活目的的形式。于是，研究的首要目的就是寻求能够借以对外部世界的不同状态进行相互的比较的尺度。

我们把那种能使外部世界有助于我们实现生活目的的外部世

界状态，作如下表述：外部世界对我们有价值。由此可以得出结论：外部世界对我们的价值，正是随着它为达到我们的生活目的向我们提供的帮助的增减而增减；因此，它的价值量可以通过它为我们创造的生活享受量准确地加以测量。

如果我们现在从这一观点来观察外部世界，以便确定它的价值并对其进行评估，那么我们就会发现，可以把外部世界中存在的物品适当地分为三类，即：

第一类物品是自然界中现成的，或者经过人类劳动的加工使之具有满足某种特定享受所要求的全部特性。因此，为了实际满足享受，还必须把这些物品同我们肌体的器官适当联系起来。我们想把带有这样一些特性的物品称之为"享受资料"。

野生的和不经加工就可食用的苹果，从自然界获得能使它满足某种享受的所有特性。厨师、裁缝、木匠、泥瓦匠、画家提供他们的菜肴、上衣、椅子、房子、图画等等的所有特性，巧妙地使这些物品直接满足人们意欲的享受。因此，它们的价值量可以通过人们由于它们而实际获得的享受量精确地测量出来。对于这些物品来说，是在一次性的享受中立即被消费掉，还是允许对同一种享受的多次重复，这种情况对价值量有极大的影响。野生的苹果和菜肴仅仅具有通过一次性地解除饥饿所获得的享受量而达到的价值，而上衣和椅子的价值则等于我使用它们直到完全损坏之前所满足的全部单个享受的总和。因为房子、油画这类物品通常比人的生命持续的时间要长，所以对于个人来说，这些物品的价值等于个人一生中通过它们所获得的单个享受的总和。在上面阐明的关于享受的定理中，我们已经看到：当每一单个享受——它依每个人的教育程度不同而不

同 —— 按延续时间的比例以一定的规律性重复进行时，每一单个享受便达到享受的最大化。由此可以得出结论：对每一个人来说，享受总量按时间比例增长，物品 —— 它们可以不断重复地以同样的作用转化为享受满足，就像我们习惯表达的那样，它们并不因重复使用而变坏 —— 的价值正是按照它们提供服务的时间的比例增长。对于其他变坏了的物品来说，它们价值增长的下降程度同由于变坏而使享受量下降的程度一样，它们提供服务的时间缩短了。属于这一类的物品还有：用于住宅建设的基地，总之这种土地和能使人心旷神怡的整个自然景观，特别是仅仅为此目的而建立的花园设施；为个人提供服务和娱乐的人的劳动，例如一个陪伴或一个小仆人等等的职能，大都属于这一类。

第二类物品是帮助我们满足享受的，因而被赋予价值。与第一类物品不同，对这类物品来说，把为满足预期享受所要求的所有特性同物品不可分离地结合在一起，或者是不可能的，或者是还没有实现。火炉需要燃料和火以便满足我们由它所产生的预期享受，即取暖；汽车需要传动力和方向盘；烟斗需要烟丝和火；管风琴、小提琴和长笛需要演奏这些乐器的音乐家；等等。对所有这些物品来说，迄今为止还不可能这样生产出来，即能缺少补充物而没有缺陷。而相反地，为烤面包用的黑麦和小麦，为做衣服用的布料，为完成一幅油画用的油彩和麻布，都可望通过劳动变成享受资料。对所有这些物品来说，只有在它们处于这样一种结合之中，即通过这种结合实际满足了享受并使总价值等于由此满足了的享受量，才有可能对它们进行估价。但是，这个总价值怎样分为单个部分 —— 通过这些单个部分的共同作用形成了享受 —— 还无法更详细地确定，因为它们恰恰只有处于一定结合之中才能保持其价值，而脱离了这种结合，只是就它们可望能补充缺少的部分而言，才具有价值。正因为如此，对单个部分的估价视情况的不同而极为不同；根据人们获得互相需要的这一部分或那一部分的难易程度，对其余部分的估价便提高或降低，而且是按照所有单个部分的价值总和达到与满足的享受量完全一致的高度的方式提高或降低。火炉包括燃料和火在内所具有的价值，等于由这套装置产生的取暖的享受量；一定数量的黑麦包括面包师的劳动在内所具有的价值，等于由黑麦制成的面包提供的享受量。但是，如何把这种价值在前一种情况下分摊到火炉、燃料和火上，在后一种情况下分摊到黑麦和面包师的劳动上，还无法更详细地确定，而是取决于现有的情况。例如，假定一个人拥有一个火炉和燃料，那么火便获得了他取暖时所具有的全部价值；而在他拥有燃料或火炉以及火时，那么火炉或燃料也获得了这种价值。这里能确定的仅仅是：所有这些物品 —— 它们的共同作用形成了享受 —— 的价值总和等于享受本身的量。

属于这一类的物品按照语言上的惯例有各种各样的名称：器具、奢侈品、工具、材料、半成品、制成品，等等。这些名称既不是仅仅包括了这类物品，也没有把所有属于这一类的物品都囊括进来。我把它们称之为“第二类物品”。

第三类也是最后一类物品是仅仅用来协助生产享受资料或其中一部分的，但是它们本身不能变成享受资料或它的一部分。对这类物品也有一个估价问题，因此我把它们称之为“第三类物品”。就土地可以为我们用来生产产品而言，它属于这类物品。此外，织工所使用的油和漂土，加热机器所用的燃料，总之，手工业者、工厂主、艺术家作为材料所使用的在以后的享受资料中不再出现的所有东西，都属于这类物品。人们为了加强和完善自己的机械力量而发明的所有工具和机器，也属于这类物品。最后还包括在大多数情况下，被驯服的牲畜的劳动，重要的首先是人类劳动本身。对于这类物品来说，估价只能是间接的；就它们用来协助生产享受资料或它的一个组合部分的意义上它们才被赋予价值。因此，对第二类物品所说的关于怎样对它们进行估价的一切，更多地适用于这类物品。这类物品的价值与它们在生产享受资料时所提供的协助完全一致。对第二类物品所谈到的定理也适用于这类物品；只有全部为生产一种享受资料而结合起来的物品通过它们的结合所具有的价值总和，才是可以确定的。但是，确定落到每一单个物品的价值份额则取决于特定的情况。不仅如此，满足一种享受所要求的最后一个部分的价值，精确地构成了对表示享受量的价值总量的补充。因此，假定除了这一部分之外，所有其他为满足享受所要求的部分都提供给了人们，那么每一个这样的部分都可以获得一个和总量相等的价值。

撇开这一点不谈，这类物品的价值，尽管是间接的，但却可以达到极大的高度。因为这类物品大多数都能为生产出享受资料和它的组成部分而在某种程度上经常不断地提供协助，许多这类物品经过适当的处理便提高了优势，例如人类的劳动，用于农业的土地等等。由于这类物品在生产一种享受资料或其组成部分时所提供的协助而赋予它们的价值，常常因为这种协助重复发生而成倍增加。因此，在这种情况下，物品的价值等于一个乘积。

我们对那种能多次协助满足享受的享受资料所作的说明，也适用于第二类和第三类物品。这种协助通常也只能相继地而不能同时地重复进行。因此，它的价值通常按耗用时间的比例而增加。

除了这三类物品之外，还有一些物品可以进行估价，因为它们是用来协助生产第三类物品的；也还有一些物品是为制造这种最后的物品而服务的。人们还可以不断地想出一些亚类，直至无穷。然而，这些物品还构不成特殊的类。它们都属于第三类物品，因为对它们进行估价所遵循的原则与对第三类物品进行估价所遵循的原则是完全相同的。

这里还应阐明，上帝创造了他的世界，给人类以如此丰富的享受，以至于一个物品通常能以各种不同的方式用于满足享受，同一个物品甚至常常可以同时或相继满足不同的享受。小麦可以用作食物或制成淀粉；同样，油类可以用作食物或者照明，也可以用作机器的润滑剂；等等。果树以它的叶茂花香，绿荫和果实长年给我们以享受，最后果木还可供我们加工成贵重的材料或者用来取暖。人们利用物品的这种性能便可同时或者相继满足各种不同的享受。因此，我们看到，厨师、糕点师都力求把菜肴和点心不仅做得美味可口，而且做得造形耐看，色彩喜人。出于同样的原因，木匠做椅子，不仅使落座舒适，而且还通过涂上光亮的油漆和抛光等等力图使它在视觉上和感觉上给人以享受，如此等等。然而，这种自然界中具有带来享受的力量的无穷财富对估价原则的影响，并没有使这一原则根本改变。例如，就小麦和油类来说，必须对它们应该用于满足哪些享受进行抉择，一旦作出抉择，那么就按上面的原则来确定其价值。在出现享受集聚的情况下，每一单个享受的价值应该按照上面的原则确定，而这时物品的价值便等于获得的价值的总和。（到现在为止还存在的对这种价值确定的实际应用的困难，将留待后面解决。）

当我们更精确地考察通过外部世界获得享受满足的方式和方法时，我们发现，对非物质享受来说，表示享受的图示也可以直接充当表示享受资料价值的图示。**因为非物质享受所拥有的尺度是享受的时间**；但是，对物质享受来说，所获得的图示也同样适用。为了证明这一点，我们首先考察一次性使用的享受资料。对这些享受资料来说，消费量与满足享受的时间成比例增加。这不仅可以通过直接观察得出，而且也可以从已知的像自然力那样发挥作用的规律中得出。

因此，为了得到享受资料价值的图示，只需要根据已阐明的规律，以 ab（图 1.11）表示为在 ab 这段时间内满足享受所要求的享受资料的量。人们之所以可以这样设定，是因为在这种情况下，享受资料的消费量同时间是成比例的。那么很明显，因为价值是通过享受量测定的，所以享受资料量 ab 的每一个原子的价值等于在 ab 线的相应点上作的垂直线。例如，d 点的原子价值等于 de；享受资料量的某一部分价值，如 df，等于在这上面建立的梯形 $dfge$；全部享受资料量 ab 的价值等于三角形 abc。假定在享受满足过程中达到 b 点即暂时饱和的时点，那么一个更大的享受资料量此刻便根本没有价值。只有在重复享受是合理的时刻出现时，它们才能重新获得价值；这时刚才所描述的现象才会重复出现。享受资料量 ab 获得了价值，确切地说原子 a 获得了价值 ac，每一个后继的原子依次获得一个更小的价值，直到在 b 点上又达到零。在每次后续的重复中，也是一样。

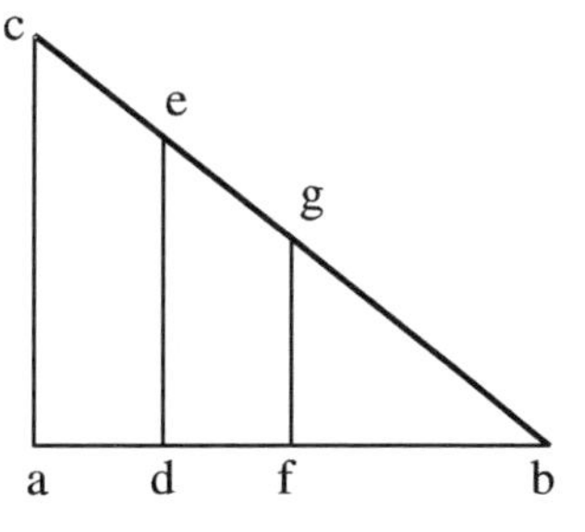

图 1.11

可以以下述方式设想一下，把人们因每次个别享受的重复所得到的非物质的和物质的享受资料的价值的不同图示，适当地纳入一个综合的图示中。设想把

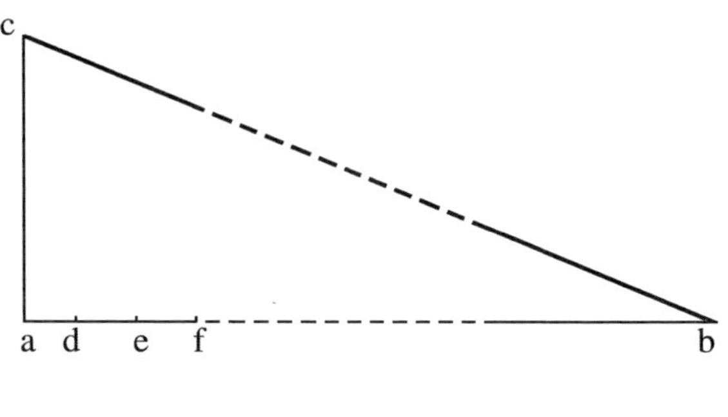

图 1.12

所有在每次重复中转化为享受满足的时间或数量的第一个原子在 *ab*（图 1.12）线上从 *a* 开始并行地依次排列开来；当达到 *d* 时，从 *d* 开始所有的第二个原子以同样方式排列，显然到达 *e*，于是 $ad = de$，等等；在 *ef* 上所有第三个原子亦如此，等等。如果以这种方式一直达到还能满足享受的最后一个原子，那么 *ab* 线所达到的长度必然等于表示每次重复享受的量的底边的总和。进一步说，假定 *ac* 等于每一次享受开始时的享受量，并且把 *cb* 联结起来，那么，三角形 *abc* 现在给出了享受资料，在所有重复享受中加在一起达到的价值的总和。这里再次以设立在 *ab* 线上任何一点的垂直线表示享受资料的相应原子的价值量，以通过 *ab* 的一部分设立的梯形表示这一部分的价值。

这里获得的享受资料价值的图示建立在这样一个前提的基础上：享受资料在为满足享受而使用的整个时间内，其最初用来满足享受时所具有的那种特性保持不变。事实上没有任何一种享受资料是符合这一前提的，而相反地每一种享受资料都快慢不同地发生变化。这种变化偶尔使之完善，但通常是使之变坏。与这种变化相适应，享受资料的价值也出现增加或减少。不仅享受资料特性的变化引起它的价值量的相应变化，人类自身的变化也同样对它的价值量

产生重大影响。最后，重复享受有可能在某一时刻以下列方式对任何一种享受资料的价值确定产生影响，即在未来期待的某种重复享受的价值按比例减小，就像出于任何一种原因不能满足享受的可能性增加一样。所有这一切共同导致了享受资料的各个原子的价值差别变得更大。设想按照这样的比例改变表示价值量的垂直线，那也就可以在价值计算的图示中把这种变化表示出来。所有这些价值的变化有一点是共同的，即它们都随时间的增长而增长，尽管绝不是像时间增长的程度那样增长。因此，已获得的图示的形状所发生的变化仅仅在于三角形的高与底边的比例变得不同了。人们设想排列各种不同原子的顺序时，原子的价值越大，原则上就要把它放置在离 a 越近的位置上。由此便形成一个普遍适用的定理：同一种享受资料的各个原子有极为不同的价值。一般地讲，对每一个人来说，只有一定个数的原子，即只有一定的量才有价值；这种量的增加超过了上述范围，便对这个人完全丧失了价值。但是，只有在价值逐渐通过量的不同阶段之后，才会到达这个丧失价值的点。因此，如果我们从这种观点来考察其原子量在一个人手中逐渐增加的享受资料，那么便可以由此作出结论：随着量的增加，每一个新增加的原子的价值必然不断递减，直到降至为零。

如果对那些它们的量按享受的比例被消费掉的享受资料来说，量的增加已经使这种价值递减，那么对那些能够重复用来满足享受的享受资料来说，当这种重复使用有可能出现时，这种贬值自然会相应地加速进行。因为这种重复使用的可能性导致的结果恰恰是，当重复发生时消费量便相应减小，所以只用相应较小的享受资料量便可完全满足人的享受。假定椅子在一次性使用时被消费掉了，那

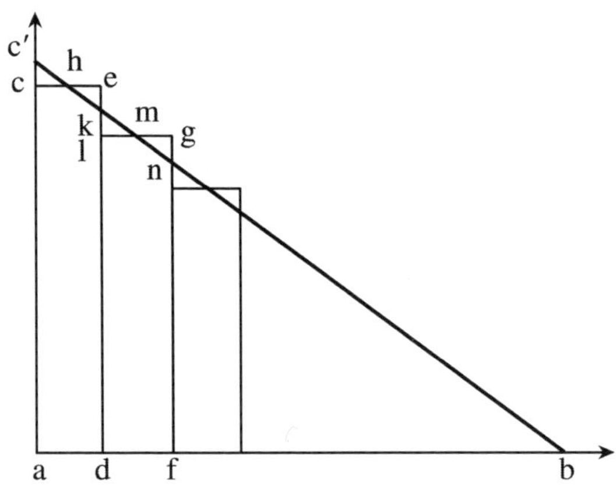

图 1.13

么当人们意欲获得坐的享受时，就需要许多椅子。但是，因为椅子可以重复使用，所以当有可能重复使用时，只需要少量的椅子。另外，前面所说的一切在这里都适用，只需作唯一的修正：因为椅子不像那种可以消费掉的享受资料那样使它的原子解体，并没有失去使它满足享受的特性，所以 ab 线上的每一个点不能再被视为可以赋予一定价值的享受资料的一个原子的代表。因为在这里不是每一个原子本身具有价值，而是只有当所有的原子结合在一起时才具有价值，我们所举的椅子的例子即是如此。所以，ab 线上的一些点只有像 ad（图 1.13）那样联结成为段，才能用来表示享受资料；它只要用于这种表示，就必须被当作是不可分割的，就像构成椅子的原子一样。这些原子通过它们的结合所具有的价值，可以通过在 ad 上建立的长方形 $adec$ 来表示。为了表示第二把椅子的价值，不言而喻必须首先在 ab 上取一段 $df = ad$，从而形成一个长方形 $dfgc$ 表示第二把椅子的价值。它的价值较小，其高度也相应要小。因此这里表示价值的面积将通过线段 $celgn$ 等等被界定。我们可以不损害它的价值而同时又使以前的形式保持其正确性，只要我们引出 $c'b$ 线段使 △(三角形面积)$chc' = \triangle hek$，$\triangle klm = \triangle mgn$ 等等；只要我们记住在这种情况下 ab 线不能分成任意大小的段，而只能分成等于 ad 或者等于 ad 倍数的段。

第二类物品仅就它们通过某种结合作为享受资料发挥作用的意义上才具有价值。因此，从其总体上来说，关于享受资料价值确定的表述是可以直接运用的。这对每个分别加以对待的组成部分也是同样适用的，因为这些部分参与满足享受的比例继续保持不变，否则享受均等的前提将被废除，而这个前提在所有情况下都是必须坚持的。所以每个组成部分的价值必然根据决定总体价值的同一规律增加或减少。

对第三类物品来说，情况也完全相同。就其用来协助生产享受资料或其组成部分的意义上，它们具有价值。它们提供自己协助的比例——不管这种比例如何形成——在这里继续保持不变。因此，它们的价值必然按照产品的价值即由于它们的生产而赋予它们的唯一价值的同一规律提高或降低。

因此，我们发现，前边已谈过的由于量的增加而造成价值递减的定理，对于所有一般具有价值的东西都是普遍适用的。我们在完全一般的形式上把它表述如下：

对所有一般可以获得价值的物品来说，只有一个一定的大小不同的数量才具有价值，数量的增加超过了这一点便丧失了价值。随着数量的扩大，物品越来越接近这种价值的丧失。因此，某物品的第一个获得价值的原子具有最高的价值，每一个新增加的具有等量的原子有较小的价值直至最终丧失价值。

三角形——它的斜边是曲线或是直线暂且存而不论——在完全一般的形式上给出了价值的几何图形。这一定理的基础是：在享受中存在着类似的递减规律。

从这个定理中得出了人们行为方式的结论：人们为了最大限度地实现他们的生活目的，在获取享受资料过程中应该遵循下述同样的原则，即当时间不足以充分满足所有可能的享受时为对时间进行分配所发现的原则。如果人们的力量不足以充分获得所有可能的享受资料，人们就必须在这种程度上为自己创造每一种享受资料，即使它们的最后的原子对自己保持同等的价值。上边提供的证明和那里得到的公式在这里可以直截了当地加以利用，因为价值的图示与享受的图示是相同的，所以，价值的最大值可以准确地在享受的最大值同样的条件下得出。显然，这个定理不外乎是把为享受所发现的定理转用到享受资料上。它之所以能够成立，是因为为满足某种享受所消费的享受资料在某一期间内同时间成比例增长，而不管享受量在这段时间内如何变化。

实际运用这一规则并不困难。只要成功地确定某种享受资料的每个原子或若干原子的某种结合的价值量也就够了；后面我还要回过头来谈这个问题。人们只有在相应的享受资料的价值降低到所发现的最低点以下的那一时刻，才能允许不再满足享受。但是，这个定理在这里获得了上面的定理无法与之相比的巨大的重要意义。因为在目前情况下，提供一个人支配的时间，除少数例外，总是足以充分地获得他所可能有的一切享受，只要这种享受是合理的。相反，即使是竭尽全力，个人也只能在有限的范围内成功地获取享受资料。

众所周知，这种困难呼唤出一门特殊的科学：国民经济学。这门科学为自己提出的任务是，阐明人类据以获取所谓物质财富并能达到尽可能有益的成果的规则。因此，它把自己规则的运用限于所谓物质财富。这种限制完全没有可靠的根据，因为究竟是物质财富还是非物质财富带来的享受，对于进行享受的人们来说，是完全无关紧要的。仅仅是下述情况造成了这种限制：似乎不可能成功地表述出超出物质财富之外还可运用的规则。因此，如果我们废除这一限制，并把这门科学的目的扩大到它的真正伟大之处，即帮助人们达到生活享受的总量最大化，那么这门科学现在通行的名称便不再适用了。因此，考虑到这门科学的目的，我在后面将选用“享受学”的名称来代替原来的名称，不仅是物质财富，而且也包括所有的非物质的事物，只要它们为我们提供了享受，就都属于享受资料。对享受资料来说，享受时间提供了拥有价值的尺度。只要我们注意到这些，那么我们就会发现，上述定理就是这门科学的最高原则。

上述定理现在便包含了只对第一类、第二类物品直接适用的规则，即人们要想实现生活享受最大化，就必须获取这两类物品。但它也同样包含了间接适用第三类物品的规则。这类物品之所以有价值，是因为并且仅仅因为它们是为生产前两类物品服务的。由此得出结论：应该以这样的程度，即按照上述原理表现为合理的享受资料量的生产使之成为值得追求的那种程度，来获取享受资料。

第二章　劳动负效用规律及其在享受最大化中的应用

迄今为止，在考察人类外部世界的各种不同物品的价值过程中，没有考虑到获取物品的难易程度。众所周知，在目前状况下，自然界无需我们费力提供的只是所期望的物品中微不足道的一小部分，所有其他部分都需要人类在某程度上费大力气去创造。这种努力也在某种程度上造成人类的巨大痛苦。由此而创造的价值自然按照应加以估价的痛苦本身的比例而减少。为了完成对外部世界的估价，我们的研究应放在发现那些确定创造价值的痛苦量的规律上面。

让我们为此目的来研究一下，我们为了创造价值而对外部世界施加的影响是按怎样的方式发生的。我们发现，首先必须认识自然规律。这是一个基本条件，价值仅仅是通过这些规律的共同作用形成的。在这种认识的前提下，我们可以对外部世界施加的影响仅仅是：通过运动把自然界中存在的各种不同的物质彼此结合起来，使它们依照自己固有的自然力发生一定的作用。对于木匠、裁缝、织工等等来说，这是一目了然的，几乎无需提及。但是，因为有的场合化学作用也可以使一些东西形成某种状态，所以我们所做的仅仅限于运动。厨师把肉、水、黄油、盐放入锅里，然后把装满的锅放在火上，于是这些物质所固有的自然力便处于我们称之为煎的状态。我们把这种东西送到嘴里和胃里，并以此使它所固有的自然力产生美味的享受和养活我们的身体。染色工把染色所需的配料放在蒸锅里，把燃料送进炉灶，用燃烧的木片引燃燃料以及把要染的布料放入染锅；在那里，使颜料的自然力发挥作用；当这一切都做完之后，他把染好的布料放入水中漂洗，并作进一步的处理。经验通过这种方式向我们表明：我们为了创造价值而对外部世界施加的影响，仅仅限于产生运动。不仅如此，在我们的身体内，除了肌肉力量——唯一产生运动的力量，我们通过这种力量可以使外部世界发生变化——外根本没有任何其他力量。即使是把我们的感受和思考的结果传给别人的可能性，也只能仅仅建立在产生这种运动的力量的基础上，或者是通过手势或者是通过口头语言和书面语言来实现。

因此，在从事运动中可以找到创造价值的痛苦的原因。痛苦的增加和减少，遵循从事运动时痛苦的增加和减少同样的规律。如果我们据此考察痛苦量——运动按照我们考察享受时所指出的类似的方式为我们带来了这种痛苦——那么就会发现，首先运动时的痛苦随所发挥的力量的增大而增加，但是，假如我们在同样的时间内发挥同样的力量，那么每一次运动——不管是什么样的运动——在我们长时间休息之后，首先为我们提供了享受。其次，这种享受的不断满足服从于上面阐明的递减规律。当这种享受因不断被满足而降至为零时，不仅这种满足（像外部世界无需我们费力便满足我们的那些享受一样，我们在本书第 9 页上已对此有了许多了解）使享受停止了，而且在继续运动中发挥自己力量的必然性也相反地使继续运动开始造成痛苦。但是这种痛苦不会立即达到它固定在那里保持不变的某一顶点，而是出现与享受相反的情况。就像在享受中觉察到持续递减一样，这里则发生痛苦的持续提高，一直到身体的肌肉力量不足以与痛苦保持平衡，疲劳入睡。就享受的情况而言，人们在进入饱和之后，又通过享受的中断并随着中断的持续达到一定点时，便在提高的程度上重新获得享受能力。同样，他们在这里也通过休息并随着休息的持续达到一定点时，便在提高的程度上重新获得肌肉力量，不仅克服了痛苦，而且痛苦本身又被感觉到是一种享受。我们在享受中发现，享受感觉能够通过训练而增强。同样，这里肌肉力量也能通过有目的地对待身体来提高，我们不仅可以负较大重量沿着越来越精确规定的方向进行运动来提高，而且也可以通过这种运动使享受保持为较长时间的享受以及使它本身随着技巧的提高而增大。

这里提醒注意每天都无数次地重现在我的眼前并证明前面叙述的一些事实也许是多余的。但是，另一方面，从这种考察中又得出完全毋庸置疑的结论：造成享受的力量与通过运动给我们造成痛苦的力量是同一种力量，它的作用仅仅按不同时刻被感觉为享受或者痛苦。因此，为了用与享受的情况相类似的方式得到一个在发挥同样力量条件下运动的作用的几何图示，我们只需把享受的图示超出饱和点加以补充完善即可。设 *abc*（图 2.1）是表示一个不断以同样大的力量发挥进行的连续运动所提供的享受的图示。首先，显而易见的是，痛苦的图示必须用与 *ab* 相反的一面像享受

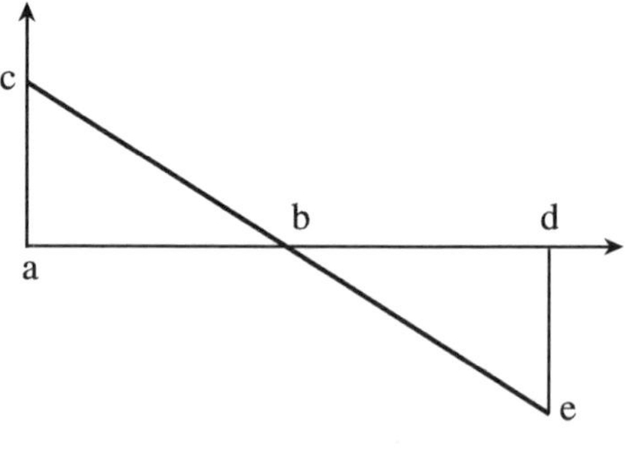

图 2.1

图那样来描绘，因为享受与痛苦正好是相反的量。此外，表示痛苦面积的边界线，即这里的 *be*，必然从 *b* 开始不断远离 *ab*，就像 *cb* 必然接近 *ab* 那样，因为由于连续不停的运动痛苦变得越来越大。这样图 2.1 就能给出在一般情况下一个以同样的力量发挥进行的连续运动的作用的图示。如图上边享受的情况一样，得到休息之后，刚刚阐明了的享受满足和通过运动产生痛苦的现象又重复发生。图 2.1 也提供了这种重复的图示。像上边对待价值的情况那样，我们这里也可以考虑将每一次重复的各种不同的图示结合成为一个图示。如果我们在 *ab* 线上，将所有那些给我们造成同样大的享受或痛苦的时间直接依次排列起来，便形成如下的情况：造成痛苦越小从而享受越大的时间，就要考虑安排得越靠近 *a*。在绘制这一图示时，图示将大体保持图 2.1 的形状。我们在关于享受所作的论述，也可以用于这个图示的边线 *cbe*。因此为了简单起见，我这里也选择一条直线为边界。

如果我们考察与人类生活目的相关联的运动的作用，那么很明显，抛开那种通过运动创造的东西不谈，人们必须完全根据适用于任何其他享受同样的原则获得这种运动的享受，因为运动也属于享受资料。人们要走路、奔跑、跳跃、跳舞，同其他人娱乐，直到享受达到这样一点，在这一点上合乎情况地出现享受中断。因此，按情况不同而定，或者只到 *ab* 线上的某一点，或者也常常完全达到 *b* 点。假定除此之外通过运动还获得某种可供享受的东西，这种状况就会发生变化。在这种情况下，运动引起我们的享受，不再仅仅通过直接的享受来测定，而是还要在这种享受上加上运动所产生的东西为我们创造的享受。因此在这种特殊情况下，如果人们使运动超过它本身得到充分享受之点继续延长，如果人们通过运动产生某种其享受超过运动的痛苦的东西，那么他们就还能够扩大自己的生活享受总量。抛开运动本身是引起享受或是引起痛苦不谈，像大家所熟知的，我们把旨在创造某种新的享受的东西即有价值的东西的运动称之为“劳动”。由此可以得出结论：当通过劳动所创造的享受在估价上高于由于劳动引起的痛苦时，我们就能通过劳动提高我们的生活享受总量。

如果我们用这样一种方式把价值(即享受) 图示和痛苦图示结合起来，即把表示享受的面积彼此相加并从这个总面积中再减去痛苦的面积，那么就可以通过我们的图示阐明这个问题。如果设想把痛苦图示反过来靠放于价值图示，使彼此相应的原子落在 ab 线的同一点上，也可以达到这一目的。这样，abc(图 2.2) 表示一个物品的价值图示，$a'g'h'f'b'$ 表示 $a'b' = ab$ 量的产生所引起的痛苦的图示。于是，$a'h'g'$ 测定 $a'h'$ 量的产生所满足的享受的量。但是。痛苦在 h' 上开始并按照这样一种方式提高，即它在 b' 上等于 $b'f'$。如果把 $a'g'h'f'b'$ 反过来靠放于 abc，使 $a'b'$ 落在 ab 上，

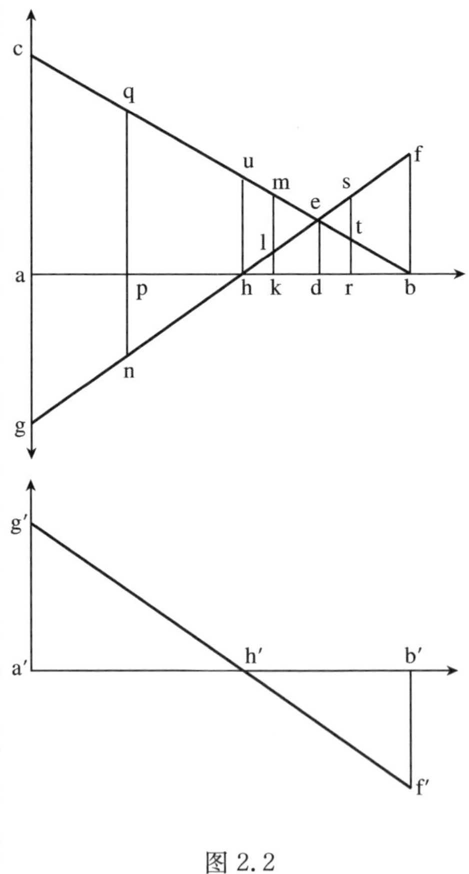

图 2.2

$a'g'$ 落在 ag 处，那么 $g'f'$ 便由此而取得 gf 的位置。这里立即变得清楚了：由于加进了创造的必要性，所创造的物品的每一个原子的价值，便通过在 ab 线上竖立的被 ab 和 gf 线截断的垂直线的线段来测定。a 的价值 $= gc$；p 的价值 $= nq$；k 的价值 $= lm$，从而 d 的价值 $= 0$，因为在 e 点上 cb 和 gf 相交。再往后，r 的价值 $= rt - rs = - st$；最后，b 价值 $= - bf$。这就是说，在 r 点上，痛苦超过价值至 st；在 b 点上，创造原子 b 的劳动所引起的痛苦成为人们极其沉重的负担。对享受而言，原子 p 的价值 $= pq$，它的创造所产生的享受 $= pn$，因而它的全部价值 $= pq + pn = nq$。相反地，对享受而言，原子 k 的价值 $= km$，它的创造所产生的痛苦 $= kl$，因而通过原子 k 创造的享受量 $= km - kl = lm$。最后，原子 r 的价值 $= rt$，痛苦 $= rs$，后者超过前者的值为 st。因此，只有原子 h 的价值由于加进了创造的必然性而没有变化，它一如既往 $= hu$。这里关于单个原子所说的一切，也以类似的方式适用于 ab 线的一部分或者整个 ab 线本身。因此，例如 pk 的价值便通过 $nlmq$ 测定，ab 的价值便通过 $gec - feb$ 测定。由此可以得出结论：**当 ad 的量被创造出来时，也就是说，当创造一直持续到痛苦与价值相等时，价值达到最大值。**这时创造的价值 $= gec$，若创造连续进行，它只能进一步减少，因为痛苦超过了创造的价值。

这里对这种与创造时的痛苦相关联的物品所说的一切，也以完全类似的方式适用于每一单个物品。因此当人们仅仅从与这种物品的关系上来考察自己的活动时，他们便通过创造 ad 的量来满足最大享受。这一点要做如下修正：一方面，人们的活动必须分配到许多享受上；而另一方面，劳动痛苦的增加与劳动旨在创造的物品无关。因此，劳动创造的结果，按劳动在不同享受上的分配，或多或少是有利的。

像我们在前几页为发现享受的最大值而进行的类似考察，在这里也导致了合乎理想的结果。假定人们设想这样构造一些单个享受的图示，使它们的底线的比例同为充分获得各该享受所应使用的力量和时间相一致，那么这些底线的等量的线段，不管这些线段怎样取法都代表付出的等量的力量。因此，它们可以用任意一个线段代替另一个线段，而并不因此使痛苦量发生任何变化。为了得到享受的最大值，只需要按照像第 16 页上所讲的完全类似的方式取这些线段，使处于这些线段之上的享受面积成为最大值。这也像前述，当边线彼此相等时所发生的情况一样。如果设 P 为充分满足所有享受应使用的全部力量，而 E 为人们为满足享受已使用的力量，那么那里获得的公式在这里也同样适用。把一个根据上面的原则构造的图示转换成一个适应这一要求的图示，一点也不困难。人们只需按照为了满足这一要求而必须改变底线的相反的比例把垂直线修改一下就行了。这种方法的正确性的依据是，在这些不同底线约数部分上的面积保持相等，从而在其不同阶段上的享受量的比例保持不变。

abc 按照以往的方式表示一种物品的价值图示（图 2.3）。但是，为了计算出 ab 的创造所需要发挥的力量的比例，ab 必须设定为 $a'b'$ 的值。如果使 $a'c' : ac = ab : a'b'$，即使 $a'c' \times a'b' = ac \times ab$，那么在约数部分上的面积的大小将像以前那样保持不变。如果使 $ad = a'b'$，联结 c 和 d，由 b 画一条 be 线与 cd 平行，这便以众所周知的方式通过图形表现出来。这样 ae 便具有 $a'c'$ 的值。如果使 $bf = m \times ab$，$b'd' = m \times a'b'$，这就意味着 bf 和 $b'd'$ 分别表示 ab

和 $a'b'$ 的约数部分。这样就有：

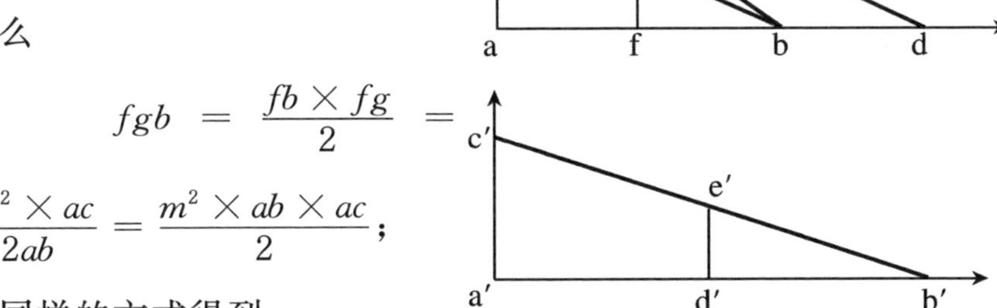

图 2.3

$$fg : fb = ac : ab,$$

因此 $$fg = \frac{fb \times ac}{ab};$$

那么

$$fgb = \frac{fb \times fg}{2} = \frac{fb^2 \times ac}{2ab} = \frac{m^2 \times ab \times ac}{2};$$

以同样的方式得到：

$$d'e'b' = \frac{d'b'^2 \times a'c'}{2a'b'} = \frac{m^2 \times a'b' \times a'c'}{2}$$

或者因为

$$ab \times ac = a'b' \times a'c',$$

所以

$$fgb = d'e'b',$$

不论 f 点和与 f 点相应的 d' 点在哪里，这也是适用的。

如果把创造价值时的痛苦的图示反过来附接于生活享受的图示（图 1.9），就得到遵循这个原则所创造的全部价值的图示。之所以能这样做，是因为按照我们的前提条件，p 被引入一个共同的范围，即应花费力量的范围，这个范围也同样构成痛苦图示的基础。于是这个图示就获得了图 2.4 的 $acedfg$ 的形式，享受总量通过曲线的三角形 cge 被测定。W' 的公式因此而发生了变化。像我们在前面发现的那样，它给出了梯形 $adec$ 的量。但是由于 $cge = adec +$

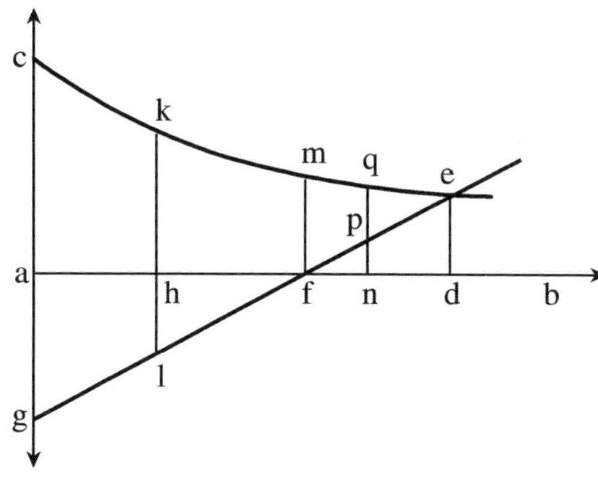

图 2.4

$afg - def$，所以必须在 $adec$ 的面积上加上 afg 的面积，再减去 def 的面积。假定用 π 表示 af，即供人们支配的用来向他们提供享受的力量的范围；用 ρ 表示 ag，即开始付出力量时的享受量；那么，$\triangle afg = \frac{\pi\rho}{2}$. 此外，$df = ad - af = E - \pi$。因为 ad 代表人们所使用的我们用 E 来表示的全部力量。进而：

$$df : de = af : ag,$$

这也就是

$$E - \pi : de = \pi : \rho,$$

所以

$$de = \frac{\rho(E - \pi)}{\pi} = \frac{E - \pi}{\beta},$$

如果我们同与 α 类似的方式，相应地使 $\frac{\pi}{\rho} = \beta$，那么：

$$\triangle def = \frac{df \times de}{2} = \frac{(E - \pi)^2}{2\beta}.$$

鉴于其创造的困难，生活享受总量的公式 —— 我们用 W 来表示 —— 就成为：

$$W = \frac{1}{2}[pn + p'n' + p''n'' + \cdots \pi\rho -$$

$$\frac{(P-E)^2}{\alpha}-\frac{(E-\pi)^2}{\beta}].$$

为了在考虑创造的困难的条件下得到 W 的方程式，我们只需求这个新发现的 W' 公式的微分；或者在以前的 w' 公式上加上纵坐标 hl，超过 f，减去 de，其结果也是一样。这样便依次得到：

$$\left.\begin{matrix}hf\\ af-ah\end{matrix}\right\}: hc=af:ag$$

$$\pi-E:hl=\pi:\rho$$

$$hl=\frac{\rho(\pi-E)}{\pi}=\frac{\pi-E}{\beta},$$

像我们以前发现的那样：

$$de=\frac{E-\pi}{\beta}=-\frac{\pi-E}{\beta},$$

因而对两种情况，

$$w'=\frac{P-E}{\alpha}+\frac{\pi-E}{\beta}=\frac{P-E}{\alpha}-\frac{E-\pi}{\beta},$$

这也能通过求微分而得到。

只有在下述条件下人们才达到生活享受最大值，即假定他们把自己的力量使用到 d，也就是直到 w' 等于零的那一点上，因而假定：

$$\frac{P-E}{\alpha}+\frac{\pi-E}{\beta}=0$$

或者：

$$E=\frac{\alpha\pi+\beta P}{\alpha+\beta}.$$

通过把 E 的这一值代入公式 W，人们进而得到了通过自己的力量能够创造出来的生活享受的最大化，即：

$$W = 1/2[pn + p'n' + p''n'' + \cdots \pi\rho - \frac{(P-E)^2}{\alpha+\beta}].$$

此外，把 E 的这一值代入前面 e 的公式，便得出究竟有多少已耗费的力量被用于满足每一单个的享受上。人们得到：

$$e = p[1 - \frac{P-\pi}{n(\alpha+\beta)}].$$

最后，享受在其中断时的量必须与劳动在其最后一刻的痛苦保持平衡。因此，这个量必须保持为 $de = \frac{E-\pi}{\beta}$. 这样，就最大值的情况而言，如果我们用 w 表示享受在其中断时的量，那么：$w = \frac{P-\pi}{\alpha+\beta}$.

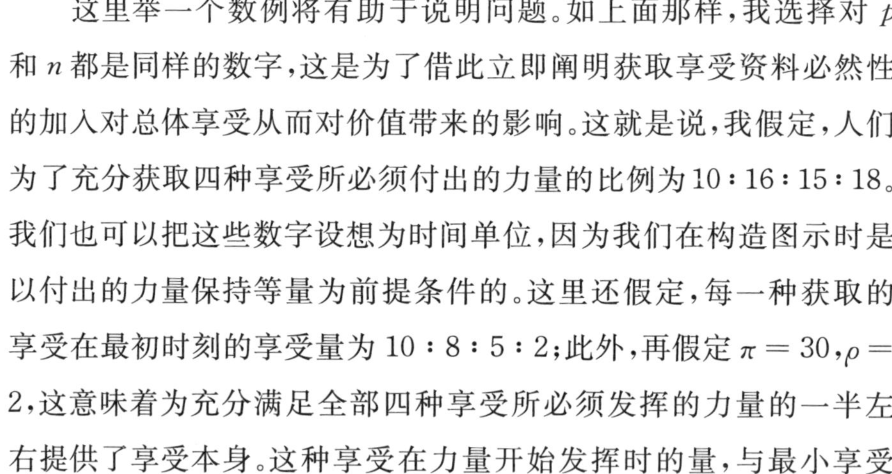

这里举一个数例将有助于说明问题。如上面那样，我选择对 p 和 n 都是同样的数字，这是为了借此立即阐明获取享受资料必然性的加入对总体享受从而对价值带来的影响。这就是说，我假定，人们为了充分获取四种享受所必须付出的力量的比例为 10∶16∶15∶18。我们也可以把这些数字设想为时间单位，因为我们在构造图示时是以付出的力量保持等量为前提条件的。这里还假定，每一种获取的享受在最初时刻的享受量为 10∶8∶5∶2；此外，再假定 $\pi = 30$，$\rho = 2$，这意味着为充分满足全部四种享受所必须发挥的力量的一半左右提供了享受本身。这种享受在力量开始发挥时的量，与最小享受在其开始时的量相等。下边进行计算。

由于 p 和 n 同前面所述的例子相同，所以为满足那些单个享受所使用的力量也在与那里同样的时间单位里开始。也就是说，到 $E = 2$ 时，全部力量都用于第一种享受；从 $E = 2$ 到 $E = 11$，力量分配于前两种享受；从 $E = 11$ 到 $E = 29$，力量分配于前三种享受；最后，

从 $E=29$ 到 $E=59$，力量分配于全部四种享受。在公式中：

$$w'=\frac{p-E}{\alpha}+\frac{\pi'-E}{\beta},$$

右侧第一项的值与前述保持相等，只需在那里得出的 w' 的值上加上 $\frac{\pi-E}{\beta}=\frac{30-E}{15}$. W 公式也应据此加以改变，即还应在那里得出的 w' 上加进 $1/2[\pi\rho-\frac{(E-\pi)^2}{\beta}]=\frac{E(60-E)}{30}$. 因此，我们得出下表：

表 2.1

E	w	W
0	12	0
2	$9\frac{13}{15}$	21.867
4	$9\frac{1}{5}$	40.8
6	$8\frac{4}{5}$	58.133
8	$7\frac{7}{15}$	73.867
10	$6\frac{2}{3}$	88
12	$6\frac{1}{30}$	100.617
14	$5\frac{17}{30}$	112.217
⋮	⋮	⋮
22	$3\frac{7}{10}$	149.283
⋮	⋮	⋮
28	$2\frac{7}{30}$	167.283
30	$1\frac{14}{15}$	171.467

续表

E	w	W
32	$1\frac{2}{3}$	175.067
34	$1\frac{2}{5}$	178.133
36	$1\frac{2}{15}$	180.667
38	$\frac{13}{15}$	182.667
40	$\frac{3}{5}$	184.133
42	$\frac{1}{3}$	185.067
44	$\frac{1}{15}$	185.467
$44\frac{1}{2}$	0	185.483

把这个表同表 1.2 加以比较，便可以看出，由于获取享受资料必然性的加入，这些享受资料的价值发生了变化，最初创造的享受资料的价值提高了。在我们的例子中，价值从10提高到12，然后一直到 $E = \pi = 30$ 都保持在这个高度。从这儿开始价值下降到以前的高度以下，当 $E = 44.5$ 时，价值等于零，而在以前这只有在 $E = 59$ 时才会发生。在这里提出的前提条件下，如果人们在 $44\frac{1}{2}$ 时间单位内把他们的力量用于创造享受资料，那么他们就获得了生活享受的最大值。公式 e 表明，这些时间单位应该用于：

第一种享受 ······················ 9.033

第二种享受 ······················ 14.067

第三种享受 ······················ 12.1

第四种享受 ······················ 9.3

总计　　　　　　　　　44.5。

最后，享受在其中断时的量：

$$w=\frac{P-\pi}{\alpha+\beta}=\frac{29}{30}.$$

此外，我们重复一下以前所作的说明：付出同样的力量所创造的东西可以取得极为不同的享受，因而具有同样多的不同的价值。在头 22 个时间单位内创造的物品，提供享受 = 149.283；—— 所发挥的全部力量的一小半 —— 在后 $22\frac{1}{2}$ 个时间单位内所创造的物品，只提供享受 = 185.483 − 149.283 = 36.2，还不到头 22 个时间单位内发挥掉的力量所提供的享受的 $\frac{1}{4}$. 不仅如此，在头两个时间单位内所创造的物品，具有价值 = 21.867，在第 42 和 43 时间单位内创造的物品，只具有价值 = 185.467 − 185.067 = 0.4，因而在付出同样力量的条件下只有前者价值的 1/55 左右。

鉴于各种不同的享受必须通过劳动来创造，上面发现的享受定理的主要原则就是：

为了得到生活享受最大化，人们应按下述方式把他们的时间和力量分配于满足不同的享受上，即在每种享受中最后创造出的原子的价值，与人们在力量发挥的最后时刻创造这个原子时所引起的他们的痛苦的量相等。

第三章 绝对价值批判

上述这些原则，是个人为自己对外部世界进行估价应遵循的原则。由此还得出为获取生活享受的最大值人类行为方式的主要规则。这里获得的结果准确无误地符合现实给予我们的经验，这几乎是不言自明的。为了使人们完全相信这一点，只要读读卡姆佩为青年人写的《〈鲁滨逊漂流记〉的故事》，甚至只读到鲁滨逊找到了他的星期五那个地方也就够了。然后人们就会承认，这个鲁滨逊的行为方式与上面发现的定理是完全一致的。

这里阐明的怎样对外部世界进行估价的规律，与我们在国民经济学中所找到的所有关于价值的定义偏离如此之远，以致会很容易获得这样一种印象，似乎经济学家用"价值"这个词所指的是一个完全不同的东西。但是，从经济学家自己确定的这门科学的目的中得出的结论是，这门科学只能把价值理解为这里被加以理解的客观对象，因此，差别仅仅是由于对同一事物的不同看法产生的。无论是详细说明经济学家们的概念同这里做出的规定的区别，还是指明后者优于前者的原因，一时间都是徒劳无功的，一旦认识了这里做出的规定是正确的，这本身就回答了后一方面的问题。前一个问题看来几乎是一个无止境的、又无明显实际用处的工作。

那些以极少具有科学色彩的方式研究国民经济学的人，只知道不同经济学家通过他们的结论所达到的不同结果，仅仅是由于不同的价值概念造成的，因此只知道把这门科学中的无数争论问题归结为同样多的不同的价值概念。因此，假如我试图详细地阐明这些概念与这里做出的规定的区别，我将被卷入一种无休止的讨论之中，因为没有一个使人们承认一种规定优于任何另外一种规定的现成的根据。所以，我只把我的注意力集中于这一点上：根据我对外部世界的看法，并不存在那种可以归结为所谓绝对价值的东西。这一点现在已为经济学家们多多少少地明确意识到了。每一种东西被设想为具有某种程度的价值。大概没有什么东西比绝对价值的这种虚构更能招致不幸的措施。造成上述情况的原因无疑是：没有绝对价值的假设，价值便成了某种变化无常的东西，以致很难把它作某种实际的应用。经济学家对价值问题所处的境地，与数学家在微积分发明以前对许多自然力量所处的境地相比，更为糟糕。一方面，大多数经济学家远远没有克服计算本身的困难；另一方面，他们甚至还要计算在他们手上不断变化的数值，正当他们自以为已经把握了这个数值的时候，它却从他们身边溜走并消逝不见了。据信，人们只要确立一个绝对价值，就能消除价值的不可捉摸的性质。如果存在这样一个绝对价值的话，确实可以通过它使计算变得简单易行。遗憾的是这种绝对价值是不存在的，经济学家们的所有计算，无一例外都以错误告终。据信，绝对价值是可以找到的，假如人们这样理解价值概念，即一种物品一旦附着上这样的自然属性，这种自然属性就能使它直接或间接地在很高程度上满足享受，例如生活资料、木材，并且主要是金和银。然而在布宜诺斯艾利斯周围的大草原上，牧牛人却仅仅为了取得牛皮、牛角

和牛蹄而让绝大部分的肉腐烂掉，尽管这些肉具有赋予我们这里的肉以价值的那些良好的属性，而且他们也完全认识这些属性。北美洲的新移民同样完全认识木材的属性，可还是极力毁掉整片整片的森林，鲁滨逊也完全认识黄金的属性，可他还是把所发现的这种金属块鄙视地踏上一脚。所有这些事实在我们所描述的情况中都是完全有规则的，假如这些物品内具有绝对价值，那么就不可能出现这些情况。虽然如此，但经常不断地呈现于我们感觉面前而不能不引起注意的事实是无论对单个人还是对大多数人来说，每种物品只有一个确定的量才具有价值，因此人们也常常注意探寻这种量。但是它不是由此阐发估价规律，而仅仅造成价值的分类，而这种分类是完全没有根据的，因为只存在一种唯一的价值。即使有这种事实，但是人们还是相信，可以在艺术和其他收藏品中找到例外情况。人们相信，在这些东西中不存在量的限制，而是随着收藏的不断完备，还缺少的那些收藏品的价值提高了。然而正是这里所列举的例外的情况以极为显著的方式证明了上述依之进行估价的规律。因为在这些收藏品中，只有当新增添的收藏品与现有的收藏品不同时，才具有价值。众所周知，正因为如此，人们才从这些收藏品中仔细地剔除那些所谓的赝品。但是就新增添的收藏品与现有收藏品的种类不同而言，它没有增加现有的量，而是增加了某种新的东西。不仅如此，这样一些收藏品属于第二类物品，因为所期待的享受只有在收藏品齐全的条件下才得到充分的满足。越是接近于实现这个目的，缺少的收藏品的价值就提得越高。这没有什么可奇怪的，因为享受的显著提高集中于越来越少的那些物品上，所以这些物品的价值以极大的比例提高。因此，这里十分清楚地表明了价值关系。也许可以恰当地指出吝啬鬼的行为作为例外，他对铸币的区别漠不关心而力图无限地积攒大量货币。但是这种行为普遍被视为不理智，并且正好间接地说明了上面说明的定理得到了公认。

第四章　增加生活享受总量的途径

借助于前面得到的公式，就能容易地确定生活享受条件的改变对这种享受总量的影响，从而容易地测定人类以最完善的方式实现自己生活目的的行为方式。为了使公式更便于运用，我们还要在公式中作一点小的改动。前面我们已看到，p 即为充分满足一种享受所需的劳动的变动，要以 n 即享受在其开始时的量的相应变动为前提条件。这带来了不便，即为了确定对 W 即生活享受总量的这种影响，在假定 p 改变时，公式中两个不同的量在相反的意义上发生变化。此外，还可能出现这种情况，因为 n 可以自行地发生变化而并不反作用于 p，所以 p 和 n 两者每一个本身的变动所产生的影响都不能特别地加以明确区分。假设以乘积 pn、$p'n'$、$p''n''$ 等等代替 n，就可以避免这种不便。如果各种不同的享受都得到充分满足，那么众所周知它们就表示这些享受的双重的绝对量。因此，它们必须被设定为已知的。假设 $pn=g$，$p'n'=g'$，$p''n''=g''$ 等等，于是 $n=\frac{g}{p}$，$n'=\frac{g'}{p'}$，$n''=\frac{g''}{p''}$ 等等；$\alpha=\frac{p}{n}+\frac{p'}{n'}+\frac{p''}{n''}+\cdots=\frac{p^2}{g}+\frac{p'^2}{g'}+\frac{p''^2}{g''}+\cdots$。这时 p 即为充分满足一种享受所需付出的力量的变动，显然不必有 g 即享受的双重的绝对量的变动，反之亦然。而这时对已获得的每一单个的量来说，都可以设定它们的变化。这里对于 p 和 n 所说的，也以完全类似的方式适用于 π 和 ρ。如果劳动达到痛苦开始的时点上，$\pi\rho$ 的乘积便表示劳动引起的享受的双重绝对量。在公式 W 中，这个乘积也会像乘积 pn，$p'n'$，$p''n''$ 等等那样相同的条件下得到。因此，出于类似的原因，我们想用 n 表示 $\pi\rho$ 的乘积。这时 $\beta=\frac{\pi^2}{\gamma}$；此外，如果我们设 $g+g'+g''\cdots=G$，那么公式 W 就变成：

$$W=1/2\left[G+\gamma-\frac{(P-E)^2}{\alpha}-\frac{(E-\pi)^2}{\beta}\right],$$

当它达到最大值时就是：

$$W=1/2\left[G+\gamma-\frac{(P-\pi)^2}{\alpha+\beta}\right].$$

如果我们现在为确定 W 的值由于它的条件变化而发生的那些变化而变化来观察这个公式，那么就会发现，W 的值在下述条件下发生变化：如果只有 g 或 p 中的一个——它们包含在 G、P 和 α 之中——发生变化，或者 π 和 γ 发生变化，最后如果一个新的 g 或 p 按照 g 加入进来。但是另一方面，我们也发现，因为 g 和 p 全都按照同样的方式参与公式的构成，双方的变化必然按照同样的方式发生影响，所以只要确定一方变化的影响，就足以直接了解另一方变化的影响。

这里首先应该回答的问题是，g 和 p 必须在多大程度上包含在公式之中，这就是说，哪些享受部分地得到满足。答案是明显的。鉴于获取享受的困难，开始时的享受必须大于在它中断时部分满足的享受。开始时的享受量是 $n=\frac{g}{p}$，中断时部分满足的享受量最大是$\frac{P-\pi}{\alpha+\beta}$，因而如果：

$$\frac{g}{p} \geqslant \frac{P-\pi}{\alpha+\beta},$$

一个 g 和 p 必须被纳入公式之中。

借助于这个公式不难做到，一旦 g 和 p 是已知的，公式 W 就可以对任何一种给定的情况进行计算。人们在根据开始时的享受量，也就是根据$\frac{g}{p}$的值，安排了享受之后，首先使 p 的总量大于 π。在我们的数例中，至少头三种享受是如此。在这种情况下，$P=41$，$\alpha=6$，$\beta=15$，那么，

$$\frac{g}{p} \leqslant \frac{41-30}{6+15}=11/21,$$

因为第四种享受通过在数例中$\frac{g'''}{p'''}=\frac{36}{18}=2$而满足了这个条件，所以它也得到了满足。随着第四种享受的加入，于是：

$$\frac{g}{p} \geqslant \frac{59-30}{15+15}=29/30$$

后来的享受只要在其开始时大于29/30，也就可以被计算。

由此可以得出结论：任何一种享受，不论它本身多么小，只要无需任何自己的努力便可得到，即 $p=0$，就都能被纳入公式之中。因为这时$\frac{g}{p}=\infty$，所以在任何情况下都超过了界限。在这种情况下，享受的纳入所带来的变化是一目了然的。由于这种享受的纳入，只有 G 发生变化，它增大的值正好是新的 g；然后 W 也与之相应地发生变化，它增大的值正好是新的 g 的一半。因此，定理如下：

由于人们无需努力就得到享受，他们的享受总量就增大到全部享受量。

为了研究 g 和 p 的值的变化带来的影响，我们首先确定加入一个新的享受所产生的影响。如果按照已经采取的方式用 g 表示这个享受的双重的绝对量，用 p 表示为获得这个享受所需运用的力量，并且为了简化计算在公式 W 中假设 $G+\gamma=G'$，$P-\pi=P'$，$\alpha+\beta=\alpha'$，那么在新的享受加入之前就是：

$$1.\ W = 1/2(G' - \frac{p'^2}{\alpha'}),$$

新的享受加入之后就是：

$$2.\ W = 1/2[G' + g - \frac{(p'+p)^2}{\alpha' + \frac{p^2}{g}}],$$

假设我们用 ΔW 表示生活享受总量的差别，那么：

$$\Delta W = 1/2[G' + g - \frac{(p'+p)^2}{\alpha' + \frac{p^2}{g}}] - 1/2(G' - \frac{p'^2}{\alpha'})$$

因此根据 ΔW 为正数或负数，来判断新的享受加入之后的享受总量变大或变小。如果简化 ΔW 的公式，就可得到：

$$2\Delta W = \frac{(\alpha' g - pP')^2}{\alpha'(\alpha' g + p^2)};$$

可以看出，在下述条件下，$\Delta W = 0$，也就是说生活享受量的差别消失，假定分子等于零，即：

$$\alpha' g = pP',$$

或者：

$$\frac{g}{p} = \frac{p'}{\alpha'} = \frac{p-\pi}{\alpha+\beta};$$

因而，假定享受只相当于中断时部分满足的量。但是，一般说来，从这一时刻起，享受才予以考虑。因此，这不过表述了刚刚发现的为在一种特殊情况下构建 W 公式的规则。如果享受超过了这一点，那么$\frac{g}{p}$越大，享受也就越应当加以考虑。这可以在双重方式上发生，或者由于 p 变小，或者由于 g 变大。因此为了认识 p 和 g 的变化对生活享受总量带来的影响，我们只需要看一看，当 p 和 g 从$\frac{g}{p}=\frac{p'}{\alpha'}$那一点起分别缩小和增大时公式 ΔW 所发生的情况。p 从 $\alpha' g - pP' = 0$ 那一点起缩小的影响，只要看一眼公式 ΔW 就可以得出来。它表明，在分子中应减去和在分母中应加上的并取决于 p 的那一项缩小了。这两种情况造成 ΔW 增大，一直到 $p = 0$ 时，$2\Delta W = g$；即一直到新加入的享受无需任何自己的努力便可获得时，享受总量增大到新享受的全部的量。这种情况我们在前面已经直接看到了。g 增大的影响同样看得很清楚。只要把公式 ΔW 的分子、分母分别除以 $p^2 p'^2 g^2$，这样 ΔW 的值就不会发生变化。这时公式变为：

$$2\Delta W = \frac{\left(\frac{\alpha'}{pP'} - \frac{1}{g}\right)^2 P'^2 g}{\alpha'\left(\frac{\alpha'}{p^2} + \frac{1}{g}\right)}$$

这里可以看出，随着 g 的增大，在分子中应减去和在分母中应加上的并取决于 g 的另一项，变得越来越小。这种情况又使两者对 ΔW 增大的影响更大，因为 g 还作为一个因数存在。这时为了看出在 $g = \infty$ 的情况下，ΔW 所发生的情况，让我们除尽，直到 g 从余数的分子中消失，我们得到：

$$\frac{(\alpha'g-pP')^2}{\alpha'^2g+\alpha'p^2}=\frac{\alpha'^2g^2-2\alpha'pP'g+p^2P'^2}{\alpha'^2g+\alpha'p^2}$$

$$=g-\frac{p(2P'+p)}{\alpha'}+\frac{p^2(P'+p)^2}{\alpha'^2g+\alpha'p^2},$$

人们看到，由于 $g=\infty$：

$$2\Delta W=g-\frac{p(2P'+p)}{\alpha'}.$$

这就是说，生活享受总量的增加比要无限扩大的享受本身少 $\frac{p(2P'+p)}{2\alpha'}$. 原因很明显，下面还会变得更明显。为了使这种享受达到无限大，要充分获取这种享受，必须抽去用于所有其余享受的许多劳动，以致因此而使所达到的享受减少 $\frac{p(2P'+p)}{2\alpha'}$. 当然相反的情况也是适用的：$p$ 从零开始增大和 g 从无限大开始减小，一直到 $\frac{g}{P}$ 只有 $\frac{P'}{\alpha'}$ 的值。

这里对一种新享受的加入所说的一切也包括对那些由已经部分满足的享受中 p 和 g 的变化引起的生活享受的变化应加以说明的内容。如果把变化了的享受视为新享受，就会发现这些变化；如果把变化了的享受固定在它的不同阶段上，通过 ΔW 的公式便计算出生活享受总量的变化。于是生活享受的相应变化便决定了这样获得的 ΔW 的两个值的差别：如果计算变化前的享受，就得到了第一个值；如果计算变化后的享受，就得到了第二个值。假定 p 变小而 g 变大，那么 ΔW 的第二个值就会变大；反之则变小。

我们在这里所发现的，只是重复了前边已论述过的原理，只是现在要考虑劳动的必要性。这个定理表述如下：

对任何一种享受来说，人们都成功地制定了为满足这种享受所须发挥的力量与这种享受的绝对量之间的比例，使享受能一般地或在这一比例略为增大的条件下部分地得到满足（也就是$\frac{g}{p} \gtreqless \frac{P-\pi}{\alpha+\beta}$）．如果他们成功地增加了享受的绝对量（增大 g），或者减少了为满足享受所必须发挥的力量（减小 p），那他们便总是会提高他们的生活享受总量。

现在让我们转到π的变化对生活享受的影响的考察上来。π的变化没有使它对 γ 即通过运动本身获得的双重享受产生影响，这只有在下述情况下才是可以想象的：我们获取某种享受的技能提高了，学会了用同样的力量创造更多的享受。所以 π 的变化没有对 γ 产生影响，恰恰是与 p 的变化相反地变化的结果，从根本上说不过是p的变化由于π的尺度的变化而从相反的比例转移到π上，如果我们把它的值代入 β，以此把各处出现的 π 搞清楚，那我们也可以通过考察我们的公式发现这种影响。这个公式就是：

$$W = 1/2\left[G+\gamma-\frac{(P-\pi)^2}{\alpha+\frac{\pi^2}{\gamma}}\right].$$

它直接表明，W 必然随 π 的增大而增大，一直到 $\pi = P$ 时，达到最大值，即

$$W = 1/2(G+\gamma),$$

因为应减去的分数$\frac{(P-\pi)^2}{\alpha+\frac{\pi^2}{\gamma}}$随着$\pi$ 的增大，其分子越来越小，分母

越来越大，因而总体上就越来越小，直至当 $\pi = P$ 时变为零。

γ 的变化还有待我们去考察。γ 表示运动给我们带来的双重享受，撇开通过运动还附带创造的所有有价值的东西不谈。所以 γ 的变化是以这一假定为前提条件的，即在我们这里相应的力量以相应的方式发生了变化。这里重复前面关于重复享受已经作出的论述是适宜的。这种力量的变化在每一瞬间都必须按照它的表现作为变化了的结果而存在。这里我们假定直线为享受面积的边线，只有 *cbe* 线（图4.1）与自身平行地远离或靠近 *a*，图形才能发生变化。于是它们便出现在 $c'b'e'$ 和 $c''b''e''$ 的位置上，因为否则的话，两条线彼此相交，所设定的力量的变化就会突然转成相反的方向；它的作用在相交前是大的，而在相交后就会突然变小，反之亦然。因而，没有任何理由要作出这种力量在相交前后发生相反变化的假设。（即使在假定是一条曲线的情况下，只要曲线有一个共同的或平行的渐进线，上述条件也是充分的。）由此可以得出结论，γ 的变化必须以 π 的相应变化为前提条件，即必须使：

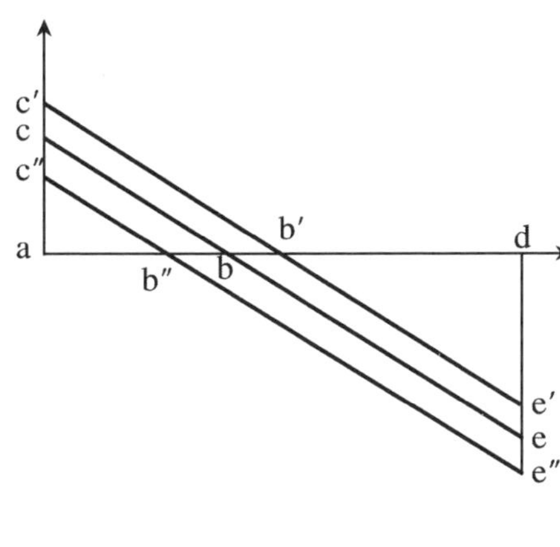

图 4.1

$$ab : ac = ab' : ac' = ab'' : ac'';$$

或者 $\pi : \rho$ 的比例保持与从前相等；也就是说，不管 γ 发生怎样的变化，必须使 $\beta = \frac{\pi}{\rho}$ 保持不变。

当我们把这个普遍适用的结合专门用于我们的场合时，它会变得更清楚。对每一种给我们提供享受的力量来说，享受必然随力量程度的增大而增大。因此，运动时的享受也必然随力量的增大而增加。如果成功地增强了我们的产生运动的力量，那么 γ 就会增大。这种力量的增强确实带来了享受的提高，我们看到测试这种力量的大小和运用新增长的力量给青年人所带来的乐趣。此外，人们熟知的事实是，当一个人能成功地增强了他的肌肉力量时，他就能以同样的力度在更长时间内运用他的肌肉力量，而不会由此感到比以前短时间用力时更为痛苦。他也必然能够在这个较长时间内，获得更多的享受满足。因此，上面提到的 π 取决于 γ 的量在这里就清楚地表现出来了。

因此，γ 的变化对于 W 的影响也立即变得清楚了。鉴于此，γ 本身必须直截了当地加到公式 W 中去。于是，W 就会准确地以与 γ 同样的程度发生变化。特别要强调这种变化是同方向的，因为 π 必然与 γ 同方向变化；在 β 不变的情况下，π 的增大也同样引起 W 的增大，反之亦然。

我们可以把这个结果和先前获得的结果适当地通过下述定理统一表达出来：

通过提高我们借以满足享受的力量和运用这种力量的技巧，我们便能够提高我们的生活享受，直到力量的发挥——它的利用本身提供享受——足以充分获得全部享受。

第五章　劳动效率和能力的变化对生活享受的影响

我们在前面找到了人类为了在尽可能高的程度上达到他们的生活目的而应该走的道路之后，现在应该来研究，走上这条道路会造成什么样的结果。

为了这个目的，让我们首先考虑由于情况的变化 E 的值即劳动的产出总量所发生的变化，以便获得最大的享受。我们考察的顺序，同我们以前考虑这些变化对生活享受总量影响的顺序是一样的。因此，首先是研究一个新的享受达到满足时的情形如何。公式：

$$E=\frac{\alpha\pi+\beta P}{\alpha+\beta}.$$

这里立即表明，当我们不经自己的努力而获得一个新增加的享受时，即当 $p=0$ 时，那么这一新增加的享受对于 E 即劳动产出总量就没有任何影响，因为在这种情况下构成公式 E 的所有字母符号的值都保持不变。因此这个定理是：

人们不经自己的努力而得到的享受，对于为达到生活享受的最大值所必须付出的劳动没有任何影响。

相反，如果享受必须通过劳动来获得，那么在劳动加入之前必然是：

$$\text{I.}\quad E=\frac{\alpha\pi+\beta P}{\alpha+\beta};$$

在劳动加入之后是：

$$\text{II.}\quad E=\frac{(\alpha+\frac{p^2}{g})\pi+\beta(P+p)}{\alpha+\frac{p^2}{g}+\beta}.$$

因此，当我们用 ΔE 表示这种差别时，这种差别就是：

$$\Delta E=\frac{(\alpha+\frac{p^2}{g})\pi+\beta(P+p)}{\alpha+\frac{p^2}{g}+\beta}-\frac{\alpha\pi+\beta P}{\alpha+\beta}.$$

简化之后，我们可以通过下列公式把它表示出来：

$$\Delta E=\frac{\beta p^2(\frac{g}{p}-\frac{P-\pi}{\alpha+\beta})}{(\alpha+\beta)g+p^2}.$$

可以看出，当 $\frac{g}{p}=\frac{P-\pi}{\alpha+\beta}$ 时，$\Delta E=0$。我们这里又一次发现，那种反复出现的规则，即关于部分地满足享受必须从何时开始的规则。从这时起，ΔE 随 $\frac{g}{p}$ 的增大——只是考虑可能出现这种情况——而继续保持为正值；g 的增大导致 ΔE 的增大，这与上面阐述的 ΔW 增大时的情形相类似；直到 $g=\infty$ 时，变成了 $\Delta E=\frac{\beta p}{\alpha+\beta}$. 如果将 ΔE 这个式子的分子和分母除以 g，分子中乘以 p，这就变得更加明显了：

$$\Delta E=\frac{\beta p(1-\frac{p(P-\pi)}{g(\alpha+\beta)})}{\alpha+\beta+\frac{p^2}{g}}.$$

加上 $g=\infty$ 时的 ΔE，E 就是：

$$E=\frac{\alpha\pi+\beta P}{\alpha+\beta}+\frac{\beta p}{\alpha+\beta}=\frac{\alpha\pi+\beta(P+p)}{\alpha+\beta}.$$

这也可以通过在等式 II 中假设 $g=\infty$ 而直接得出。因此，如果新的无穷大的享受本身是劳动创造的，那么 E 的增大将小于 $\frac{\alpha p}{\alpha+\beta}$，因为 $p-\frac{\beta p}{\alpha+\beta}=\frac{\alpha p}{\alpha+\beta}$. 造成这种情况的原因，我们在前面说明过了。为了使其达到无限大而必须充分获得这种享受的必然性，使可支配的剩余劳动大大减少，以致现在只能在很小的程度上满足其余的享受。式子 $\frac{p(2P'+p)}{2\alpha}$，表示人们在不存在新的享受的情况下，通过进一步满足所有其余享受而获得的生活享受量；为了求得 W 增加，上述式子必须缩减至它的量的 $\frac{g}{2}$.

相反地，我们发现，p 的减小对 ΔE 的影响与 ΔW 的情形不同。这里也发现，在 $\frac{g}{p}=\frac{P-\pi}{\alpha+\beta}$ 出现之后，最初由于 p 的减小使 ΔE 增大；但是，后来当 $p=0$ 时，ΔE 也等于零，因为 p 是分子中的一个因数。因此，这表明，p 在 $\frac{g}{p}=\frac{P-\pi}{\alpha+\beta}$ 时的 p 与 $p=0$ 之间的某一数值上，E 达到最大值。为了找到什么时候 E 达到最大值，需要求等式 II 中 E 和 p 的微分。于是得到：

$$dE=\frac{\beta g[(\alpha+\beta)g-2(P-\pi)p-p^2]dp}{[(\alpha+\beta)g+p^2]^2};$$

当：

$$p^2+2(P-\pi)p=(\alpha+\beta)g,$$

或者：

$$p = \sqrt{(\alpha+\beta)g+(P-\pi)^2}-(P-\pi),$$

那么 E 就达到了最大值。

我们可以把这里得出的结果表述为如下定理：

人们为获得生活享受的最大值而必须付出的劳动量，由于新的应满足的成熟了的享受的加入和到目前为止已部分满足了的享受的绝对量的增加而增大，但是这种劳动量的增大任何时候也不可能与充分满足新的应考虑扩大的享受所要求的整个劳动量相等。相反，在充分满足一个应予考虑的享受所要求的劳动量减少的情况下，从开始考虑的那一点起，视情况不同，人们应付出的劳动量达到最大值。而这个最大值一经达到，无论 p 增大或减少，这个量都会减少。

在判断 π 的变化对 E 的影响时，我们首先必须想到，γ 不变而 π 变化只是劳动技能变化的另一种表达方式。这种增加只是意味着，劳动者能用同样的力量创造出更大量的 p。这种区别是重要的，因为由 π 的变化引起的 E 的变化，现在不能再像先前那样，直接用作衡量应付出的劳动量的变化的尺度。而新的 E 仅仅给出了创造出的量的变化，而没有给出用于劳动的时间的量。在这种情况下，π 的变化和所有 p 的变化具有相同的作用，只是成相反的比例。

为了找出 π 的这种变化所带来的影响，我们首先在 E 的公式中设 $\pi = P$，即假定技能如此之大，以至于用一个满足本身享受的劳动量足以充分获得全部享受。因此，在 $E = P$ 这种情况下，为了

使 π 的变化在它所有出现的地方都能明显看出，我们用 β 的值$\frac{\pi^2}{\gamma}$代替 β，于是：

$$\Delta E = P - \frac{\alpha\gamma(P-\pi)}{\alpha\gamma+\pi^2},$$

上式简化后得出：

$$\Delta E = \frac{\alpha\gamma(P-\pi)}{\alpha\gamma+\pi^2},$$

这时便可以看到，ΔE 随着 π 的缩小而不断增大，直到 $\pi = 0$ 时变成与 P 相等；于是就出现，$E = P - p = 0$。由此得出下述定理：

创造的享受量随着技能的减小而不断缩小，直到再也创造不出任何东西；获得不到任何享受；或者反过来也是一样，创造的享受量随着技能的增大而不断扩大，直到足以充分获得全部享受。

为了进一步找出 π 的变化对于付出的劳动量的影响，根据上述说明，我们必须改变 E 式中使用的标准。假定用 A 表示劳动量，那么必须使比例为：

$$A : E = 1 : \pi$$

或者是：

$$A = \frac{E}{\pi},$$

从而，

$$A = \frac{\alpha\gamma+\pi P}{\alpha\gamma+\pi^2}.$$

这时不论 $\pi = 0$ 还是 $\pi = P$，A 都等于 1。所以：

$$\Delta A = \frac{\alpha\gamma+\pi P}{\alpha\gamma+\alpha^2} - 1$$

$$= \frac{\pi(P-\pi)}{\alpha\gamma+\pi^2}$$

由此可以看出，因为 $\pi < P$ 或者最多等于 P，所以 ΔA 基本上是正值，至少等于零；也就是说，π 小于 P 时的劳动量在任何情况下都大于 $\pi = 0$ 或 $\pi = P$ 时的劳动量。还可以进一步看出，因为当 $\pi = P$ 和 $\pi = 0$ 时，ΔA 都变为零，所以它在 π 的这两个值之间达到最大值。通过求微分便得到：

$$dA = \frac{(\alpha\gamma P - 2\alpha\gamma\pi - P\pi^2)d\pi}{(\alpha\gamma+\pi^2)^2}.$$

因此，在下述条件下得出它的最大值：

$$P\pi^2 + 2\alpha\gamma\pi = \alpha\gamma P,$$

或者，

$$\pi = \frac{\sqrt{\alpha\gamma(P^2+\alpha\gamma)}-\alpha\gamma}{P}$$

由此我们得出下述定理：

假定劳动技能等于零或者这种技能是以通过同享受相联的劳动充分获得全部享受，那么人们为了达到生活享受的最大值而必须付出的劳动量，就等于提供他们本身享受的劳动量(＝1)。劳动量在这两个界限之间提供他们不断增大并在下述条件下达到最大值：

$$\pi = \frac{\sqrt{\alpha\gamma(P^2+\alpha\gamma)}-\alpha\gamma}{P}.$$

γ 的变化对于 E 带来的影响，只需要看一看 E 的公式就可以得出。如同前面我们已看到的那样，只有当 π 在 β 保持以前的值不变的条件下同时在同一方向上变化时，才会出现上述变化。因此，在下述式子中：

$$E = \frac{\alpha\pi + \beta P}{\alpha + \beta},$$

只有 $\alpha\pi$ 这一项发生变化，从而 E 沿着与 π 和 γ 相同的方向变化，直至 $\pi = P$ 时，造成 $E = P$。这就是说：

创造的享受量随着劳动力量的增强而增加，直到它足以充分获得包括劳动享受在内的全部享受。

为了得到 γ 的变化对劳动量的影响，我们必须在 β 保持不变的情况下将 E 式除以新 π。那么它就变为：

$$A = \frac{\alpha\pi + \beta P}{\pi(\alpha + \beta)}.$$

在 $\pi = P$ 时，$A = 1$，所以：

$$\Delta A = \frac{\alpha\pi + \beta\pi}{\pi(\alpha + \beta)} - 1 = \frac{\beta(P - \pi)}{\pi(\alpha + \beta)}.$$

因而，在 π 小于 P 的情况下，ΔA 基本上为正值；这就是说，A 增大至 $\pi = 0$ 时，A 也就 $= \infty$；这也就是说，达到了体力全部被耗尽的地步。

由此得出下述定理：

与同享受相联的劳动相比，同痛苦相联的劳动量，即为了达到生活享受的最大值而必须付出的劳动量随着劳动力量的减少而增大，直到人的力量消耗殆尽。

这便是 E 即创造享受的总量和 A 即应付出的全部劳动量所发生的变化。现在让我们转入研究 e 的变化，即用于满足单个享受的力量的变化。

e 的公式是：

$$e = p[1 - \frac{P - \pi}{n(\alpha + \beta)}],$$

或者出于已列举过的原因，用$\frac{p}{g}$代替 n，于是：

$$e = p[1 - \frac{p(P - \pi)}{g(\alpha + \beta)}].$$

当我们一看到这个变换了的 e 公式时所产生的最初印象是，在这里又遇到了关于满足一种享受从何时开始的规则。如果我们把$\frac{p}{g}$分出作为公因式，那么这就会变得更为明显。这样公式就变成：

$$e = \frac{p^2}{g}(\frac{g}{p} - \frac{P - \pi}{\alpha + \beta});$$

可以立即看出，当$\frac{g}{p} = \frac{P - \pi}{\alpha + \beta}$时，$e = 0$；只有当$\frac{g}{p} > \frac{P - \pi}{\alpha + \beta}$时，$e$ 才保持为正值。其次观察到的是，在这个公式中，不是所有的 g 和 p 都以同样的方式构成它的组成部分，而是只有与这里考察的 e 没有直接关系的 g 和 p 才是如此。因此，e 可能发生变化的情况增多了。

现在让我们首先考察 p—— 它从属于被考察的 e—— 的变化的影响。为了确定这种影响，我们首先必须把包含在 P 和 α 中的这个 p 分离出来。这可以做到，如果设：

$$P - \pi - p = P'$$

并且设：

$$\alpha + \beta - \frac{p^2}{g} = \alpha'.$$

这样，P' 和 α' 就不再包含 p。于是它变成：

$$P-\pi=P'+p,$$

$$\alpha+\beta=\alpha'+\frac{p^2}{g}.$$

因此，e 公式就是：

$$e=p[1-\frac{p(P+p)}{g(\alpha'+\frac{p^2}{g})}],$$

或者是：

$$e=\frac{p(\alpha'g-pP')}{\alpha'g+p^2}.$$

这里我们又发现了$\frac{g}{p}>\frac{P'}{\alpha'}$这一条件。从这一点起，$e$ 随 p 的缩小而增大；但是当 $p=0$ 时，e 又 $=0$。因此它在$\frac{g}{p}=\frac{P'}{\alpha'}$时的 p 与$p=0$之间达到最大值。求微分得出：

$$de=\frac{\alpha'g(\alpha'g-2pP'-p^2)dp}{(\alpha'g+p^2)^2},$$

那么，在下述条件下，达到最大值；

$$p^2+2P'p=\alpha'g$$

或者：

$$p=\sqrt{\alpha'g+p'^2}-P',$$

因而在这时，E 也由于 p 的缩小达到最大值。这个结果是可望得到的；因为 E 是简单地由 e 的总量构成的所以 E 必然通过决定 e 的量的条件的变化，与相关的 e 同时达到最大值。由此我们得到下述定理：

只要为充分满足享受所需要的劳动与这种享受的绝对量的比例以这样一种方式形成，即这种享受开始时的量与其他享受中断时的量相等，那么满足某种享受的力量就开始运用。在为充分满足这种享受所必要的劳动减小的情况下，满足这种享受所运用的力量增加；当 $p=\sqrt{\alpha' g+p'^2}-P'$ 时，它达到最大值。随着这种必要的劳动不断减小，应运用的力量也减小，直到这种享受无需发挥任何力量即可获得时，它也就等于零。

g 的变化的影响可以更为简单地得出，只需要将这一公式：

$$e=\frac{p(\alpha' g-pP')}{\alpha' g+p^2}$$

的分子和分母除以 g 即可。于是，我们得到：

$$e=\frac{p\left(\alpha'-\frac{pP'}{g}\right)}{\alpha'+\frac{p^2}{g}}.$$

这时便可以看到，e 从 g 超过已知的界限起，随着 g 的增大而不断增大，直到 $g=\infty$ 时，$e=p$。因此定理是：

由于一种应满足的成熟的享受绝对增大——如果这种增大对于完全满足享受所应付出的劳动量没有影响——用于满足这种享受的力量便增大，但是只有一直到享受量变为无穷大时，这种力量才足以完全满足享受。

为了认识另一种 p 的变化对 e 的影响，我们以已经运用过的方式把这个 p' 从 P 和 α 中分离出来。这样，e 式就变成：

$$e=\frac{p^2}{g}\left(\frac{g}{p}-\frac{P'+p'}{\alpha'+\frac{p'^2}{g'}}\right).$$

为了找到由 p' 引起的 e 的变化，首先设 $p'=0$。通过计算出这个 $p=0$ 时的 e 和满足与 p' 相连的享受时的 e 之间的差，这种变化便显示出来了。它变成：

$$\Delta e=\frac{p^{2}}{g}\left(\frac{g}{p}-\frac{P'+p'}{\alpha'+\frac{p'^{2}}{g'}}\right)-\frac{p^{2}}{g}\left(\frac{g}{p}-\frac{P'}{\alpha'}\right),$$

或者：

$$\Delta e=\frac{p^{2}p'(\alpha'g'-p'P')}{\alpha'g(\alpha'g'+p'^{2})}.$$

这时，我们又一次发现 $\frac{g'}{p'}>\frac{P'}{\alpha'}$ 这一条件。此外，我们还发现，因为 p' 是分子中的一个因数，所以当 $p'=0$ 时，Δe 也等于零。因此，这里又以类似的方式重复了在考察 E 的变化时所发现的定理：

人们无需自己的努力便得到的那些享受，对用于某种享受上的劳动量没有影响。

相反地，人们看到，随着 p' 的减小，Δe 基本上是负值，并且一直到它用 p' 同时等于零时都保持为负值，从而又在负的意义上达到了最大值。求微分得出：

$$de=\frac{p^{2}g'(p'^{2}+2p'P'-\alpha'g')dp'}{g(\alpha'g'+p'^{2})^{2}},$$

因而在下述条件下达到最大值：

$$p'^{2}+2p'P'=\alpha'g',$$

或者：

$$p'=\sqrt{\alpha'g'+p'^{2}}-P'。$$

这就是说，假定与 p' 相应的 e' 达到了最大值，那么 e 就达到了最大

值，反之亦然。

我们发现，g' 的变化也有完全相似的影响。假定 Δe 公式的分子和分母中都除以 g'，那么就得到：

$$\Delta e = -\frac{p^2 p'(\alpha' - \frac{p'P'}{g'})}{\alpha' g(\alpha' + \frac{p'^2}{g'})}.$$

因此，Δe 随着 g' 在负的意义上增大到 $g' = \infty$ 时，

$$\Delta e = -\frac{p^2 p'}{\alpha' g}.$$

把前面的结果和这个结果综合起来，我们可以得出下述定理：

为充分满足一种享受所需要的劳动的变化，或享受的绝对量的变化，造成贡献给所有其他享受的劳动量的变化，这种变化与贡献给改变了的享受的劳动量的变化方向相反；而贡献给所有其他享受的劳动总量的增加或减少，总是小于相应的贡献的享受的劳动量的增加或减小。

这后一种情况来自下述事实，即当任何一个 e 由于 g 或 p 的变化而变化时，那么 E 便随之同时增大，并且随之同时达到最大值。因此，其他的 e 损失的量，小于 E 增大时那个给定的 e 所增长的量，反之亦然。

如果我们用 β 的值代替 β，那么公式就直接表明了由 π 引起的 e 的变化。公式这时变成：

$$e = p\left[1 - \frac{p(P - \pi)}{\alpha g + \frac{g\pi^2}{\gamma}}\right];$$

因此，当 $\pi = P$ 时，应减去的一项等于零，于是 $e = p$。从这一点起，

应减去的一项随 π 的减小而增大，直到 $\pi=0$ 时，它 $=\frac{pP}{\alpha g}=1$，因为在这种情况下，在 P 和 α 内所包含的享受在开始时必须变为 $\gtreqless \frac{P}{\alpha}$. 但是，不管 g 和 p 能够如何确定，$\frac{g}{p}$ 在最初享受时只能 $=\frac{P}{\alpha}=\frac{p}{\frac{p^2}{g}}=\frac{g}{p}$，这就是说，它与自身相等，因而可以变成 $\frac{pP}{\alpha g}=\frac{pg}{pg}=1$。由此变成：

$$e=p(1-1)=0.$$

最后，γ 的变化的影响还更简单。像我们已经看到过的那样，它只能通过使 β 保持不变得出，于是在公式中：

$$e=p\left[1-\frac{p(P-\pi)}{g(\alpha+\beta)}\right],$$

只是应减去的一项的分子按与 π 相反的方向变化，从而 e 因 γ 而按与 π 相同的方向变化。我们可以把这两个结果概括为下述定理：

随着劳动技能和劳动力强度的增大，每种享受满足的数量增大，一直到每种享受达到完全满足。

现在假定用于满足享受的劳动发生变化，我们这里专门考察一下满足享受的数量。一旦我们把 e 除以 p，如果用 m 表示，那么 $m=\frac{e}{p}$，这样就会发现这个数量。因此，在 p 保持不变的情况下，它与 e 发生相应的变化。一旦变化是由 p 本身造成的，这种关系就不存在了。公式：

$$e=p\left[1-\frac{p(P-\pi)}{g(\alpha+\beta)}\right]$$

得出：

$$m=\frac{e}{p}=1-\frac{p(P-\pi)}{g(\alpha+\beta)},$$

或者假定我们从 P 和 α 中剔除变化的 p，公式就简化为：

$$m=\frac{\alpha' g-pP'}{\alpha' g+p^2}.$$

它表明，当满足已知的条件 $\frac{g}{p}=\frac{P'}{\alpha'}$ 时，$m=0$；从这点起，m 随着 p 的减小越来越增大，一直到 $p=0$ 时，$m=1$。这就是说：

在一种享受随着所要求的劳动减小而减小时，满足的部分增大；但是只有一直到享受无需任何自己的努力便可获得时，才达到享受的完全满足。

现在剩下来应该加以研究的问题是，条件的变化对于享受在其中断时的量的影响。这个量的公式是：

$$\text{I.}\quad w=\frac{P-\pi}{\alpha+\beta},$$

因此，在同一个新的享受加入时：

$$\text{II.}\quad w=\frac{P+p-\pi}{\alpha+\frac{p^2}{g}+\beta}.$$

假设 $P-\pi=P'$，$\alpha+\beta=\alpha'$，则

$$\Delta w=\frac{p(\alpha' g-pP')}{\alpha'(\alpha' g+p^2)}.$$

这个公式同前面得出的在一个新的享受加入时 e 的公式的区别仅仅在于，在分母中 α' 更多地作为因数出现。它表明，g 和 p 的变化对于 w 的影响与对 e 的影响完全相似。因此定理是：

由于应满足的成熟的享受的绝对增大，那些享受在其中断时的量增大；而由于充分满足这种享受所需要的劳动量减小，那些享受量先是增大，一直到某一最大值；然后从这点起，在 p 进一步减小的情况下，又开始减小，一直到新的享受加入前曾存在过的量。

π 和 γ 的变化的影响，只要看一看公式就可明白。它给出的定理是：

由于劳动技能和劳动力量的增大，那些"享受"在其中断时的量不断减小，一直到劳动技能和劳动力量足以充分满足全部享受时等于零。

第六章　数例说明

通过我们所举的数例，这些定理将得到更为清楚的说明。这一数例中：

$$g=100;\ g'=128;\ g''=75;\ g'''=36;$$

$$p=10;\ \ p'=16;\ \ p''=15;\ p'''=18;$$

$$\pi=30;\ \ \gamma=60;$$

因此，如果我们首先让 p 发生变化并为此选定绝对最大的享受，那么就得下列第二个结果。它变成：

$$P'=p-\pi=p+p''+p'''-\pi=13;$$

$$\alpha'=\frac{p^2}{g}+\frac{p''^2}{g''}+\frac{p'''^2}{g'''}+\beta=28;$$

$$G'=g+g''+g'''+\gamma=271;$$

$$g'=128;$$

因此：

$$M'=\frac{3584-13p'}{3584+p'^2};$$

$$e'=\frac{p'(3584-13p')}{3584+p'^2};$$

$$e=10-\frac{128(13+p')}{3584+p'^2};$$

$$e'' = 3[5 - \frac{128(13+p')}{3584+p'^2}];$$

$$e''' = g[2 - \frac{128(13+p')}{3584+p'^2}];$$

$$E = \frac{30[3392+(32+p')^2]}{3584+p'^2};$$

$$w = \frac{128(13+p')}{3584+p'^2};$$

$$W = 1/2[399 - \frac{128(13+p')^2}{3584+p'^2}].$$

这时,享受达到了边际量,从这一边际起,当$\frac{128}{p'} = \frac{13}{128}$或者 $p' = 275\frac{9}{13}$时,满足便开始了。当 $p' = \sqrt{3584+(13)^2} - 13 = 48.262$ 时,e'、E 和 W 达到最大值,与此相应 e,e'' 和 e''' 达到最小值,有如下表:

表 6.1

p'	m'	e'	e	e''	e'''	E	w	W
$275\frac{9}{13}$	0	0	9.536	13.607	13.821	36.964	0.464	132.482
260	0.003	0.745	9.509	13.527	13.582	37.363	0.491	132.493
240	0.008	1.820	9.471	13.412	13.236	37.939	0.529	132.545
220	0.014	3.064	9.426	13.279	12.837	38.606	0.574	132.662
200	0.023	4.515	9.374	13.123	12.370	39.382	0.626	132.879
180	0.035	6.223	9.313	12.940	11.821	40.297	0.687	133.250
160	0.052	8.246	9.241	12.724	11.171	41.382	0.759	133.866
140	0.076	10.652	9.155	12.466	10.396	42.669	0.845	134.879
120	0.112	13.426	9.053	12.160	9.480	44.119	0.947	136.550
100	0.168	16.814	8.935	11.806	8.417	45.972	1.065	139.340

续表

p'	m'	e'	e	e''	e'''	E	w	W
80	0.255	20.385	8.808	11.423	7.269	47.885	1.192	144.058
60	0.390	23.419	8.699	11.098	6.295	49.511	1.301	152.026
48.262	0.5	24.131	8.674	11.021	6.062	49.888	1.326	158.880
40	0.591	23.642	8.691	11.074	6.223	49.630	1.309	164.821
30	0.712	21.369	8.773	11.318	6.953	48.413	1.228	173.109
20	0.834	16.687	8.940	11.819	8.458	45.904	1.060	182.006
10	0.938	9.376	9.201	12.603	10.808	41.988	0.799	190.310
5	0.975	4.875	9.362	13.085	12.254	39.576	0.638	193.754
2	0.991	1.983	9.465	13.395	13.184	38.027	0.535	195.487
1	0.996	0.996	9.500	13.500	13.501	37.497	0.500	196.001
0	1	0	9.536	13.607	13.821	36.964	0.464	196.482

从这个表中我们看到，当 p' 从 $275\frac{9}{13}$ 下降到 48.262 以及 e' 从 0 提高到 24.131 时，需要几乎所有用于劳动的力量的一半。这种所有用于劳动的力量的本身，即 E，由于与 p' 同样的变化，仅从 36.964 变为 49.888，从而提高了 12.924 即比 e' 的一半略多一点。为了填补这个亏空，下列数都会减小：

e 从 9.536 减小到 8.674，因而减小了 0.862；

e'' 从 13.607 减小到 11.021，因而减小了 2.586；

e''' 从 13.821 减小到 6.062，因而减小了 7.759。

当 p' 进一步减小到 48.262 以下时，e、e'' 和 e''' 又增加，直到 $p'=0$ 时，达到与它们在 $p'=275\frac{9}{13}$ 时的相应的高度，即与属于 p' 的享受加入前所固有的相应的高度。相反，e' 则又减小到零，E 减小到以前的值，即 36.964。p' 的减小对 w 即各种享受在其中断时的量的影响，与它对 E 的影响类似。在 p' 减小到 48.262 时，w 则从 0.464 增加到 1.326，然后又下降；当 p' 进一步减小到零时，w 又减小到以前的值，即 0.464。m' 和 W 的情况却完全不同，它们在 p' 减小时却不断增加。m' 从零增加到 $m'=1$，W 从 132.482 增加到 $W=196.482=132.482+\frac{g}{2}$，这就是说一直增加到刚好是新的享受量。

当另外的 p—— 例如绝对最小的即第四种享受 —— 发生变化时，这里获得的结果并没有质的变化，而是只有量的变化。它变成：

$$P' = P - \pi = p + p' + p'' - \pi = 11;$$

$$\alpha' = \frac{p^2}{g} + \frac{p'^2}{g'} + \frac{p''^2}{g''} + \beta = 21;$$

$$G' = g + g' + g'' + \gamma = 363;$$

$$g''' = 36.$$

因此：

$$m''' = \frac{756 - 11p'''}{756 + p'''^2};$$

$$e''' = \frac{p'''(756 - 11p''')}{756 + p'''^2};$$

$$e = 10 - \frac{36(11 + p''')}{756 + p'''^2};$$

$$e' = 2[8 - \frac{36(11 + p''')}{756 + p'''^2}];$$

$$e'' = 3[5 - \frac{36(11 + p''')}{756 + p'''^2}];$$

$$E = \frac{6[2070 + p'''(6 + 5p''')]}{756 + p'''^2};$$

$$w = 1/2[399 - \frac{36(11 + p''')^2}{756 + p'''^2}].$$

当$\frac{36}{p'''} = \frac{11}{21}$，或者 $p''' = \frac{756}{11} = 68\frac{8}{11}$ 时，享受便达到人所熟知的边际量。当 $p''' = \sqrt{756 + (11)^2} - 11 = 18.614$ 时，E、w 和 e''' 达到最大值，e、e' 和 e'' 达到最小值。有如下表：

表 6.2

p'''	m'''	e'''	e	e'	e''	E	w	W
$68\frac{8}{11}$	0	0	9.476	14.952	13.429	37.857	0.524	178.619
60	0.022	1.322	9.413	14.826	13.240	38.801	0.587	178.669
50	0.063	3.163	9.326	14.651	12.977	40.117	0.674	178.929
40	0.134	5.365	9.221	14.441	12.662	41.689	0.779	179.628
30	0.257	7.717	9.109	14.217	12.326	43.369	0.891	181.228
20	0.464	9.273	9.035	14.069	12.104	44.481	0.965	184.536
18.614	0.5	9.307	9.033	14.066	12.099	44.505	0.967	185.182
15	0.602	9.037	9.046	14.092	12.138	44.313	0.954	187.096
10	0.755	7.547	9.117	14.234	12.350	43.248	0.883	190.227
5	0.898	4.488	9.262	14.525	12.787	41.062	0.738	193.600
2	0.966	1.932	9.384	14.768	13.153	39.237	0.616	195.497
1	0.984	0.984	9.429	14.859	13.288	38.560	0.571	196.076
0	1	0	9.476	14.952	13.429	37.857	0.524	196.619

在这个表中，当 p''' 从 $68\frac{8}{11}$ 减小到 18.614 时，e''' 从零增加到 9.307，E 从 37.857 增加到 44.505，下列值减小：

e 从 9.476 减小到 9.033，因而减小了 0.443；

e' 从 14.952 减小到 14.066，因而减小了 0.886；

e'' 从 13.429 减小到 12.099，因而减小了 1.330。

当 p'' 再进一步减小时，e、e'' 又增加，直到 $p'''=0$ 时，它们达到以前的值；相反，e''' 又减小到零、E 减小到最初的值。与此相似，当 p''' 减小到 18.614 时，w 先是从 0.524 增加到 0.967，然后又减小到最初的值。但是，这里 m''' 则持续地从零增加到 1，W 增加到$\frac{g''}{2}$. 这个表（表 6.2）同前一个表（表 6.1）的区别仅仅在于：在这个表中，当 p''' 从 $68\frac{8}{11}$ 减小到零时，发生了所有这些变化；而在前一个表中，为此目的，p' 必须从 $275\frac{9}{13}$ 减小到零。在这个表中，e''' 的最大值只是略超过付出的劳动量的 1/5；而在前一个表中，e' 达到同一时刻几乎占了所需要的劳动的一半。相反，在这个表中，E 的增加为 6.648，因而显然略高于前一个表中的 E 的绝对增加量的一半，但却等于 e''' 在其最大值所使用的劳动量的 5/7；而在前一个表中，它只略高于 e' 所使用的劳动量的一半。这种差别导致了，这个表中 e，e' 和 e'' 的减少相对小于前一个表中 e、e' 和 e'' 的减小。所有这些现象的原因是显而易见的。所有这些变化应归之于发生了变化的享受力量的存在。享受力量和享受量是一致的，因而这些作用必然随着享受绝对量的增减而增减。

在上面这两个表中，没有列出 m 和 A，两者属于那种 p 没有发生变化的享受之列。因为 m 和 A 的变化是相关的 p 和 π 保持不变时发生的，所以 m 和 A 两者便随 e 和 E 的变化而变化。只需把相关的 e 除以它的 p 以及把 E 除以 π 即可。于是，在

$$p' = 275\frac{9}{13}\text{时}，\quad m = 0.954，\quad A = 1.232；$$

$$p' = 48.262\text{时}，\quad m = 0.867，\quad A = 1.663；$$

$$p' = 0\text{时}，\quad m = 0.954，\quad A = 1.232.$$

剩下的 m 和第二个表也相类似。

因此，我们可以把 p 变化的作用概括如下：

由于充分满足一种享受所需要的努力减小，造成下列一些变化：

1. 享受(m)被满足部分的量增加，直到当 $p=0$ 时，享受达到充分满足。

2. 当 p 为某一定值时，用于满足享受的力量(e' 和 e''')达到最大值，尽管它在最初和最后都等于零。

3. 用于所有其他享受的力量由于每一种享受的减小而减小，每一种享受的绝对量减小，这种力量的减小就越多，直到 e' 或 e'' 由于变化了的享受而达到最大值；然后，这种力量又增加，直到 e' 或 $e''=0$ 时，它又达到它的以前的值。

4. 全部劳动量(E)全部劳动所耗费的力量(A)以及享受在其中断时的量(w)，随着 e' 或 e''' 的增减而增减，只不过第一个值即 E 是在比 e' 或 e''' 本身更小的程度上增减；它们随着 e' 和 e''' 同时达到最大值，随着 e' 或 $e'''=0$ 达到最小值。

5. 生活享受总量不断增大，直到 $p=0$ 时，它增大刚好是全部享受量。

对 g 的变化来说，假定我们为此在例子中选择绝对地需要最多的劳动的享受即第四种享受，那么我们得到下述结果。像在前一个表中那样，变成 $p'=11$，$\alpha'=21$，$G'=363$，$p'''=18$；因此：

$$e'''=\frac{18(7g'''-66)}{7g'''+108},$$

$$e=10-\frac{29g'''}{3(7g'''+108)},$$

$$e'=2[8-\frac{29g'''}{3(7g'''+108)}],$$

$$e''=3[5-\frac{29g'''}{3(7g'''+108)}],$$

$$E=\frac{5(71g'''+648)}{7g'''+108},$$

$$w=\frac{29g'''}{3(7g'''+108)}$$

$$w=1/2[363+g'''-\frac{29^2g'''}{3(7g'''+108)}].$$

当 $g'''=\frac{66}{7}=9\frac{3}{7}$ 时，据此开始考虑享受，有如下表：

表 6.3

g'''	e'''	e	e'	e''	E	w	W
$9\frac{3}{7}$	0	9.476	14.952	13.429	37.857	0.524	178.619
20	5.371	9.220	14.441	12.661	41.693	0.780	180.146
40	9.835	9.003	14.007	12.021	44.866	0.997	187.050
60	12.068	8.902	13.803	11.705	46.478	1.098	195.572

续表

g'''	e'''	e	e'	e''	E	w	W
80	13.311	8.842	13.685	11.527	47.365	1.158	204.714
100	14.124	8.804	13.607	11.411	47.946	1.196	214.153
1000	17.559	8.640	13.280	10.920	50.399	1.360	$661.780 = 161.780 + (g'''/2)$
∞	18	8.619	13.238	10.857	50.714	1.381	$161.476 + (g'''/2)$

因此，由于享受绝对量的提高而发生的变化，可以概括如下：

1. 用于满足提高了的力量(e''')增大，一直到 $g''' = \infty$ 时，足以充分满足享受(直到 $e''' = p''' = 18$)。

2. 随着这种力量的增大，全部劳动产出量(E)，劳动量(A)和享受在其中断时的量(w)同时增大——但却是以一个较慢的比例——，直到 $g''' = \infty$ 时，达到最大值。(E 的差距是：$50.714 - 37.857 = 12.857$，因而大约是 p''' 的 5/7。)

3. 为了填补由全部劳动产出量(E)相对于对 e''' 的产出量提高较慢引起的亏空，对所有其他享受应产出的量要减小(e 从 9.476 减小到 8.619，e' 和 e'' 情况类似)。

4. 生活享受总量由于 g''' 的提高而不断提高，g''' 越是接近无限大，生活享受总量就越接近于 g''' 本身。(在我们的例子中，当 g''' 从 1000 提高到 ∞ 时，生活享受总量只提高了 $161.780 - 161.476 = 0.304$，比 g''' 增加的少。)

为了计算出在 γ 保持不变时 π 变化的表，我们首先必须强调指出，享受是否达到部分的满足，根本上取决于 π 的值。这只在下述条件下才能发生，即在 $\dfrac{g}{p} \geqslant \dfrac{P-\pi}{\alpha+\beta}$ 时，或者用 $\dfrac{\pi^2}{\gamma}$ 代替 β 并解 π 的方程式：

$$\pi \gtreqless \frac{\sqrt{\gamma[\gamma p^2 + 4g(pP - \alpha g)]} - \gamma p}{\alpha g}$$

我们必须借助这个公式，首先确定 π 的值，由此便可以考虑单个享受。假设：

$$P = p = 10, \alpha = \frac{p^2}{g} = 1, g = 100, \gamma = 60,$$

于是，我们得到：

$$\pi \gtreqless 0;$$

假定：

$$P = p + p' = 26,\ \alpha = \frac{p^2}{g} + \frac{p'^2}{g'} = 3,\ p = p' = 16,$$

$$g = g' = 128,$$

则：

$$\pi \gtreqless 1.641;$$

假定：

$$P = p + p' + p'' = 41;\ \alpha = \frac{p^2}{g} + \frac{p'^2}{g'} + \frac{p''^2}{g''} = 6,$$

$$p = p'' = 15,\ g = g'' = 75,$$

则：

$$\pi \gtreqless 18.091。$$

在下列公式中：

$$W = \frac{1}{2}[G + 60 - \frac{60(P - \pi)^2}{60\alpha + \pi^2}],$$

$$E = \frac{\pi(60\alpha + \pi P)}{60\alpha + \pi^2},$$

$$A=\frac{60\alpha+\pi P}{60\alpha+\pi^2},$$

$$w=\frac{60(P-\pi)}{60\alpha+\pi^2},$$

$$e=10-\frac{60(P-\pi)}{60\alpha+\pi^2},$$

$$e'=2[8-\frac{60(P-\pi)}{60\alpha+\pi^2}],$$

$$e''=3[5-\frac{60(P-\pi)}{60\alpha+\pi^2}],$$

$$e'''=9[2-\frac{60(P-\pi)}{60\alpha+\pi^2}],$$

因此，我们可以设相应的值到 $\pi=1.641, G=g, P=p, \alpha=\frac{p^2}{g}$；到 $\pi=6.961, G=g+g', P=p+p', \alpha=\frac{p^2}{g}+\frac{p'^2}{g'}$，等等。此外，在下述条件下，$A$ 变为最大值：

$$\pi=\frac{\sqrt{\alpha\gamma(p^2+\alpha\gamma)}-\alpha\gamma}{P}$$

因此，在每两个相互连接的享受之间可以出现这样一个最大值，只要两者量的区别在开始时足够大。只要为每一个新增加的享受计算出 π 的值——通过它可以获得最大值，就可以看出上述情况是否会出现。如果我们得到一个 π 小于增加下一个享受所决定的 π，那么这个 π 便真正获得了最大值。在我们的例子中，由于 $P=10$ 和 $\alpha=1$，所以 $\pi=\frac{\sqrt{60(100+60)}-60}{10}=3.798$，因而大于其中已经考虑了第二个享受的 π。因此在第一个享受和第二个享受之

间不存在 A 的最大值。由于 $P=26$ 和 $\alpha=3$，则 $\pi=8.174$；在第二个享受和第三个享受之间 A 也没有达到最大值。因为在 $\pi=6.961$ 时第三个享受已经加入进来。随着这个享受的加入，$P=41$，$\alpha=6$，因此 $\pi=12.126$。A 由于这个 π 而达到了最大值，因为只有在 $\pi=18.091$ 时第四个享受才加入进来。随着第四个享受的加入，$P=59$，$\alpha=15$，$\pi=18.041$，因此 A 由于这个 π 而达到第二个最大值。因此，由于 π 的不同值，得出下表：

表 6.4

π	W	A	w	E	e	e'	e''	e'''
0	30	1	10	0	0			
1	40.164	1.148	8.852	1.148	1.148			
1.641	46.564	1.219	8	2	2	0		
3	60.032	1.365	7.302	4.095	2.698	1.397		
5	79.463	1.512	6.146	7.561	3.854	3.707		
6.961	96.400	1.580	5	11	5	6	0	
9	111.840	1.653	4.354	14.878	5.646	7.293	1.939	
2	131.440	1.690	3.452	20.286	6.548	9.095	4.643	
12.126	132.172	1.69054	3.417	20.5	6.583	9.167	4.750	
15	146.833	1.667	2.667	25	7.333	10.667	7	
18.091	158.91	1.6030	2	29	8	12	9	0
18.401	159.577	1.6032	1.967	29.5	8.033	12.067	9.1	0.3
25	176.759	1.557	1.338	38.935	8.662	13.325	10.987	5.961
30	185.483	1.483	0.967	44.5	9.033	14.067	12.1	9.3
40	195.168	1.30	0.456	52.16	9.544	15.088	13.632	13.896
50	198.785	1.132	0.159	56.618	9.841	15.682	14.524	16.571
59	199.5	1	0	59	10	16	15	18

由表中可以看出：

1. **在运用力量的技能提高了的条件下，享受总量从一个只等于**

运动本身所提供的享受的最小值(从 $W=\frac{\gamma}{2}=30$ 开始)，增加到足以通过带来享受的劳动充分满足全部可能的享受(到 $W=199.5$)。

2. 一旦新的享受由于技能增加而达到部分满足时，必须付出痛苦而进行的劳动的量($A-1$)便按照与提供享受的劳动的量的比例(即 1)而提高。如果其他条件保持不变而技能还进一步提高，它便达到最大值。直到有足够的技能使全部享受通过带来享受的劳动充分加以满足时，这种造成痛苦的劳动的量便消失了。(A 从 $\pi=0$ 时提高，到 $\pi=12.126$ 时，$A=1.69054$，因而必须进行的与痛苦相联的劳动大约是提供享受的劳动的 2/3。然后，与痛苦相联降低，一直到第四个享受加入。再往后到 $A=1.6030$，从这点起它又开始提高，直到 $\pi=18.401$ 时，$A=1.6032$，由此第二次达到最大值。最后，它又降低，直到 $\pi=P$ 时，$A=1$。)

3. 享受在其中断时的量 w 不断地减小，直到它由于有足够的技能而充分满足全部享受时一直降低为零。

4. 享受资料的劳动产出量(E)不断地增加，一直到充分满足全部享受(到 $E=P=59$)。

5. 各种不同享受的数量以及应满足的部分，随着技能的提高，一直增加到充分满足人们所有可能的享受。

现在还剩下的问题是，把 γ 即劳动力的量的变化用到我们例子上来。在计算 γ 的所有可能的量的图表时，反复强调这一点是适当的：各种不同的享受只有在 γ 达到一定值时才达到满足，从而公式中的 G、P 和 α 根据 γ 的量而获得不同的值。因此，这里首要任务是，确定使 G、P 和 α 变化的 γ 的值。这个值是以与先前确定 π 的值相类似的方式确定的。$\frac{g}{p} \geqslant \frac{P-\pi}{\alpha+\beta}$,即

$$\pi \geqslant P - \frac{g(\alpha+\beta)}{p},$$

那么下一个享受必须包括在内,因为在 γ 变化时,在$\frac{p-\pi}{\alpha+\beta}$这个公式中只有 π 变化;或者因为在:

$$\gamma \geqslant \frac{[pP - g(\alpha+\beta)]^2}{\beta p^2}$$

时,$\beta=\frac{\pi^2}{\gamma}$,即$\frac{\pi^2}{\beta}$. 在我们的例子中,在$\frac{P}{\alpha+\beta}=\frac{59}{30}<\frac{g'''}{p'''}=\frac{36}{18}=2$的场合,第四个享受也必须包括在内,即使是 $\gamma=0$,也是如此。于是,公式变为:

$$\pi = \sqrt{15\gamma},$$

$$W = \frac{1}{2}\left[339+\gamma-\frac{(59-\pi)^2}{30}\right],$$

$$E = \frac{\pi+59}{2},$$

$$w = \frac{59-\pi}{30},$$

$$A = \frac{\pi+59}{2\pi}.$$

在这种情况下,无需专门计算 e,因为 E 在它们中间的分配准确地按照下述方法进行:由于 π 的变化而得到等量的 E。因此,前一个表在这里给出了所期望的答案,只要人们在那个表中查找等量的 E。于是,当 $\pi=59$,或者 $\gamma=\frac{(59)^2}{15}=232\frac{1}{15}$ 时,享受总量达到最

大值:我们得出下表:

表 6.5

γ	π	W	E	w	A
$232\frac{1}{15}$	59	285.533	59	0	1
200	54.772	264.202	56.886	0.141	1.039
150	47.434	242.270	53.217	0.386	1.122
100	38.730	212.652	48.865	0.676	1.262
50	27.386	177.842	43.193	1.054	1.577
25	19.365	155.818	39.182	1.321	2.023
10	12.247	138.069	35.623	1.558	2.909
1	3.829	119.269	31.414	1.839	8.204
0	0	111.483	29.5	1.967	∞

因此,由于劳动力的减小,享受总量以及劳动生产出的享受资料的总量减小。相反,与痛苦相联系的劳动量和享受在其中断时的量增加;直到在 $\gamma = 0$ 时,前者变为无限大,因而体力耗尽。

第 二 篇

交 换 经 济

第七章　交换及其利益

以上这些便是人们为了在尽可能完善的程度上实现他们的生活目的而必须依之行事的定理。从这些定理中，可以得出下述规则：

人们为了最大限度地提高他的生活享受，应该努力争取：

1. 尽可能增加他们可能取得的享受的数量和享受的绝对量（尽可能地增加应该计算在内的 g——用我们的标志方式——，尽可能地扩大它们被采纳的量）。

2. 尽可能地提高他们的劳动力（γ）和运用这种力量的技能（π）。

3. 尽可能地减少为充分满足享受所需要的劳动（P）。

4. 按照他们成功地创造的这些条件的程度，以使事先的计算成为合理的那种方式，把他们的力量用于满足各种不同的享受。

所谈到的前三个应满足的条件包含了如下一般熟知和公认的事实：如果由于第四个应满足的条件以及在它的基础上进一步建立的结论而不必详尽地了解前三个条件与享受规律的联系，那么，再来仔细地推导这种联系就是完全多余的了。我这里更多地致力于证明所获得的结果与现实的一致，而这种一致反过来又提供了所设定的前提条件正确性的证明。

在人们试图实现这里发现的为在尽可能高的程度上达到自己的生活目的的条件时，必定很快就会明白，这些条件各自提出了相互矛盾的要求。一方面，部分地满足不同种类享受的必要性，要求把劳动力分配在所有这些不同的享受上；另一方面，这种必要性又要求尽可能提高技能，尽可能减少所需要的劳动。众所周知，人们总是把他们的活动限制在制造尽可能相同的物品上，同时又生产出大大多于他本身的合理的方式满足自己享受所使用的产品量。此外，自然力——劳动只有借助自然力才能实现所希望的结果——在地球表面上的配置也是极其不同的。因为对每一种自然力配置的情况来说，某种数量的自然力是最合乎理想的，所以劳动（p）将按其地方特性以极其不同的程度提高或降低。因此，为了在要部分加以满足的一些享受上尽可能地减少 p，一些个人不得不立即出走，然而这又是做不到的。观察一下我们的日常状况，这一点就立即变得十分清楚了。所有这一切都是人所共知的事实，我不禁担心，除了为提醒读者注意这些事实而作必要的阐述外，如果我再饶舌，就会使读者厌烦。

根据享受规律，不同的人对一种物品的估价是有各种程度差别的，这种情况有助于我们找到能同时满足这些相互矛盾的要求的方法。由此出现这样一种情况：在大多数情况下，某些物品的简单交换能使交换物品的价值极大地增加，尽管这些物品并没有因为交换而发生任何变化。为了阐明这一点，让我们回到价值的图示上来。

设 abc（图 7.1）为任一物品——我们想用Ⅰ来表示——对个人 A 的价值的图示。设 A 拥有这一物品的量为 ad，那么对他来说，

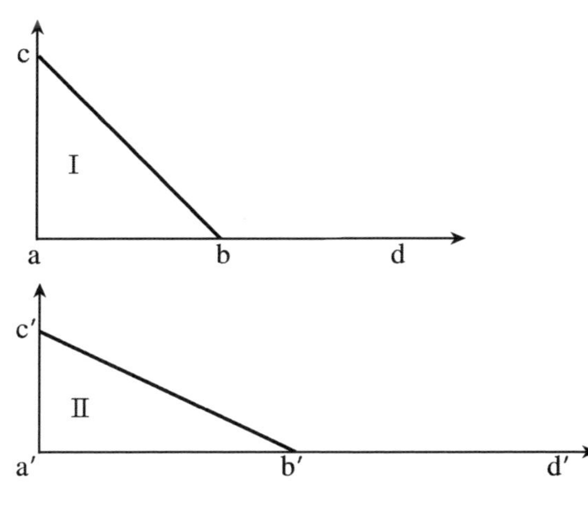

图 7.1

只有量 ab 有价值，量 bd 则没有价值。拥有另一种物品——我们想用Ⅱ来表示——的另一个人 B，也处于相同的情况。假定他拥有这种物品的量为 $a'd'$，$a'b'e'$ 则是物品Ⅱ对他的价值的图示，因为只有 $a'b'$ 对他有价值。但是，如果说 bd 对 A 没有价值，因为他除此以外还拥有同一物品的量 ab，那么它对于不拥有这种物品的 B 则有与 ab 对 A 同样的价值。是 $b'd'$ 的情况则相反，它对 B 没有价值，但对 A 则有与 $a'b'$ 对 B 同样的价值。因此，假定这两个人把他们剩余的量相互交换，那么由此 A 赢得了价值 $a'b'c'$，B 赢得了价值 abc，而没有一个人失去哪怕只是一点点价值。所以，A 在交换前拥有的价值为 abc，交换后的价值为 $abc+a'b'c'$。同样，B 在交换前拥有的价值为 $a'b'c'$，交换后的价值为 $a'b'c'+abc$。交换前的价值总量为 $abc+a'b'c'$。交换后为 $abc+a'b'c'+a'b'c'+abc=2(abc+a'b'c')$。因此，在这种情况下，它刚好增加了一倍。

这里应该尤为注意的是，价值的增长只是通过交换并且仅仅是通过交换而产生的。

在上面的例子中假定，每一个人都正好拥有比他有价值的那个量多一倍的量，不同物品的价值对二者是等量的。后一个假定的

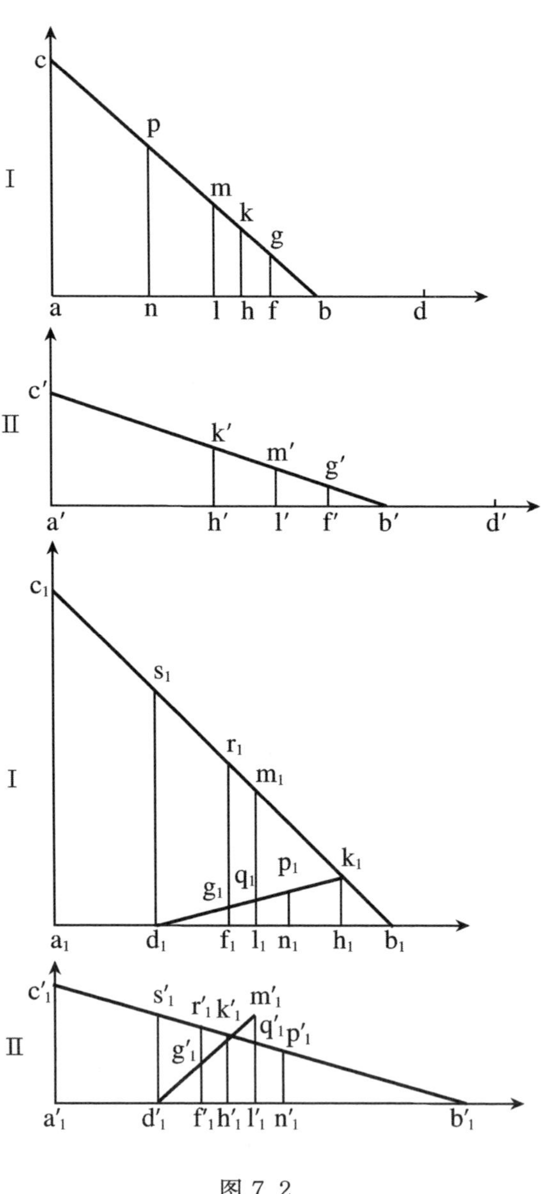

图 7.2

前提是，两个人正好处于同一状况下，因而年龄相同，精力相同，拥有的手段相同，受教育的水平相同，爱好相同，等等。因为根据前述定理所有这一切都对价值有影响，所以价值的形式要根据这些进行修正。当然，这个前提不会与现实正好相符。但是，省略了这一点便能仅仅从数量上对所获得的结果进行修正，因为由于这种省略只会造成用另一个三角形表示对另一个人的价值图示，而对现有数量的较大限制只是使第二个人不能靠所交换的物品满足他的全部需要。但是，他所获得的东西，不管是多或少，对他来说都是收益。例如，如果在三角形 abc 和 $a'b'c'$（图 7.2）保持上述意义的条件下，三角形

$a_1b_1c_1$ 表示物品 Ⅰ 对 B 的价值，$a'_1b'_1c'_1$ 表示物品 Ⅱ 对 A 的价值，A 的存货达到 d，B 的存货达到 d'；如果现在 bd 与 $b'd'$ 相交换；那么当 $b'd' = a'_1d'_1$ 时，A 的价值增加等于 $a'_1d'_1s'_1c'_1$；当 $bd = a_1d_1$ 时，B 的价值增加就等于 $a_1d_1s_1c_1$。因此，通过交换造成的价值增加等于 $a'_1d'_1s'_1c'_1 + a_1d_1s_1c_1$，在任何其他情况下也相类似。

对最后这种情况的仅仅表面地观察也可以看出：在这种情况下，如果交换仍然仅仅限于彼此交换剩余产品，那么交换所带来的盈利就不会丧失。显然，设 A 让渡他的物品 Ⅰ 的数量为 bf，因此获得等量的物品 Ⅱ 为 $d'_1f'_1$，那么他因此而让渡的价值便以三角形 bfg 来测定，所获得的价值便以梯形 $d'_1f'_1r'_1s'_1$ 来测定。假定 $f'_1g'_1 = fg$，画一条线 $d'_1g'_1$，那么 $\triangle d'_1f'_1g'_1 = \triangle bfg$，因此在交换中所获得的价值比让渡的价值大出梯形 $d'_1g'_1r'_1s'_1$ 的面积。如果把 $d'_1g'_1$ 线延长到与 $c'_1b'_1$ 线相交，就可以发现这种方式的交换持续多久还能对 A 有利。如果从 k'_1 做垂直线 $k'_1h'_1$，那么 $d'_1h'_1$ 便给出了更大的交换量仍能使 A 盈利，因为到这里为止让渡的物品的价值仍小于由此换得的物品的价值。一旦在交换中超过了 h'_1 点，情况就会完全相反了。因此，已反复用过的原则在交换中也得到适用：**假定相互交换的数量相等，在 A 所拥有的两种物品的最后原子的价值达到相等以前，交换仍然对 A 有利。**

还应考察的是，当交换达到仍然对 A 有利的那一点时，交换对 B 的结果如何。为达到这一交换的目的，B 应让渡他的物品的量为 $d'f' = a'_1h'_1$，为此接受物品 Ⅰ 的量为 $a_1f_1 = d'h = d'f'$。如果我们假定 $f_1g_1 = f'g'$，那么对他来说，前一种物品的价值等于 $b'f'g' = d_1f_1g_1$，后一种物品的价值等于 $a_1f_1r_1c_1$。因此，对他来说，后者大出 $a_1d_1g_1r_1c_1$ 的面积。在这种情况下，他将交换持续到 h_1 点还能获利，这一点是通过与 h'_1 类似的构造方式得出的，而这里便与 A 的利益背道而驰了。但是，即使在 h'_1 点上交换也还不会因此而停止。由于交换的进一步继续给 B 产生的巨大利益有可能通过下述方式补偿 A 由此所蒙受的损失，即他让渡给 A 的量大于他自己得到的量。假定 A 让渡给 B 的量除了 $dh = a'_1h'_1$ 以外；还有 $hl = h'_1l'_1$，那么后者的价值便等于 $lhkm = h'_1l'_1m'_1k'_1$。如果 A 由此所获得的仅仅是物品Ⅱ的同等数量即 $h'_1l'_1$，它对 A 的价值等于 $h'_1l'_1q'_1k'_1$，那么 A 在交换中所损失的价值等于 $k'_1q'_1m'_1$。然而，假定 B 给予 A 的量不是 $h'_1l'_1$，而是 $h'_1n'_1$，从而 $l'_1n'_1p'_1q'_1 \geqq k'_1q'_1m'_1$，那么 A 的这些损失将得到补偿。在这种情况下，B 能够以这种方式获得巨大益处。因为量 $h'_1n'_1 = f'_1l' = f_1n_1$ 对他的价值是 $l'f'g'm' = f_1n_1p_1g_1$，而他由此所获得的量 hl 对他的价值是 $f_1l_1m_1r_1$，所以他通过这种交换方式所赢得的价值 $g_1a_1m_1r_1$ 大于 $l_1n_1p_1q_1$。

现在人们看到，A 的补偿可以持续到 $\triangle a'_1b'_1c'_1 = \triangle bnp$ 为止，从而 A 在极为有利的情况下能够让渡物品Ⅰ的量为 dn。然而，A 通过在交换中让渡这些量，发现自己的处境不如以前好了。这表明 A 进入交换的界限。另一方面，假定 A 用量 bd 换得 $a'_1b'_1$，那么他将从交换中取得最大可能的益处。B 那里重复发生类似的情况。由此看出，交换中的价值增加，视情况不同而极为不同。因此，回答下述问题是重要的：应该怎样进行交换才能产生最大的价值？根据所有上述分析，回答这一问题并不困难：**两种物品的任何一种在 A 和 B 之间进行交换以后，都必须以这样一种方式分配，即一方从另一方获得的最后一个原子，对双方都创造了等量的价值**。这一点通过简单的考察也可以证实：通过任何其他分配方式，为一方创造较小价值的原子向另一方转移，都会由于为后者创造更大的价值而使价值总量增加。由此也得出如下结论：一般说来，为了达到这一最大值，必须进行相互间的不等量交换。

假定有两个以上的人和两件以上的物品存在，那么关于怎样进行交换使价值量最大的方式和方法的规则并不发生变化。因此，普遍适用的定理如下：

为了通过交换形成最大的价值，交换后的每一种单个物品必须在所有人之间这样进行分配，以至于每个人从每一种单个物品中获得的最后原子为其创造的享受，与每一个其他人从同一物品中获得的最后原子所创造的享受一样大。

暂时留下来必须加以解决的问题是，在一个既定的情况下，交换能否发生并且在什么条件下发生。

在前面我们首先反复谈到数量相等的问题。但是，这并不是指两个相等的磅或英尺，而是指同等量的劳动力能生产出的每一物品的数量。这本来是不言而喻的，因为所要求发生的力量充当的尺度，所以也只有在这方面才谈得上相等和不相等的问题。凡是谈相等和不相等问题时，必须特别注意，是从什么样的角度来理解相等的。木材商人提到等量的橡木和冷杉，他这里关注的是体积，而并不关心冷杉的重量比同样数量的橡木轻得多。相反，金饰工提到等量的金和银时，关注的是它们的绝对重量，而不考虑银的体积几乎是同量重的金的一倍。最后，货币兑换业者是按照他能用以支付等量货币额的量（为此，现在只需要金的重量是银的重量的 1/16 左右）来理解金银的相等的，如此等等。

由于价值的相对性质而与交换相连的这种极大的益处，不能长期视而不见。这种发现是多么容易为人们所理解，可以从日常孩子们的尝试中得到确证。人们为了使两个孩子都能够满足，以这样的一种方式在他们中间分配足量的面包和牛奶：让一个孩子得到所有的面包，另一个孩子得到所有的牛奶。每一个孩子都占有了分配给他的东西，并为这种占有感到高兴；在情况紧急时，他们都试图保护占有的东西免受他人侵犯，并且立即开始享用它。但是对每个孩子来说在享用过程中，归他所有的东西的价值会持续下降，而归他的同伴有的东西的价值对他则保持不变。一旦他明白消费归他同伴所有的东西会给自己提供更大享受时，也要占有这种东西的一部分的愿望便由于上帝所创造的力量而即刻产生了。因此，他所占有的物品与他的同伴所占有的物品之间的价值差别越大，他的这种愿望也就越强烈。直到他用他所占有的物品充分满足了自己时，这种价值的差别也就达到了最大。在这一时刻，每个孩子所剩下的部分——它们按照我们的前提是全部存货的一半，转瞬间完全没有价值了。它们要保存到重新获得价值时为止。但是，由于自然力在这些物品中所引起的迅速的变化，使它们不再适于以前那样的享受，面包会变干，牛奶会变酸。所以这种保存是不适宜的。在这种情况下可以明显看出，我们的同伴对我们的物品的享受，与我们对他们的物品的享受，情况是一样的。因此，通过交换，即实物交换，双方的愿望都能得到满足。道理是如此浅近，以致孩子们一旦明白自己的存货对他们足够有余，通常就会完全自发地进行这种交换。经过反复的尝试，他们很快就意识到，如果他们从家中拿出他们存货的一半，如果双方的这种量没什么差别，相互进行交换，那么他们还可以提高交换的益处。即使他们保留的部分不足以达到充分满足也是如此，就像我们刚才在讨论扩大交换的益处时已经阐述过的那样。在我们所考察的情况下，不仅价值通过交换而增加，而且全部通过交换获得的价值也由于交换的中止而无可挽回地丧失殆尽。

通过交换促使的价值增加越明显，迄今经济学家仍完全忽视这种现象就越令人感到奇怪。在这里，经济学家就像寓言中的那些主人公，只见树木而不见森林。他们寻找财富，但却看不到价值——价值集结为财富，就像树木集结为森林那样——在他们周围不断形成。他们像寓言中的主人公那样，相信被寻找的东西其实也就是在他们身边存在的东西，必须从很远的地方取回来。显然，否认交换作用的原因，在于虚构一个绝对价值，把物质的属性设想为这种价值的尺度。对这种价值观点来说，交换当然不可能对价值产生影响，因为物质的属性并不因为交换而发生变化。但愿这里无需对这种观点的错误予以更加详细的说明。

通过交换引起的价值增加，由于每一个人为最大限度地提高他的生活享受而付出的努力，几乎毫无例外地使每个人都能很容易用他所占有的物品进行交换；经过交换留归他的剩余越多，交换所付出的牺牲就越小。正是这一点使我们有可能采取一些措施，以便能够同时满足上面提到的互相矛盾的要求，这些要求是为了最大限度地提高他们的生活享受而应满足的条件。由于确定无疑地发现他周围的人倾向于这样一种交换，也就有可能使个人在共同生活中只限于制造一定物品的任何一个数量。他可以用按他所需要的比例生产的剩余物换取另外一些他所需要的物品，以提供部分地满足全部享受的条件。这样也就有可能使人们把他们的活动只限于制造那些值得追求的物品上，以便谋取尽可能高超的技能，而为此又无需放弃部分满足全部享受。其结果还带来了进一步的益处：个人为了享有为人类所创造的益处，并不需要占有整个人类所积累的全部知识。如果他想直接地和独自地满足他的全部享受，那他就必须做到占有全部这种知识。而他实际上只需占有与所选择的工作特别相关的那部分知识。顺便指出，也存在着造成巨大弊端的可能性。

使人们的活动只限于制造少数物品的方法，我们称之为“分工”。因此，它的作用是，提高制造享受资料 —— 我们所使用的符号 π—— 的技能，其结果同上面第 97 页上说明的与 π 的扩大相联系的结果完全一样。

但是，通常同交换相联系的价值的极大增加，还使我们有可能采取另外一种措施。就像我们已经看到的那样，世界的构造是这样的：各种不同的自然力，就像它们所依附的物质本身一样，按极其不同的程度分布于地球表面；而任何能直接或间接用于满足享受的东西，只能通过一定程度的这些不同的力量，以最合乎理想的方式产生出来。因此，根据地球上某一地点存在的自然力的状况，为满足不同享受所要求的劳动，从自然完全无需我们努力便为我们创造出享受的那一点上开始增加，直到由于完全缺少某种绝对必要的自然力而根本不可再靠付出更多劳动获得享受。所以，只有当人们可以自由地在整个地球上选择提供了最有利的条件的劳动地点时，才能最大限度地满足减少所需要的劳动的那种条件。但是，利用这种方法，每个人在某种程度上所需的各种不同的享受资料，要在地球上极其遥远的地方生产出来。因此，对个人来说，便立即出现这样的困境，即不可能在这些极其遥远的各个大陆去交换他所需的每一种享受资料。通过交换造成的极大的价值增加，在这里也提供了克服这种不可能性的手段。假定每一个交换者不是得到与之交换的人愿意交换的全部量，而是根据情况代之以甚至仅仅很小的一部分，那么它也使交换几乎毫无例外地成为有益的。因为假定他在交换后还保持着他的全部需要，任何从别人那里得到的如此少量的物品，都给他带来了价值的增加。通常对每一个交换者来说都会遇到这种可能性，即可以放弃所交换的物品的一部分，而没有完全失去交换对他的益处。这种可能性提供了一种辅助手段，使那些虽不能直接参与交换但却通过自己的活动清除了实现交换的障碍的人，得到一种与所承担的劳动相应的报酬。换言之，它可以被个人作为消除交换障碍的劳动承担起来。作为他们劳动的成果，他们得到交换者在交换中愿意交给他们的东西。这时，交换者仍会继续从交换中获益，只要他为生产交换中付出的产品所耗费的劳动小于他在自己住地制造被交换到的产品所耗费的劳动。

我们把这种旨在消除交换障碍的活动称之为现在已被人所共知的“贸易”。只要由此间接地减少了上面所说的劳动，贸易就使价值增加。显而易见，贸易使交换者间接地减少相关的 p，从而对交换者产生前面所作说明的与这种减小相联系的结果。

在引入分工和作为其必要补充的贸易之后，对于个人来说，在实际操作中经常反复地遇到的巨大难题是，为了获得最大的生活享受，应该生产多少种享用品和与之相关的第三类物品。显然，一个人在同另一种物品的交换中愿意付出的某种物品的数量，将根据他已拥有的这种物品的存货在同一程度上的变化，就像新增加的价值那样。这里对个人所说的一切，对大多数人也同样是适用的。在这些人之间分配的物品数量越大，新增加物品的价值越小，因此在其他条件相同的情况下，交换中为此而付出的部分也就越少。执行为交换而生产某种物品的任务的人将会发现，他们的同伴倾向于按照其他人已经生产出的同种物品的数量，在交换中大小不等地付出自己的产品，并在同样的程度上多少不等地满足自己各种不同的享受。

每种物品应该生产多少，才能为整个人类生产出最大可能的享受总量，根据所有前面的分析，从理论上解决这一问题并不困难。如果在交换后满足了在前面所发现的定理，如果此外还按照每种物品中归于每个人的最后原子以创造该物品的努力的比例提供享受量的方式进行各种物品的生产，那么这种最大化便实现了。这一结论的正确性的证据是：通过任何其他的分配人类力量的方式，创造的享受都比较小，因此创造的价值也比较小。通过实现这些条件，不仅创造了价值总量的最大值，而且每个人还正好得到他可以用适当方式要求的这一总量的相应份额。

如果从理论上解决这个任务还比较容易，那么在实践上解决它看来就比较困难了。应该怎样进行享受才能达到生活享受最大化的定理已经阐述过了，而怎样严格地遵循这一定理，却暂时还没有得到切实可行的探寻，因为这足以在通过劳动满足享受的过程中准确测定享受和痛苦为前提的。现在的困难不仅仅是这样一个新的、本身更为困难的附加条件，而且还增加了新的困难。因为为了实行关于享受的定理，任何测定都只能由每一个人对自己进行。

因此，这种测定即使不是准确的测定，也是尽可能切近的估价。这种估价越接近真实情况，在此基础上得出的结果就越准确。而为了实行上面刚刚发现的定理，每个人不仅必须对自身进行测定，而且也必须对其他人进行测定。此外，他必须知道，每一个人生产的每一种物品有多少，因为他只有了解这些情况才能计算从事哪些活动对他最有利。如果以这种方式正确地分配人类的劳动力，那么除此公式之外还必须找到人们可以彼此进行的、由上述定理所决定那种交换的手段。

仅仅对这些为实行所发现的定理应该满足的条件的表面考察就表明，不论是单个人，还是全人类，即使是清楚地认识到目的，也永远还不可能达到这种合乎理想的状态。因为即使每个人为了以最适宜的方式运用他的力量所需要的所有事实都成功地准确无误地提供给他，但在这些事实基础上进行计算所需要的时间，无疑比他生命所允许的时间还要长，而这些事实本身只是在一瞬间才适用的。这样，也就谈不到什么创造价值的劳动，人类进行这种计算的尝试不仅得不到价值，反而受苦难煎熬。

这里，我们有了对美妙无比的享受规律表示赞叹的最初机会，由于享受规律的建立，使个人为了以最完善的方式达到自己的生活目的而必须这样来行事：通过其不受干扰地发挥作用，最终达到最充分地贯彻执行这一原理。这个规律解决了对于人类来说似乎是无法解决的任务，甚至以如此容易的、不易觉察的方式解决了它。即使经济学家们迄今仍然忽视这个任务的存在，但它却首先给头脑发热的共产主义和社会主义的理论以可乘之机。

为了阐明享受规律怎样使这个任务得以解决，我们应该一直遵循这样一条道路，即人们为了在最完善的程度上实现他们的生活目的而在实行分工和贸易以后应该走上的道路；同时应该关注这种行为方式所产生的影响。

实行分工的可能性的前提条件是，确定所有对满足享受有益的东西能够依之相互交换的一定比例。因为只有当个人知道他能在何种程度上用来同其他对其有价值的物品进行交换时，他才能决定把他的活动限制在一种或少数几种物品的制造上，从而以大大超过对他本身有价值的数量进行制造。从经验中我们知道，这种确定怎样成为可能。它是以下述方式进行的：把根据现有状况内在固有一定程度价值的某一物品，作为衡量其他物品的尺度；这个物品充当交换手段，即充当货币，并确定了所有其他物品可以同这个物品依之进行交换的价格。在孩子们那里，我们看到这样做是多么容易。在他们还没有进入成年人的交往关系的年龄中，长时期普遍受喜爱的玩具——对男孩来说是各种各样的小弹球，对女孩来说是头针儿和发卡，成了交换手段，成了货币。那些小儿画，金龟子，小皮球，陀螺等，都可以用这种交换手段表示它们的价格。这些交换活动究竟是怎样必须根据享受规律进行的，几乎无需多做解释。

由于分工获得巨大发展，必然很快使人们陷于困难，而一旦分工达到更大的发展程度，实行贸易便成为必要的了。这个困难就是，要正好发现一个希望得到自己的产品，而同时又拥有可供交换的自己希望得到的产品的人。一种本身适宜于满足享受的物品，由于它的数量而对它的所有者失去价值。如果他能把这种物品同任何其他适宜于满足享受的物品进行交换，即使由此所获得的物品也像交换出的物品一样对他缺少价值，只要它长期保持能使他满足享受的性质，那么对他来说，这就必然被看做是一种收益。这种收益显然在于扩大了下述可能性：在这个较长的时期内发现一个该物品对其有实际价值的人，而这个人同时又拥有对前一个人有实际价值的物品。最终为他的物品得到实际价值的可能性也大大增长了。否则的话这种物品在寻找买主期间就会失去使它能够满足的性质，也就是说会变质，从而无法进行享受。在不同人之间经常重复进行这种交换的过程中，必然很快发现这样一种物品，它永久地保持那些性质，因此在这种交换中是最合乎理想的。当这个普遍公认的优点使与这种物品的交换变得容易时，每一个人若不能获得实际价值，都力图在交换中获得更多这种物品，尽管它本身对参与交换的人没有价值。因此，必然很快达到这样一种结局：一般说来，在每一次所进行的交换中，都有一种交换的物品被公认具有那种属性，因而这个物品被普遍作为交换手段使用，于是成为货币。这就无条件地决定了，确立交换依之进行的一定价格比例的必要性。因为对一个交换者来说，由于缺乏任何价值，只有这样一个比例构成他是否进行交换的尺度。此外，在每一次交换中，有一种物品始终保持不变，使这种比例的确定没有任何困难。

一旦形成了这种局面，就能使个人比较容易地选择为他带来最大报酬的劳动。他只需考虑何种劳动能使他交换到最大的货币量，从而有完全的把握可以通过这种劳动获得最大可能的生活享受总量。通过这种劳动的选择，他便为自己造成 π—— 按照我们上面使用的符号 —— 的尽可能地增大。这是很明显的，因为等量劳动的货币量增加和创造享受资料的技能的提高具有同样的最终效果。实行货币以后，使个人相对容易确定的，不仅是进行何种劳动能使他的生活享受尽可能地提高，而且也包括应该怎样使用他所挣得的货币量。如果他使用等量货币交换一种或另一种享受资料，他只需估价哪种享受对他更大，然后便去进行使他的享受变为最大并由此而确定无疑地获得最大享受总量的交换。因为任何东西都可以同货币来交换，所以货币就成了确定多种 p—— 按我们上面使用的符号 —— 的共同尺度。如果人们按照用于每种享受上的货币的最后原子提供等量享受的方式把他们挣得的全部货币 E 在各种享受之间进行分配并且确定 e，他们就获得了最大的生活享受。

如果每个人都努力在尽可能高的程度上达到他的生活目的，让我们看看结果如何。

首先，根据上面的叙述，每个人首先都从事能使他按照自身的情况获得最大收入的劳动。由于每个人都按照自己的情况进行劳动，所以就会生产出一定量的用于满足享受的各种不同的物品。此外，由于每一个人都要考虑按什么样的比例交换各种不同的享受资料（为自由确定 e，并由此确定 m），所以也就确定了按固定价格进行交换的一定量。只有在极其偶然的情况下，这个一定量才同生产量相一致，因为至少到目前为止还没有证明前一个量和后一个量之间的必然联系，而是生产量既可过大，也可过小。如果生产量过大，其直接后果便是生产出的一部分产品滞留在生产者手里而无法交换。但是，假定一部分生产者无法成功地使他们的交换伙伴愿意交换这些对他们自己没有价值的产品，那么他们将会丧失他们劳动的全部收入。于是出现了这样一个问题，即他们怎样才能实现这部分产品。只要回顾一下我们的 m—— 它表示一种享受已满足的部分，因此它的增加或减小也显示出交换的扩大或缩小——公式，这个问题便立即得到说明。它必须变成：

$$m = 1 - \frac{p(P - \pi)}{g(\alpha + \beta)}.$$

假定 g 和 p 或 π 和 γ——P、α 和 β 也是由它们组成的——其中的一个发生变化，那么 m 也就发生变化。但是，生产者们对于表示交换者技能大小的 π，对于表示他们劳动力大小的 γ，对于表示交换者不同享受大小的不同的 g，最后对于表示所有其余享受的 p，都没有影响。他们也不能通过改变这些条件促使他们的交换伙伴增加 m，即属于后者的享受资料。只有对与生产出的享受资料相应的 p，生产者才可以随意施加影响。他们可以通过降低或提高价格来增加或减小这个 p。这是他们能使他们的交换伙伴改变交换量并因此而能交换他们生产的产品量的唯一可能的手段。因此，如果他们想使他们的产品真正获得价值，那么他们就必须以下述方式利用这种可能性，即通过 m 自身的扩大来确定 p。我们在前所阐述的定理表明，m 随着 p 的缩小而不断扩大，一直到当 $p = 0$ 时，达到最大值。因此，如果生产者降低价格，他们就会把他们的产品量交换出去，除非生产出的产品量足以充分满足所有人的享受。

如果生产量小于要交换的量，便发生恰恰相反的情况。生产者可以通过提高价格减少需求，一直到根本不再有交换的要求，因为对一定的 p 来说，像我们上面看到的那样，$m = 0$。这种过程的直接结果是，每一种物品的价格都正好确定在生产出的全部产品量都被交换出去的水平上。

众所周知，经验完全证明了这里在理论上所取得的结果。凡是进行销售的人都知道，产品量的增加或减少使价格降低或提高。相反地，价格的降低和提高造成产品销售量的增加和减少；价格的波动一直到预定按最后保持的价格将全部存货卖出为止。这是一个如此为人所熟知并普遍得到公认的事实。如果这里重要的仅仅是这种证明，那么引用这个公认的事实就足以达到证明的目的。但是，这里更为重要的是详细指明这种现象同享受规律的因果联系。这种理论上获得的结果同现实的一致，在这里又一次证明了前提和结论的正确性。

在这种确定价格的方式和方法中，根本没有考虑到生产者以自己的劳动所取得的报酬的水平。根据制造一种或另一种物品所使用的劳动不同，这种报酬自然是极不相同的，但是，这种不同的劳动在报酬水平上的差别不可能长期不为人们所察觉，因为一方面，大量的享受不可能保守住秘密，许多享受甚至只有在其他人参与共享时才成其为享受；另一方面，由于他们的力量被分配到所有享受上的规律，即使从怎样满足一种享受的方式和方法中也可以得出有关的人的享受总量的结论。由于每个人都努力最大限度地提高他的生活享受，所以也都力图从事价格比例对他最为有利的那种劳动。由此产生的直接结果是，大量的人像往常一样从事报酬优厚的劳动，因此报酬较高的劳动所生产的产品量与在这一劳动部门中就业的人数按同一比例增加。于是，现在也就有必要把这些大量的产品交换出去。而这一过程使所有其他情况只发生无足轻重的变化，这里无需予以考虑，像我们上面看到的那样，这些大量的产品将通过降低价格被交换出去，而且也只有在降低价格的条件下才会交换出去。但是，降低价格的直接结果还包括每一个生产

者用他的产品得到的全部总量按比例减小。而生产的条件并不因此而受到影响。因此这种减小仍然完全建立在他的报酬的基础之上。其减小的程度与销售量由于降低价格而减小的程度一样。生产者自然是完全被迫才同意这种降价的，然而把大量产品交换出去的必然性却极其严厉地施加这种强迫。因此，一种产品同另一种产品报酬高低悬殊这种情况，提供了消除这种不成比例性的直接动因。当然，产品量的增加和由此而产生的价格降低，将会一直持续到报酬合乎比例为止。

对于获得过高报酬的生产来说，不成比例性就是这样消除的；而对于报酬过低的生产部门来说，却是通过相反的方法来提高报酬。人们纷纷涌入前一些生产部门，后一些生产部门则变得稀落。一般说来，涌入前一些部门的人，以前是属于后一些生产部门的。由此产生的直接结果是，生产量按同一比例减小。这种减小使留下来的生产者有可能提高价格，价格的提高使他们获益，正像价格降低使前一些生产部门的人报酬减少一样。显然，这种比例将持续下去，一直到在所有生产部门建立起报酬的比例性，而不管具体形式如何。

这里所说的只能直接适用于享受资料和第二类物品，为了证明它对所有一般被估价的物品都能达到相同结果，人们只要跟踪这种作用的过程即可。谁最终从事享受资料的生产，谁就要考虑，这种生产是否给他提供相应的报酬；这里他既要衡量自己的劳动痛苦，也要考虑为了获得他的生产所需的原材料、必要的工具和劳动力而必须向他人支付的价格。如果他这时发现，经过通盘考虑，留归他的报酬太低，那他便会感到必须从这个生产部门换到另外一个生产部门。因此，通过这种交换，一方面享受资料及其组成部分的量相应地减少，另一方面购买的原材料、生产工具和劳动力的量也相应减少。享受资料量的这种减少，以众所周知的方式导致价格的提高和享受资料生产者的报酬的改善。但是，这种价格提高并没有反过来进一步对购买的原材料、生产工具和劳动的量产生影响，因为这种量恰恰是必要的，是完全为使生产者得到相应的报酬使用的。它不能促使其他人从另外的生产部门向这个生产部门转移，从而引起量的比例的变化。如果相应数量的原材料和工具的生产者以及劳动力的所有者无法成功地通过其他手段增加这些购买的量，那他们必然使这种生产遭受损失。显然，降低价格在这里也是增加这种购买量的手段。像我们上面所看到的那样，享受资料的生产没有超出一定范围的原因仅仅在于，在这个范围内生产者得到了相应水平的报酬。但是，假定他们消耗的原材料、工具和劳动力的价格下降，那么他们报酬的提高程度便同他们因此而在购买等量上述物品时节约的程度一样。假定他们的报酬以前是成比例的，现在则不成比例地增大了。因此，一些人为了享有较高的报酬，就从其他生产部门转移到这个生产部门。享受资料的量及为进行生产所使用的原材料、工具和劳动力的量将因此而增加。前一种增加是享受资料价格降低的结果，这种方式是人们熟知的。但是，这种价格的降低对于购买的原材料、工具和劳动力的量的影响，就像先前所说的价格提高的影响一样，都是很小的。它的影响仅仅在于使报酬重新恢复到以前的比例性。后来提到的购买的原材料、工具和劳动力的量的增加，则是作为这些物品价格降低的结果而继续存在的。这种作用必然一直持续到原材料、工具和劳动力也许会被无偿占有时为止。价格提高则相反地引起购买量的减少，一直到不再购买。由于原因完全类似，所以我认为再详细列举已没有必要了。

对那些只能间接地被赋予价值的物品来说，价格变化所产生的结果完全相同。因此，最终结果对这两者完全相同也是很自然的。如果原材料、工具的生产者和劳动力的占有者得到的报酬现在也是不成比例的，即过大或过小，那么就会由于报酬的提高或降低引起产量的增加或减小，从而引起价格的降低或提高，最终导致这种不成比例性趋于均衡。因此，这两类物品的变化过程与享受资料的变化过程相互之间的区别仅仅在于，在这里均衡是由于享受资料生产的增加或减少促成的。但是，在这里，均衡的最终原因也是构造享受规律的方式和方法。

这里还有一点必须说明。通过价值决定的考察，我们看到，大多数物品是通过它们的共同作用来满足享受，因此在那里不可能发现每一单个物品的价值，只是这些物品在它们共同作用中所具有的价值才是可确定的。然而，这种情况并不妨碍对这些物品中的每一单个物品也不确定使生产者按比例获得报酬的价格。谁想获得这样一种享受，谁就要考虑，这种享受在总体上将使他花费多少，他将根据这些费用的比例确定购买这种单个物品的数量。不论怎样确定每一单个物品的价格，必然很快就会发现，这种价格是否使生产者按比例获得报酬。假定报酬不成比例，必然很快就会通过大家熟知的过程使之达到这种比例。这些比例的变化甚至还会加速，因为这些物品中一种物品的生产的增加或减少——这是由价格不成比例引起的——，造成所有其他物品生产的按比例的增加或减少，这是它们只有结合起来才能提供某种享受的缘故。因此，这些物品的生产者必然通过相反的方法，力图使这种作用本身失去效力，从而通过多方面的同时努力以消除这种不成比例的情况。

由于享受规律构造的方式和方法，每个人为把自己的生活享受提高到最大限度而作的努力，在实行货币之后便达到这样的结果，即我们迄今为止的研究得出的又一个结果：一旦成功地清除了所有妨碍每个人更合理地使用货币并根据他的情况建立对自己最有利的生产部门的障碍，每一个人都将完全按照他在生产过程中所承受的痛苦的比例获得一份共同努力创造出的享受资料。因此，社会主义者和共产主义者作为最高的和最终的目标加以追求的东西，在这里便通过自然力与也许只有在上帝的杰作中我们才有机会看到的尽善尽美的共同作用实现了。无论是个人或是大多数人，因为他们受人类知识的限制经常做出错误的判断，所以这里都不具有裁决个人收入的审判权，而这正是——社会主义者和共产主义者想要做的。这里，整个人类在其总体上进行判断。每一个人都以无偏见的态度——真正无偏见的态度可以称之为一种完善的东西，因为这是他的个人幸福所要求的——衡量每一种物品对他是否有价值。然后根据价格的比例，他同样无偏见地决定按照他的情况必须购买的数量，以便获得最大的生活享受。于是，他便毫不迟疑地，果断地进行购买，他由此分配给不同生产者的报酬是完全同这些生产者为他的生活享受所作出的贡献成比例的，而不管生产者是否会由此像卡塔拉尼、帕加尼尼那样积蓄数百万财产，也不管糟糕的卫生设施是否会像不久前在西里西亚那样引起伤寒病的流行。上帝所希望的无限度美好的结果，只有在它作为神圣的情感

灌输给人们的同情心对这种报酬的分配情况无任何影响的情况下，才可能实现。这是上帝的绝妙无比的设想所固有的。因此，上帝必然使报酬分配的结果远远脱离开个人，使这种结果完全不为个人所察觉；或者即使被个人察觉了，但他们行为方式的影响与人类整体相比却微不足道，这也就决定了人类整体不可能按其他方式行事。因为每个人都按照完全一样的方式行事，所以最终结果是，每个人所获得的全部单项报酬的总和与为提高他人的生活享受所作出的贡献完全一致。这样，社会主义者和共产主义者力图以极其错误的途径加以实现的公平原则，便由享受规律的作用完美无缺地予以满足了；人类的情感也予以满足了。但是，上帝并没有把他所希望的结果仅仅局限于这一点上。

通过考察价格根据购买情况来确定的方式和方法，我们看到，首先只能偶然地造成生产者报酬的比例性。在一般情况下，这种比例性必须通过报酬低的生产向报酬高的生产转移才能被建立起来。这种转移引起的报酬的改善，仅仅是由于在一个新的生产部门应承受的痛苦与所创造的价值相比是有利的，也就是为人类所创造的享受总量增加得更多。价格比例的变化对此根本没有影响，因为生产的量不取决于它，而是价格仅仅确定劳动被用于各种物品上的比例。因此，只要从一个生产部门转移到另一个生产部门还是值得追求的，那么为满足整个人类的享受的总量就会不断增长，并在普遍建立起报酬的比例性的那一时刻达到最大值。这时不仅以完美无缺的方式满足了公平原则，因为报酬量总是与对人类生活享受所作的贡献相应的。就像我们上面已经看到的那样，这绝不能被阻挠，此外，这时报酬同享受的痛苦保持严格的比例；**而且用人**

类这时的力量和知识也不可能再提高全人类的生活享受总量。不仅如此，因为对那种比例性的任何干扰都被以熟知的方式所抵消，于是产生下述结果，即上帝通过构造享受规律达到这样一种状态，一旦阻碍个人更合理地使用他的货币并建立为他自己提供最大报酬的生产部门的障碍被消除，人类就会持续不断地运用自己的智力和物力获取生活享受的最大值。这也表明了，为什么向生产者分配报酬必然使同情心失去任何作用。只有当人们由于提供了某种较高的报酬而不断从一种生产转移到另一种生产时，才能达到刚才所描述的结果。如果某一生产部门中的劳动报酬降低到激起人们的同情的程度，便真正具有了进行生产部门转换的充分理由。如果同情心达不到采取实际行动的地步，那么无论如何至少会推迟生产部门的转换，从而那种合乎理想的结果就会出现得更晚。

即使这个结果还不足以使上帝让他的人类幸福，但是上帝却把全部丰富的生活享受撒满了人间大地。上帝如此组织他的人类，致使这种不断的、有规则的活动一方面提高了技巧，另一方面使痛苦减少到转化为或多或少的享受的地步。通过这种方式，他为人类建造了一个极乐园的神话世界。因为人类通过享受又创造新的享受，这种自身不断提高的享受永久地循环往复。在这里，我们看到，这个神话世界是以多么无限美妙的方式实现的。因为人们一方面只有通过自身的活动才能达到那种地步的享受，另一方面也只有通过为他人创造价值才会达到那种地步的享受。上帝通过使每个人形成这样一种意识给每一单个享受戴上一顶王冠：你所享受的东西，就是你理应享受的，因为你为其他人所创造出的价值大大超出了为生产你的享受资料给他人带来的痛苦。我们看到，实现这个由自己的活动所创造的真正的乐园——而不是虚无缥缈的乐园——仅仅取决于消除已反复提到的那些障碍。我们的研究应达的目的就在于此。必须成功地用现有的自然力量消除这些障碍，而我们现在对上帝的力量、智慧和仁慈，已经取得的认识，为此提供了独一无二的可靠保证。

第八章　租金的起源和形式

下面我转向探讨阻止建立最有利的生产部门的一些障碍，以便消除这些障碍。在此之前，首先还需要较为详细地考察一下实行分工、贸易和货币的后果。

实行分工的直接后果是租金的产生，这是同下述情况相联系的，即按照场地——不论它是由自然或人工造成的——对劳动的便利程度不同，等量劳动的结果极其不同。

从事劳动的场地的特性较有利或有利于对劳动者的反作用，与 π 的相应增大的较为有利的特性对劳动者的反作用，是完全相同的。但是，只有当劳动者占据了有利的场地时，他才享有 π 的这种增加的益处；另一方面，π 的这种增大的益处会转移到成功地占有这种场地的劳动者身上。因此，占有这种场地与通过这种占有实现的生活享受增大在估价上一样高，便是十分自然的了。其结果是，这样一个场地的所有者只有在他得到为了使用这个场地而付出的相应补偿时，即只有在他由于把这种场地交付于劳动而获得一份与较有利的劳动结果相应的租金时，才把这种场地租与他人。

由于租金的出现，我们上面的公式现在要做些改动。为了确定这些改动，我们回到生活享受总量的图示上来。

这个图示的一般形式是 gcd（图 8.1）；对于生活享受最大化的

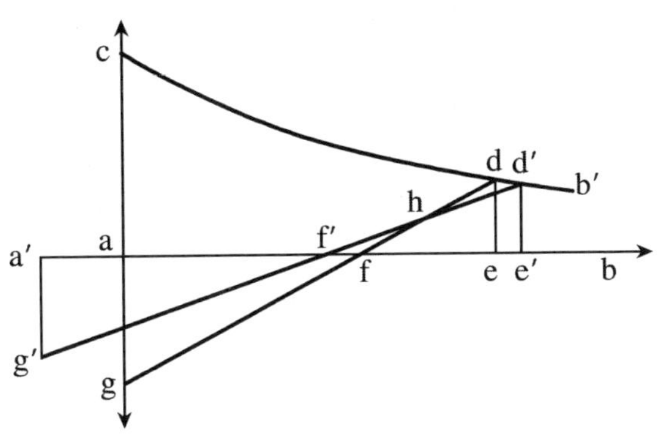

图 8.1

情况来说，像我们这时已经知道的，$af = \pi$，$\triangle afg = \frac{\gamma}{2}$，$ae = E$。现在假定劳动者要为租用一个更适于劳动的场地支付租金，我们想用 R 表示，那么我们在图示中可以通过下述方式表示出来，即超过 a 点延长 ab，使应支付的租金 $a'a = R$。因为支付租金的影响，现在劳动者在从劳动产品中获得最小的享受之前，必须生产出租金；这种最小的享受在 a 点才开始，在这之后租金 $a'a = R$ 被生产出来。然后，假定我们进一步用 $\mu\pi$ 表示由于这个特殊的场地所引起的 π—— 因此，这里必须以 $\mu > 1$ 为前提条件 ——，使 $a'f' = \mu\pi$，$a'f'g' = afg = \frac{\gamma}{2}$，并且引出 $g'f'd'$ 的线，那么现在面积 $a'acd'g'$ 就给出了支付租金后劳动者生活享受量的图示。

借助于这样获得的图示就不难发现，由于支付租金的必要性使我们的公式所发生的改动。图示中 $bacb'$ 所表示的部分，并没有因为加入支付租金而发生变化，因此在公式中：

$$w' = \frac{P-E}{\alpha} - \frac{E-\pi}{\beta},$$

表示这个部分的等式右边的第一项，保持同以前一样。相反，$\frac{E-\pi}{\beta}$ 这一项发生了变化，$af = \pi$ 变为 $a'f' = \mu\pi$，并且每一个凸出

的部分都增大到 $a'a = R$，也就是说，E 变为 $E + R$。因此，假设 $\frac{\mu^2\pi^2}{\gamma} = \beta'$，那么公式则变为：

$$w' = \frac{P-E}{\alpha} - \frac{E+R-\mu\pi}{\beta'}.$$

这里应注意的是，只要与 w' 相应的凸出部分小于 R，则 P、E 和 a 等于零。于是，从 w' 的这个公式中可得出：

$$W = 1/2[G+\gamma - \frac{(P-E)^2}{\alpha} - \frac{(E+R-\mu\pi)^2}{\beta}].$$

此外，在下述条件下，W 值为最大，即如果 $w' = 0$，或者：

$$\frac{P-E}{\alpha} = \frac{E+R-\mu\pi}{\beta},$$

也就是说，如果：

$$E = \frac{a(\mu\pi - R) + \beta' P}{\alpha + \beta'};$$

因此，对最大值的情况来说：

$$W = 1/2[G+\gamma - \frac{(P+R-\mu\pi)^2}{\alpha+\beta'}].$$

借助于 E 的新值，我们还发现了用于每种享受的部分：

$$e = p[1 - \frac{p(P+R-\mu\pi)}{g(\alpha+\beta')}];$$

每种享受中已被满足的部分：

$$m = 1 - \frac{p(P+R-\mu\pi)}{g(\alpha+\beta')};$$

以及享受在其中断时的值

$$w = \frac{P+R-\mu\pi}{\alpha+\beta'}.$$

支付租金的必要性加入以后，现在就不能再像上面那样，为了计算劳动量 A，而直接运用公式 E，因为现在不仅必须生产出 E，而且还必须生产出 $a'a=R$。假如我们用 M 表示应生产出的全部数量 $a'e'$，那么公式就变成：

$$M=\frac{\alpha(\mu\pi-R)+\beta' P}{\alpha+\beta'}+R;$$

或者：

$$M=\frac{\alpha\mu\pi+\beta'(P+R)}{\alpha+\beta'};$$

因此劳动量：

$$A=\frac{\alpha\gamma+\mu\pi(P+R)}{\alpha\gamma+t\mu^2\pi^2}.$$

第九章　租金支出和租金收入

向一个人支付租金的必要性是同另外的必要性联系在一起的，即除了支付者外，还有另外一个收取租金的人。这样自然就出现了一个问题，即由于收取这样一种租金在我们的公式中引起了哪些变化。我们的图示也使发现这些变化容易了。

收取这样一种租金的结果是：它的占有者，在租金所达到的程度上，无需自己劳动便可以获得全部享受。因此，我们可以用我们的图示通过下述方式表述租金的构成，即假定我们从 a 起

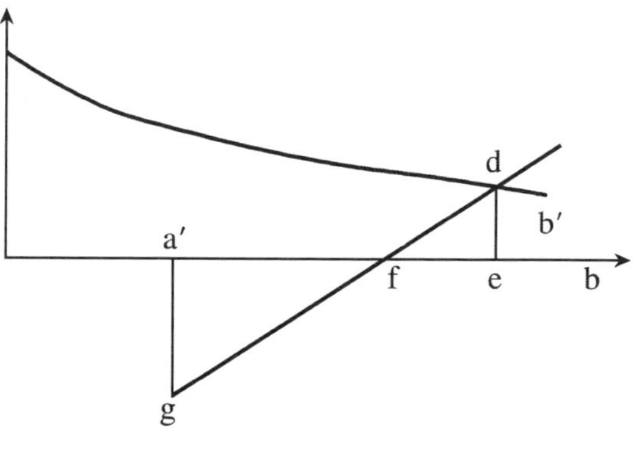

图 9.1

（图 9.1）在 ab 上截一段 $a'a' = R$，使它等于租金量，然后使 $a'f = \pi$ 和 $a'fg = \frac{\gamma}{2}$，即设劳动从创造出被收取的租金的 a' 点开始。这样，面积 $acdga'$ 就给出了生活享受最大情况下的图形。一个完全类似于以前的考察立即指明了，由于收取租金在我们公式中引起的一些变化。这里使面积 $bacb'$ 保持不变，因此在下述公式：

$$w' = \frac{P-E}{\alpha} - \frac{E-\pi}{\beta}$$

中，等式右边的第一项——它测定这一面积——同样保持不变。仅仅第二项发生了变化，只要$E < aa'$，它就保持为零。然后从这里起在凸出部分增大时，这一项的值就与以前从a起的值一样。假定把E减小到$aa' = R$，那么也要考虑到变化。这样就得到：

$$w' = \frac{P-E}{\alpha} - \frac{E-R-\pi}{\beta}.$$

由此可以看出，在考虑到支付租金的情况下所发现的上述公式，在这里也同样适用，只要把公式中R的符号从相反的意义上来使用并同时使π从而使β不变即可。这是从下述事实中早已得出的结论，即支付的租金和收取的租金是相反的量。

第十章 “应付租金”及影响它的因素

现在首先有意义的是确定，劳动者充其量可以决定支付多高的租金，而不使他的境况恶化。这种确定在很大程度上是简单易行的。在支付租金以后，他的生活享受总量至少必须保持在和以前相同的水平上，即必须使：

$$1/2\left[G+\gamma-\frac{(P-\pi)^2}{\alpha+\beta}\right]\gtreqless 1/2\left[G+\gamma-\frac{(P+R-\mu\pi)^2}{\alpha+\beta'}\right],$$

或者简化并解 R，则必须使：

$$R\gtreqless(P-\pi)\sqrt{\frac{\alpha+\beta'}{\alpha+\beta}}-(P-\mu\pi).$$

这就是一个劳动者由于在一定时间内承租一定的场地而使他的 π 提高到 $\mu\pi$ 时，至多能支付的租金总量。下面我们把 R 以后可以达到的最大值称之为“**应付租金**”。

借助于这个公式也可以确定生活享受条件的变化对应付租金量的影响。首先要考察的是，一个新的享受加入引起怎样的变化。像我们已发现的那样，一个新的享受加入之前：

$$\text{I}.\ R=(P-\pi)\sqrt{\frac{\alpha+\beta'}{\alpha+\beta}}-(P-\mu\pi).$$

新享受加入之后变成：

$$Ⅱ. R=(P+p-\pi)\sqrt{\frac{\alpha\beta'+\frac{p^2}{g}}{\alpha+\beta+\frac{p^2}{g}}}-(P+p-\mu\pi).$$

假定我们用 ΔR 表示这个差，并加以简化，那么这个差就成为：

$$\Delta R=(P+p-\pi)\sqrt{\frac{\alpha+\beta'+\frac{p^2}{g}}{\alpha+\beta+\frac{p^2}{g}}}-p-(P-\pi)\sqrt{\frac{\alpha+\beta'}{\alpha+\beta}};$$

假定一方面把 p，另一方面把 $(P-\pi)$ 作为公因数提出，我们就可给公式以下述形式：

$$\Delta R=p\left(\sqrt{\frac{\alpha+\beta'+\frac{p^2}{g}}{\alpha+\beta+\frac{p^2}{g}}}-1\right)-(P-\pi)$$

$$\left(\sqrt{\frac{\alpha+\beta'}{\alpha+\beta}}-\sqrt{\frac{\alpha+\beta'-\frac{p^2}{g}}{\alpha+\beta+\frac{p^2}{g}}}\right).$$

众所周知，任何分数当它的分子和分母增大的数相同时，分子和分母上增加的数变得越大，它也就越接近整数。用 $\frac{a}{b}$ 表示任何一个分数，将它的分子分母加上等数 c，那么在经过这种相加之后，它和最小整数的差就是：

$$\frac{a+c}{b+c}-1=\frac{a-b}{b+c}.$$

因此，人们看到，c 越大，这个差就越小；当 $c=\infty$ 时，差消失。相反，

假定排除了 c 为负值，则当 $c=0$ 时，达到最大值。

借助于这个公理，通过 ΔR 的后一个公式不难看出，当 g 或 p 变化时，它会出现什么结果。人们看到的是，当新加入的享受 $\frac{p^2}{g}=0$ 时，公式

$$\frac{\alpha+\beta'+p^2/g}{\alpha+\beta+p^2/g}$$

达到最大值；当 $\frac{p^2}{g}=\infty$ 时，它最小，等于 1。在第一种情况下，第一个括弧 $=\sqrt{\frac{\alpha+\beta'}{\alpha+\beta}}-1$，从而达到最大值；在第二种情况下，它变为 $1-1=0$。ΔR 公式的第二个括弧情况正好相反，当 $\frac{p^2}{g}=0$ 时，它变成 $\sqrt{\frac{\alpha+\beta'}{\alpha+\beta}}-\sqrt{\frac{\alpha+\beta'}{\alpha+\beta}}=0$；反之，当 $\frac{p^2}{g}=\infty$ 时，它变成 $\sqrt{\frac{\alpha+\beta'}{\alpha+\beta}}-1$，达到最大值。由此人们看到，随着 g 的增大，ΔR 公式的负数部分不断变小，正数部分不断变大，因而 ΔR 本身随着 g 的增大而不断增大。此外人们还看到，p 的减小对公式的负数部分的影响，与 g 的增大对它的影响完全类似；但是，p 的减少对正数部分的影响要做下列修正，即在这部分中 p 还要作为一个因数出现。这就导致了，当 $p=0$ 时，正数部分也等于零；因此，在 p 减小时，ΔR 首先是增大，最终又减小。换言之，当 p 为一定值时，ΔR 达到最大值；当 $p=0$ 时，ΔR 也等于零。所以，任何一个 g 或 p 的变化对 R 的影响，与 g 和 p 的变化对 E 的影响，在质上是完全相似的。我们可以把考察的结果概括如下：

1. **人们无需自己的努力而获得的享受对应付租金的量没有**

影响。

2. 相反，随着只是部分满足的享受的增大，应付租金不断增大。

3. 随着从一般应开始满足的那一点起满足享受所需要的劳动减小，应付租金首先是增大，一直到 p 为一定值时，达到最大值；然后在 p 进一步减小时，它也减小，直到 $p=0$ 时，它又减小到以前的量。

我没有确定当 p 变化时 ΔR 达到最大值的那一时点，因为计算有些烦琐，了解这一时点在这里也没有实际意义。在这里，只要知道达到这个最大值的方式与上面 E 的情况类似，已经完全够了。

下面的公式直接给出了 μ 的变化对 R 的影响：

$$R=(P-\pi)\sqrt{\frac{\alpha+\beta'}{\alpha+\beta}}-(P-\mu\pi).$$

μ 的变化只是在公式正项中根的分子通过 $\beta'=\frac{\mu^2\pi^3}{\gamma}$ 而发生的。因此，这一项随着 β' 从而随着 μ 的增大而不断增大而负项 $P-\mu\pi$ 则随着 μ 的增大而不断减小。因此，R 随着 μ 的增大而不断增大。

为了发现 π 的变化对 R 的影响，代入 β 和 β' 的值并将根式中乘上 γ，然后公式变成：

$$R=(P-\pi)\sqrt{\frac{\alpha\gamma+\mu^2\pi^2}{\alpha\gamma+\pi^2}}-(P-\mu\pi);$$

因此，当 $\pi=0$ 时：

$$R=P\sqrt{\frac{\alpha\gamma}{\alpha\gamma}}-P=0.$$

随着 π 从零开始变得越大，公式两项的值越小。然而应减去的那一项比正项减小得更快，因为在正项的因式 $P-\pi$ 中，P 仅仅减小了 π 而不是减小了 $\mu\pi$；此外，$P-\pi$ 还应乘以一个在所有情况下都大于 1 的数，所以它便随着 π 的增大而不断增大。这种关系一直持续到 $\pi > \frac{P}{\mu}$ 时，负项变成了正项。从这一点起，与 $\pi < \frac{P}{\mu}$ 相反的情况，完全适用于第一个正项。由于刚才说明的原因，后一项的增大超过了第一项的减小，一直到 $\pi = P$，第一项等于零，从而：

$$R = -(P-\mu\pi) = \mu\pi - \pi;$$

这就是说，一直到租金等于使用更合适的场地前后两个 π 之差。这是十分自然的。因为一个人在使用更合适的场地之前已经能够通过他的技能充分满足全部享受，所以十分明显，他在使用更合适的场地时能够支付一笔作为租金的款项，这笔款项刚好是他同样的努力获得的比以前多出来的部分。因此，随着 π 的增大，R 也不断增大。

由于 γ 的变化所引起 R 的变化与由于 π 的变化所引起的 R 的变化，在性质上是一样的。在 γ 变化时，就像上面已说明过的那样，β 和 β' 保持不变；而 γ 的任何变化，都要求 π 的相应的变化。因此，在公式：

$$R = (P-\pi)\sqrt{\frac{\alpha+\beta'}{\alpha+\beta}} - (P-\mu\pi)$$

中，不论 γ 如何变化，根式保持不变，只有 π 与 γ 沿同方向变化。因此，这种情况将继续存在，即当 $\pi > \frac{P}{\mu}$ 时，负项减小比正项要快；当 π 增长时，负项增大比正项减小快。因为前者减小了 $\mu\pi$，而后者仅仅在 $P-\pi$ 因式中减少了 π；不仅如此，这里还应乘以一个假分数的平方根。这样，R 随 γ 而不断增大，直到 $\pi = P$ 时，则 $R = (\mu-$

1) $P = (\mu - 1)\pi$。

由此得出下列三个定理：

应付租金随下列因素不断增大：

1）一定生产场地的更大的适用性(μ 的增大)；

2）技能的增大(π 的增大)；

3）劳动者的劳动力的增大(γ 增大)。

第十一章 租金对收入和劳动时间的影响

现在我们来确定，如果一个劳动者被提供一块场地并由此把他的π提高到$\mu\pi$，如果他为此必须支付应付租金，那么它们对劳动者的行为发生什么样的影响。

当然，这种被提供的场地现在还没有影响到劳动者本身的生活享受总量即W，因为应付租金的量正是通过W在支付租金前后保持同样水平而决定的。因此，让我们转入考察支付租金对E，即挣得的收入的影响。

支付租金前的情况是：

$$\text{Ⅰ}.\ E=\frac{\alpha\pi+\beta P}{\alpha+\beta},$$

支付租金后变成：

$$E=\frac{\alpha(\mu\pi-R)+\beta' P}{\alpha+\beta'};$$

或者我们通过所发现的R的值代替R：

$$\text{Ⅱ}.\ E=\frac{\alpha\left[\mu\pi-(P-\pi)\sqrt{\dfrac{\alpha+\beta'}{\alpha+\beta}}+(P-\mu\pi)\right]+\beta' P}{\alpha+\beta'},$$

因此简化后变成：

$$\Delta E=\frac{\alpha(P-\pi)}{\alpha+\beta}\left(1-\sqrt{\frac{\alpha+\beta}{\alpha+\beta'}}\right).$$

从这个公式中可以直接看出，因为根据 $\beta<\beta'$ 这一前提条件，ΔE 根本上是正值并随 β' 也就是 μ 的增大而增大，因此 E 在同等程度上增大。

图 8.1 也可以直接表明这个结果。因为 $\Delta a'f'g'$ 必然 $=\Delta afg=\frac{\gamma}{2}$，所以只要 dg 和 $d'g'$ 按照使 $\Delta ff'h=\Delta dd'h$ 的方式，那么 $a'acd'g'$ 的面积就能同 edg 的面积相等。这就造成 d 点从 a 向 d' 移动。$a'f'$ 与 af 相比越大，d 的移动就越远。因为 $a'g'$ 必然按照 ag 的比例变小，a' 离 a 更远，从而 e 点也离 a 向 e' 移动更远，所以 $ae'>ae$，并且 μ 越大，二者之间的差越大。

E 增大的直接结果是，每一单个 e 和 m 相应增大，相反 w 则减小。这无须进一步讨论便可明白。因此，定理如下：

由于生产场所的较大适用性，用于满足每一单个享受的劳动量（每一单个的 e），以及每一单个享受中被满足的部分，随着全部用于满足享受的总量（随着 E）同时增大，而享受在其中断时的量（w）则越来越小。

确定了使用较好的场所对于 E 的影响之后，它对于 M 的影响就不言自明了，即：

$$M=E+\Delta E+R.$$

因此定理是：

在提供一个较好的生产场所的条件下，全部劳动产出量增大

了 ΔE，多于可以支付的租金。

最后人们以熟知的方式发现，使用较好的场所后在劳动量上的差别：

$$\Delta A = \frac{\pi(P-\pi)}{\alpha\gamma+\mu^2\pi^2}\left[\mu\sqrt{\frac{\alpha\gamma+\mu^2\pi^2}{\alpha\gamma+\pi^2}}-\frac{\alpha\gamma+\mu^2\pi^2}{\alpha\gamma+\pi^2}\right].$$

由此人们看到，只要公式括弧中的第一项乘上$\sqrt{\frac{\alpha\gamma+\mu^2\pi^2}{\alpha\gamma+\pi^2}}$，第二项乘上 μ，那么就能使这两项彼此相等。但是：

$$\mu > \sqrt{\frac{\alpha\gamma+\mu^2\pi^2}{\alpha\gamma+\pi^2}},$$

这就立即表明，为了使根式等于 μ，还必然在根式第一项的分子 $\alpha\gamma$ 中乘上 μ^2。但是，根据我们的前提，$\mu > 1$。在这种情况下，μ 越大，μ 和$\sqrt{\frac{\alpha\gamma+\mu^2\pi^2}{\alpha\gamma+\pi^2}}$之间的差也就越大：当 $\mu = 1$ 时，这个差消失。因此，假定把括弧中必须同 μ 相乘以便使其同另一项相等的一项乘上$\sqrt{\frac{\alpha\gamma+\mu^2\pi^2}{\alpha\gamma+\pi^2}}$，那么这一项，即负项，便小于正项；$\mu$ 越大，两者之差就越大。因此，定理是：

由于利用较适用的生产场所以支付应付租金，所以生产场所的适用性越高，应付出的劳动量也就越大。

第十二章　租金的总公式

现在我转入考察这样一种影响，即当一个人应付或应收租金量发生变化时，对他的状况和行为方式的影响。像我们前面看到的那样，由于应付租金转为应收资金，只要将公式中 R 的符号改变一下即可。由此得出结论，应付租金和应收租金应被发现为同一个持续的量，它在零点上分为一个应付租金或应收租金，同我们的簿记制度中从零点上把正数和负数分开来完全一样。

预先证明了上述情况，R 的变化在所有公式中所产生的影响便一目了然了。这些公式如下：

$$W=\frac{1}{2}\left[G+\gamma-\frac{(P\pm R-\pi)^{2}}{\alpha+\beta}\right];$$

$$E=\frac{\alpha(\pi\mp R)+\beta P}{\alpha+\beta};$$

$$e=p\left[1-\frac{p(P\pm R-\pi)}{g(\alpha+\beta)}\right];$$

$$m=1-\frac{p(P\pm R-\pi)}{g(\alpha+\beta)};$$

$$M=\frac{\alpha\pi+\beta(P\pm R)}{\alpha+\beta};$$

$$A=\frac{\alpha\gamma+\pi(P\pm R)}{\alpha\gamma+\pi^{2}};$$

$$w = \frac{P \pm R - \pi}{\alpha + \beta}.$$

它们表明，在公式 W、E、e 和 m 中，应减去的那一项，从应付租金开始，随着 R 的缩小并且在超过零点之后随着 R 的增大而越来越小。因此公式的值本身越来越大，一直到当 $R = P - \pi$ 时，应减去的这一项等于零，$W = 1/2(G + \gamma)$ 即最大值；$E = P$，$e = p$ 和 $m = 1$。这样，全部享受便获得了充分满足。但是，对于 M、A 和 w 的影响则相反。在同样条件下，它们不断减小，一直到 $R = P - \pi$ 时，$M = \pi$，$A = 1$ 和 $w = 0$。

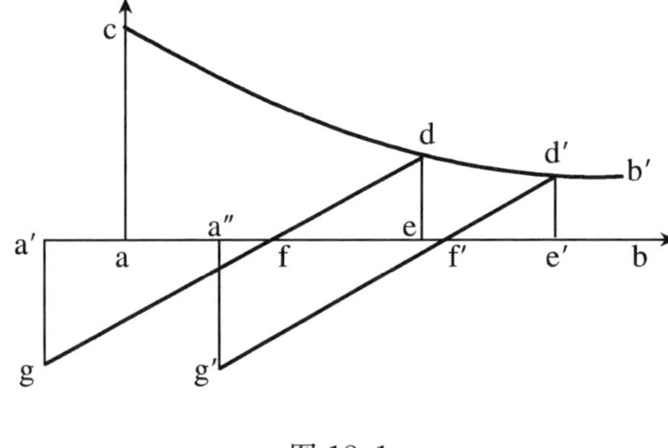

图 12.1

图 12.1 也直接表明了这个结果。人们可以通过这种方式来表示租金量的变化，即可以设想把三角形 $a'fg$ 在 $a'b$ 线段上移动并且使 $a'f$ 边仍旧保持在 $a'b$ 线上。这时必须把 a' 点按同一比例向 b 方向移动，从而使应付租金变小，应收租金增大。如果这样使三角形 $a'fg$ 达到 $a''f'g'$ 的位置，那么人们就直接看出，生活享受总量增大了 $fdd'f'$，E 从 ae 增大到 ae'，并且所有的 e 和 m 随之增大；相反，M 和 A 从 $a'e$ 减小到 $a''e'$，w 从 de 减小到 $d'e'$。因此，定理如下：

由于应付租金的减小或者应收租金的增大，使下列因素增大：

1. **生活享受总量**（W），

2. 收入(E)，

3. 用于每种享受的劳动量(e)，

4. 每种享受中被满足的部分(m)一直不断增大到全部享受获得充分满足。

相反，下列因素减小：

5. 劳动产出量减小到应获得享受的量(M 减小到 $M=\pi$)，

6. 同痛苦相联系的劳动量($A-1$ 减小到零)，

7. 享受在其中断时的量减小到零(w 减小到零)。

第十三章　租金、风险和利息

租金的产生不能按所考察的方式对每个人靠自己挣得的收入所进行的分配产生影响。不论由自然或人工引起的特殊性质，使一个场地特别适合于某种特定的劳动这种特殊性质通常可以长期保持，常常可以无限期地保持，甚至还带有日益提高的优势，例如用于农业目的的土地。因此，它也可以在这个整个时期内被支付相应的租金。在其劳动中使用这种特殊场地的占有者在这个时期内处于比较优越的地位。因此，对占有者来说，这样一块场地的价值是通过单个租金的总量来测定的。他根据这块场地的性质、他的生命期的可能性和其他外部状况的规律性可以期望收取租金，或者在适合使用的情况下可以通过出租给他人来收取租金的价值，常常可以大大超出为了占有租金必须放弃的目前享受的价值。在这种情况下，只要租金的价值高于目前享受的价值，人们必然把他们的收入用于获取这种租金。

如果把在时间 t 内的一个人的生活享受总量通过下述公式表现出来：

$$\text{I}.\ W=\frac{1}{2}\left[G+\gamma-\frac{(P\pm R-\pi)^2}{\alpha+\beta}\right],$$

这就要求 g 和 p 以及 R、π 和 γ 要考虑时间 t 来确定，那么当人们在这段时间内除此之外还获得另外一份租金 γ 时，他的生活享受就通过下述公式来表示：

$$\text{Ⅱ}.\ W=\frac{1}{2}\left[G+\gamma-\frac{(P\pm R-r-\pi)^2}{\alpha+\beta}\right].$$

因此，假定获得了租金并确实把它用于享受，那么其差额从而一次获得的租金 γ 的价值就是：

$$\Delta W=\frac{1}{2}\left[G+\gamma-\frac{(P\pm R-r-\pi)^2}{\alpha+\beta}\right]-\frac{1}{2}\left[G+\gamma-\frac{(P\pm R-\pi)^2}{\alpha+\beta}\right],$$

或者进行简化后

$$\Delta W=\frac{r[2(P\pm R-\pi)-r]}{2(\alpha+\beta)}.$$

但是两者都是在一个远近程度不同的将来才会发生的事情，因此它们的出现是不确定的，而只应算作一定的可能性。在不能享受的可能性增大的情况下，租金的价值减小。不能享受既可以是由于个人的情况，也可以是由于租金没有被提供出来。所以，假定用 s 表示享受的或然率用 v 表示支付租金的或然率，租金 γ 在时间 t 的现在价值就是：

$$1)\ \Delta W=\frac{svr[2(P\pm R-\pi)-r]}{2(\alpha+\beta)}.$$

然后假定在接续的一个同样长的时间内，伴随着可能性 s' 和 v'，可望得到同样的租金，那么在其他条件不变的情况下，这个租金的价值就是：

$$2)\ \Delta W=\frac{s'v'r[2(P\pm R-\pi)-r]}{2(\alpha+\beta)}.$$

如此等等。所以，假定我们用 $\int \Delta W$ 表示所有单个租金的价值总和，并且设 $sv + s'v' + s''v'' + \cdots\cdots = V$（这个系列可以继续排列下去，一直到一个后继的 s 或 $v = 0$），那么这个价值总和就是：

$$\int \Delta W = \frac{Vr[2(P \pm R - \pi) - r]}{2(\alpha + \beta)}.$$

不仅如此，假定人们把时间 t 内挣得的金额 c 用于获取租金，那么他目前的生活享受减少的程度同他把 c 作为租金支付出去一样。因此，由于 c 用于购买租金收入而造成的生活享受的损失，可以通过下述公式表现出来：

$$\Delta W = \frac{1}{2}\left[G + \gamma - \frac{(P \pm R - \pi)^2}{\alpha + \beta}\right] - \frac{1}{2}\left[G + \gamma - \frac{(P \pm R + c - \pi)^2}{\alpha + \beta}\right],$$

或者化简：

$$\Delta W' = \frac{c[2(P \pm R - \pi) + c]}{2(\alpha + \beta)}.$$

因此，如果 $\int \Delta W = \Delta W'$，即

$$Vr[2(P \pm R - \pi) - r] = c[2(P \pm R - \pi) + c],$$

那么人们在利用 c 获取租金后的生活享受量方面所处的地位，同这种利用之前是完全一样的。人们通过下面的考察便可以把这一公式归纳为一个简单的形式。所有或很多的人都会把他们的收入的一部分用于获取租金。此外，考虑到他的生活目的，每一个决定把他的收入的一部分用于获取租金的人，必将力图得到一份与使用的金额相比尽可能高的租金。所有的或很多的人朝着同一目标所作的这种共同的努力，必然按照像对所有其他物品进行估

价的完全相同的方式，根据租金量、持续期限和可靠性的状况确定租金的一定价格。除少数例外情况，在所有的生产部门中，通过运用一定的劳动量都有可能开发迄今尚未用来进行这种生产的场地。由于已说明过的各种原因，这种开发必然首先在这样一些生产部门中进行：在这些生产部门中，根据产品价格比例，开发成本同所获得的租金的比例最为有利。但是，由于新场地的开发以及由此而进行的生产使产出量增加，所以产品价格降低。而产品价格的降低明显地又反过来造成应付租金的降低，因为它使相关劳动者的 π 降低。这种降低一直持续到使开发成本同所获得的租金的比例达到与其他生产部门同样的水平。因此，租金的价格必须确定在这样的水平上，即在所有生产部门中开发新的生产场地的成本同所获得的租金的比例相等；这就是说，确定了一个特定的、在所有生产部门中相等的利率；或者像习惯表达的那样，投入在各个部门的资本获得的利率相同。c 和 r 之间的比例性使人们可以把后者表示为前者的一个可除尽的部分，即如果用 z 表示这个可除尽的部分，就可以设 $r = zc$ 。

把 r 的这个值代入公式：

$$Vr[2(P \pm R - \pi) - r] = c[2(P \pm R - \pi) + c]$$

经过简化后解 c：

$$c = \frac{\alpha(P \pm R - \pi)(V_2 - 1)}{z + 1},$$

这也就是人们应该用于获取租金的金额。

租金的存在使这个公式还有修改的必要。也就是说，用货币量获取租金的可能性，使将来收取的租金总量与现有的同样大的租金总量在估价上可能不同。而是将来收取的租金总量按价值只等于这样一个总量，即它与现有的租金提高到通过它所能产生的租金相等。通过利息的计算，现在已经知道，在经过时间 n 之后应取的租金按 $(1+z)^n:1$ 的比例减少时所获得的这一总量。因此，假定人们在计算单个租金的价值时，按这个比例减小有关的或然率，即设 $t=1$，$V=\frac{sv}{1+z}+\frac{s'v'}{(1+z)^2}+\cdots+\frac{s^{(n)}v^{(n)}}{(1+z)^{n+1}}+\cdots$，那么，人们就可以考虑对上述公式的修正。但是在评价这种修正对于人的行为方式的影响时，不容忽视的是，随着年龄的增大，人们的劳动力（γ 及它的结果 π）越来越减小；而且随着这种减小，等量租金的价值越来越增大。于是由此引起的将来租金的减少便被利息——与价值降低的估价相等——的可能性直接抑制了。

从根本上说，在解 c 公式时，由以出发的前提是，在租金持续的整个期限内，g 和 p 以及 R、π、γ，最后 z，都保持等量。这在现实中是不会发生的。我们为了得出一个尽可能简单的公式，曾选择直线作为享受面积的边线。我们这里设定上述前提，也是出于类似的原因。这里之所以能设定这一前提，因为所涉及的只是条件变化引起的影响的公式，而不是这种影响的程度。在获得租金的不同时期内，g 和 p 以及 R、π、γ 和 z 的量的变化所影响的仅仅是这个程度。

这里发现的极为简单的 c 公式，表明了条件的变化对 c 即用于获取租金的金额的影响，而几乎不需要作任何进一步的解释。它首先表明，这一金额与享受的绝对量无关，因为在这个公式中既没有出现 g，也没有出现 α。这是十分自然的，因为人们是否能通过租金的享受来补偿暂时不能满足的享受，不取决于享受量而是仅仅取决于获取租金的可能期限和租金量与用于获取租金的金额之比，即 $Vz:c$。此外，只要人们想到 γ 的增大直接决定 π 的增大，反之亦然，那么瞥一眼公式就可以看出，条件可能发生的变化所产生的影响。因此，定理如下：

在下述条件下，用于获取租金的金额增大：

1. 创造享受所需要的劳动增大，或者部分地满足一个新的享受（P 增大）；

2. 应付租金增大，所收租金减少（$+R$ 增大；$-R$ 减小）；

3. 劳动技能或劳动力减小（π 自行减小或由于 γ 的变化而减小）；

4. 享受和不受干扰地收取租金的可能性增大，或者租金可能的期限增大（V 增大）；

5. 用等量金额获取更大的租金（z 增大）。

最后一点还值得怀疑，因为 z 在分母上为正值。但是，假定用 $z+1$ 去除，使分子中的因式 $Vz-1$ 达到 z 在余下的分子中再出现，那么就得到：

$$c = 2(P \pm R - \pi)\left(V - \frac{V+1}{z+1}\right).$$

这时人们便直接看出，c 随着 z 的增大而不断增大。在评判 z 的变化对 c 的影响时，人们不应忽视这样一点，即 c 的任何变化都会造成 z 的相反的变化。用于获取租金的金额对于全部应付租金总量有直接的但却是极为次要的影响。在这方面，后一种总量几乎被看成是固定不变的。因此，假定人们想使用于获取租金的整个金额增大，那么就必须在应付租金的每一部分上按所增加的比例增大所使用的金额。换言之，必须提高租金的购买价格，即降低利率。

考虑到用于获取租金的金额；考虑到这样一种情况，即劳动在大多数情况下并不直接创造享受，而只是创造了使我们能够交换所需要的享受资料的手段，因而在对生活享受总量进行估价时必须考虑享受的可能性和收入损失的可能性；那么在同一期限的所有符号是确定的条件下，我们就得到下述公式：

$$c=\frac{2(P\pm R-\pi)(Vz-1)}{z+1};$$

应付租金最高为：

$$R=(P+c-\pi)\sqrt{\frac{\alpha+\beta'}{\alpha+\beta}}-(P+c-\mu\pi)$$

公式的最终适用形式如下：

$$W=\frac{sv}{2(1+z)}\left[G+\gamma-\frac{(P\pm R+C-\pi)^{2}}{\alpha+\beta}\right];$$

$$E=\frac{\alpha(\pi\pm R-c)+\beta P}{\alpha+\beta};$$

$$e=p\left[1-\frac{p(P\pm R+c-\pi)}{g(\alpha+\beta)}\right];$$

$$m=1-\frac{p(P\pm R+c-\pi)}{g(\alpha+\beta)};$$

$$M=\frac{\alpha\pi+\beta(P\pm R+c)}{\alpha+\beta};$$

$$A=\frac{\alpha\gamma+\pi(P\pm R+c)}{\alpha\gamma+\pi^{2}};$$

$$w=\frac{P\pm R+c-\pi}{\alpha+\beta}.$$

第 三 篇

个 人 与 社 会

第十四章　个人福利与社会

细心的读者不会忽略下述情况：一方面，因变量的一些变化是由自变量引起的；另一方面，因为这些因变量对其他变量来说又属于自变量，所以它们本身又发生一些变化。上面我们也已经提请人们注意这两种情况。我们刚才已看到，c 和 z 的相互依存关系；我们还看到，M 和 m 的变化引起相关的 p 的变化，而 p 的变化进一步波及所有的交往关系。这自然会提出一个问题，即什么是交换关系的真正决定力量。确定人们为了尽可能提高他们的生活享受程度而对自己及其周围环境所施加的影响，取决于对这个问题的回答。

不言而喻，我们应该在直接或间接地组成我们上面的公式 W 的一些值之中寻找自然界中现存的确定交换关系的有效力量，因为增大生活享受总量是人的行为的唯一动力。所以我们应该在 g、p 之中，在 π、γ、R、c、V（s 和 v 也包括在其中）和 z 之中去寻找这些力量。我们已经看到，在 p 和 z 之中不可能包含这种力量，因为这种力量只有通过交换关系才能加以确定。这同样适用于我们在上面的公式中求得的那些值，因为这些公式之所以能成立正是建立在这样一种状况的基础之上，即它们的值是通过交换关系被确定的。所以从上面那些值中还得排除 R 和 c，剩下 g、π、γ 和 V 作为可以确定的值。问题是，这个结论还有可能涉及 R—— 假定它意味着

一份收取的租金 —— 因为没有直接现成的 R 的公式。但是，通过考察收取租金的下述前提，这个疑问就不存在了：除了收取租金的人之外，还有一个愿意支付租金的人，因而**全部收取的租金总额可以通过应付的租金总额直接确定下来**。

这样，就剩下了 g、π、γ 和 V 作为唯一可以调节交换关系的一些力量。而为了促进福利水平必须对交换关系施加作用的方式，也立即变得一清二楚了。这些力量的增强，就像它使个人的 W 增大一样，也使人类的福利水平提高。为了证明这一点，只要考察下述情况也就够了：当一个人的生产能力通过 g 或 π、γ 和 V 的提高而增大时，所有其他人的生产能力保持不变；因此，这种提高的最终结果必然是：全部生产量的增加与个人 M 的增大一样多，因而在所有人中间进行分配的享受满足也增大一样多，于是生活享受也在同一程度上提高。所以，定理如下：

只有个人成功地做到以下几点，人类才能因此而提高他们的福利水平。

1. **提高享受的绝对量**(g)，
2. **提高所使用的劳动力和技能**(γ **和** π)，
3. **提高生命力**(s)，
4. **加强法制**，因为很明显，v 的提高只有通过加强法制才能实现。

因此，为了有助于人类实现尽可能大的幸福，唯一应该重视的**是**：与上述目的相联系，**消除阻碍个人建立有利的生产部门和自由地运用他的货币的障碍**。

第十五章　由观察得到的数据测量享受

前面阐明的是一些极为重要的简单定理，这些定理可以从享受如何发生的规律中以及人们最大限度地提高他们的生活享受总量的努力中推论出来。这里，我们成功地发现了，第 13 页上所肯定的方法可以说明，应该怎样借助已获得的定理测量享受。

首先，显而易见，在引入货币之后，确定每个人的各种不同的 p 和 π 的量相应地变得容易了。为了确定前者，只需要算出他们在一定期间内对每种享受资料所需要的量——如果他想充分满足享受的话，即是说按照他们可以期望获得最大享受总量的方式——并且把这个量乘上他们在这个期间内可以以此购买享受资料的价格。由此而获得的乘积便给出了相关的 p。假定一个人为了充分满足他在一年内对面包的需要必须有 5 舍非尔谷物，在这期间内可以用 3 塔勒买到一舍非尔烤面包用的谷物，那么与面包享受相应的 $p = 3 \times 5 = 15$。

确定 π 同样是简单易行的。人们只要观察一下他们在一定期间内进行的劳动带来了多少收益，然后再看一看他们为了获得这种收益平均每天必须劳动多少小时，他们每天进行的劳动有多少小时是享受。这样，π 与全部收入之比等于可资享受的小时数与整个日平均劳动时间之比。假定每天劳动 10 个小时，一年内挣得的收入 M 是 1000 塔勒，与享受相连的劳动时间每天是 6 小时，那么 $\pi : 1000 = 6 : 10$，因而 $\pi = 600$。

进一步观察全部收入即 E 中有多少被用于每种享受，也就是通过直接的观察确定 e 的量，这时借助于公式

$$e = p\left[1 - \frac{p(P \pm R + c - \pi)}{g(\alpha + \beta)}\right]$$

就可确定 g 的量。公式给出：

$$\frac{P \pm R + c - \pi}{\alpha + \beta} = \frac{(p - e)g}{p^2}.$$

对第二种享受来说与之相似：

$$\frac{P \pm R + c - \pi}{\alpha + \beta} = \frac{(p' - e')g'}{p'^2},$$

所以：

$$\frac{(p - e)g}{p^2} = \frac{(p' - e')g'}{p'^2},$$

或者：

$$g' = \frac{p'^2(p - e)}{p^2(p' - e')}g.$$

在类似的方式上人们得到：

$$g'' = \frac{p''^2(p - e)}{p^2(p'' - e'')}g,$$

等等。这样，就只剩下一种与 g 相应的享受没有确定。通过确定这种享受，所有其他享受的量也就可以知道了。物品的自然性质是完全可以测定的。因为享受同所有其他存在物有某种独特的区别，所

以我们只能通过下列方式理解各种不同享受的量，即我们把它们相互进行比较，就像我们在确定其物品的量时必须做的那样。只有把一定的容积作为尺度，我们才能得到各种不同容积的量的概念；只有把一定的重量用作砝码，我们才能得到各种不同物体的重量的概念；如此等等。同样，我们这里也必须把一种享受确定为尺度。这样我们就有机会在计算时保持一种享受是未定的。为此选择哪种享受，这本身是无关紧要的。把我们用来充当货币的物品给我们带来的享受作为单位，也许可以为以后提供一些方便。

确定了 g 之后，现在只剩下 γ 要确定。为此可利用下述公式：

$$M=\frac{\alpha\pi+\beta(P\pm R+c)}{\alpha+\beta}$$

如果在公式中用$\frac{\pi^2}{\gamma}$代替 β 并求 γ，那么就得到：

$$\gamma=\frac{\pi^2(P\pm R+c-M)}{\alpha(M-\pi)}$$

在 γ 的这个公式中，只有 R 和 c 是未知的，它们的量这时可以立即直接观察出来。

假定恰当地取一条直线作为享受面积和痛苦面积的边线，那么用上面探讨的确定 g 和 γ 的方法将会得出一个完全正确的结果。但是毫无疑问，这种假设是不适当的。相反地，享受递减的规律要求一条曲线作为边线，这条边线由于各种不同的享受看来可以加以修改，就像天体规道由于重力规律的作用可以用所有二级的线来表示一样。观察一下以前所述的表格就会看出，以直线作为享受面积和痛苦面积的边线无疑是不适当的。在这个表格中，出于显而易见的原因，在 γ 下降到零时，劳动挣得的收入 E 只下降到

29.5；而不言而喻的是，当完全缺少任何劳动力时，就根本不能挣得收入，从而 E 也必然同样 $=0$。上面的那些公式和从中得出的确定 g 和 γ 的方法自然也因此而要加以修改。现在就试图通过这种修改进行某推测是操之过急了。只有从足够次数的观察中已经得出结果时，才能有指望达到这一点。所以，下面我仅限于指明，所阐述的定理怎样提供一种方法，得以尽可能迅速地通过直接观察发现表示享受和痛苦的曲线。

这种方法建立在我们已知的下述定理的基础之上，即人们为了尽可能地提高他们的生活享受总量，必须满足所有单个享受至这样的程度，即考虑到获取的困难，这些享受在其中断时保持相等的量。从这个定理中得出如下结论：**每个人对他用一定价格购买到的所有享受资料的最后那些原子，都有相同的估价**。由此就有可能在一种享受资料的价格波动时，发现这种享受资料的不同原子的相对的价值量。

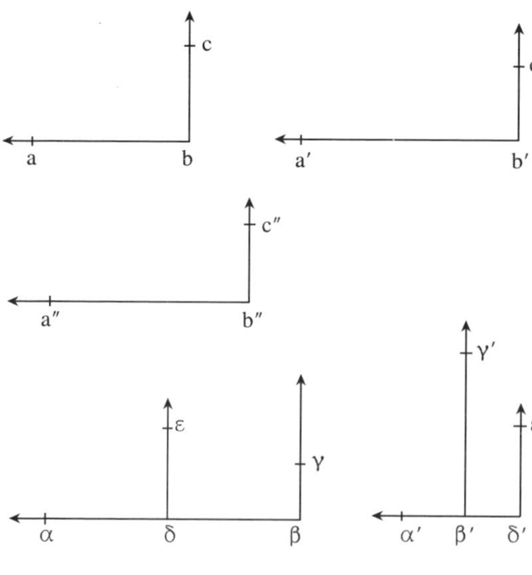

图 15.1

如果我们观察一个人如何把他的收入分配于各种享受，那么我们就可以用下述方式描述这种观察的结果，即我们使 ab，$a'b'$，$a''b''$ 等线（图 15.1）彼此的量的比例，与用于各种不同享受资料的货币量之间的比例相同，然后设立 b，b'，b'' 等垂直线表示每一种享受资料的最后的原子的价值。关于这些垂直线的值，所得出的定理给予更详细的规定：它们全都必须彼此相等，从而 $bc = b'c' = b''c''$ 等。假定现在一种享受资料的价格发生了变化，例如它最初按 $1:\mu$ 的比例发生变化，那么其结果是，人们现在获取以前那么多量的享受资料只需用 $\mu \times ab$ 的货币量；最后原子的价值成反比例变化，就像在前详细阐述的那样。在这种变化了的情况下，它的价值将等于 $\frac{bc}{\mu}$. 如果我们现在想用图表现这一变化，那就必须在例如 $\mu = 2$ 时，使 $\alpha\beta = 2ab$ 和 $\beta\gamma = \frac{bc}{2}$；在 $\mu = \frac{1}{2}$ 时，使 $\alpha'\beta' = \frac{ab}{2}$ 和 $\beta'\gamma' = 2bc$。现在假定这个人按这种变化了的价格购买的享受资料为 $\alpha\delta$ 和 $\alpha'\delta'$，那么根据有关的定理，这便证明，他现在对原子 δ 和 δ' 的估价等于 bc，因而 $\delta\varepsilon$ 和 $\delta'\varepsilon'$ 也必然等于 bc。由此便发现了同一种享受资料的第二个原子的相应的价值。假设原子 β 的价值 $= \beta\gamma$ 或者 β' 的价值 $= \beta'\gamma$，那么原子 δ 的价值就 $= \delta\varepsilon$ 或者 δ' 的价值 $= \delta'\varepsilon$。显而易见，在价格进一步波动的条件下，可以用完全相同的方式发现第三个、第四个和其余的原子的价值，并且可以得出这种享受资料价值的真实图示。只要得出了这个图示，那么毫无疑问也就成功地组成了一个极其精确地再现了所发现的曲线的轨迹的代数式。通过求这个代数式在 $e = 0$ 和 $e = p$ 之间范围内的微分，就可得出相关的 g 的值。

只要以这种方式确定了各种不同享受中的 g，也就可由此得出提供享受的劳动面积部分的结论；而劳动在其结束时的痛苦和在其中断时的享受保持平衡，这种情况，给我们提供了通过类似于

测量享受的方法来测量限定痛苦面积的曲线部分的可能性，从而也使曲线超过饱和点达到完备，并确定了 γ。

由此而获得的代数式，最终提供了修正前面的一些公式的充分手段。也许能成功地做到直接由自然力作用的方式来阐明享受递减规律和用来表述这个规律的公式。

刚才说明的测量享受的方法，只有在下述条件下才能提供完全正确的结果：在价格发生变化之后，人们用同以前相等的货币量购买图 15.1 的图形中所设定的享受资料。我们知道，只有在极少数情况下，才能符合这个前提条件。在一般情况下，随着一个 p 的变化，所有的 e 以及 w 都同时发生变化。其结果是，$\delta\varepsilon$ 或 $\delta'\varepsilon'$（图 15.1）不再与 bc 正好相等，而是根据像 w 那样的比份增大或减小。上面的公式可以作第一步的修正如下：

$$w = \frac{P \pm R + c - \pi}{\alpha + \beta}$$

按照所说明的方法，一直要到成功地从所进行的多次观察中构造出一个更正确的公式。

但是，进行修正后所获得的结果，也只有在下述条件下才能提供真实的享受的量的比例，即被观察的人们在分配他们的收入时不犯错误。因为使人们能够正确地分配他们的收入，正是更精确地测量享受量的主要目的，所以这一点也就更不易做到。在我们有理由怀疑个别观察的正确性的场合，运用这样一种方法是有助于问题的解决的：对处于同一状况下的尽可能多的人反复进行观察，并且以适当的方式从全部观察中得出解决问题的手段。众所周知，观察的次数越多，个人所犯的错误被消除的可能性也就越大；所获得的结果，在进行不断观察的限界内，可以有把握地被认为是正确的。如果这些对观察的限制最终变得如此之小，以至于错误由于没有显著影响便可忽略不计，那么把这些结果作为自己行动指南的人，便获得了被明确限定的可能性，即最充分地实现他的生活目的的可能性。

每个人出于自己生活目的的考虑，必然会为自身的利益而利用他周围的人的经验。这种情况对寻求各种观察的平均价值大有用处，使测量享受的特定活动看起来几乎是多余的，因为通过这样一种方法在所有的人中间毫无例外地形成了习惯。为了理解这一点，人们只需观察一下，个人是怎样对待习惯的。

每一个人，无论他属于哪一个社会等级，为了安排他的生活总是把他那个等级的人中间形成的习惯作为指南。一般地讲，同一社会等级的人在体力和智力训练上都处于相当一致的水平。因此，他们所进行的观察便满足了这样的条件，即为寻求平均价值而对各种不同的观察进行概括时，只有对尽可能处于同样状况下的人所进行的观察才是有用的。但是，个人并不是无条件地遵从现存的习惯，而是要检验他通过遵从习惯是否能真正实现最大的生活享受，并且在个别行为中反复尝试与之相背离的方法的影响。假如他用这样一种方法找到了更大的享受，那么他在这一点上将不再遵从习惯。看看吧，每一个社会等级中的个人都从各个方向上偏离了习惯！已经进行这种尝试的人越多，其他的新的个人就越乐于对这个新的方向进行尝试。如果它确定是更正确的——这一点还需得到证实，因此这里存而不论——，那么就加强了对近随者们朝这个方向的刺激，一直到它由于所设定的正确性把旧的习惯排挤掉时为止。因此，个人要精确地衡量，他通过遵从习惯是否达到了生活享受的最大值。如果他相信发现了习惯中的错误，于是就对它加以改正。已经确定错误存在的人越多，就促使每一个追随者去检验这个被猜疑的错误。如果真的存在错误，那么很显然，随着时间的推移，这一点必然会越来越清楚地得到证实。另一方面，假定第一个人在抛弃习惯时出了错，那么就必然会使人知道它。

语言也大致描述了享受测量的结果，达到使自己几乎被看做绝对真实的可靠程度所必须经历的不同阶段：我们把个别人改善习惯的企图称之为任性；把长期坚持这种企图而不模仿他人的人称之为怪人；把许多人一时追随这种企图称之为时髦；而最后把遵从被认为可靠的结果视为一种道德的要求，我们的习惯规律就是建立在这个基础之上的。

从这种习惯形成的方式和方法中，可以得出测量享受的结论：当我们现在观察人类社会的不同等级如何运用他们的收入来满足享受时，我们不是把进行观察的个人的主观判断看做这种观察的结果，而是从这些等级的所有的人从人类的社会中存在以来的全部经验中得出具有某种精确性的相关结果。因此，为了能够对享受加以测量，只需我们确定，在各个等级中平均说来应该怎样使用收入，并由此使个人更容易认识确实存在的习惯。这样交往便能够完全由自己来改变习惯。由此看来，通过实际观察确定人类社会中各个等级的 p、π、e、E、M、R 和 c—— 由此便可以计算出 g 和 γ——，首先是统计学的极其重要的任务。

第十六章　论社会行为

从前面提到的世界构造的方式中，可以为规范人的行为方式得出以下方法。

首先，只有当每个人的平等权利都受到尊重时，才能实行分工，由此既为个人也为社会带来了益处。其次，当每个人都确信他能如数获得与他的劳动所得相应的享受时，他就可以按自己的意愿或者把劳动所得用于即时享受，或者投资以获取利息。后者提出了这样一种必要性，即允许每个人具有自由支配自己财产的权利。从前者中产生了每一个人的义务，即放弃所有那些侵害或损伤他人人身和财产的行为，与此相应每一个人都有权以强力防止受到侵袭或损害。

但是，一方面，个人的力量不足以保护自己不受侵袭或损害；另一方面，在很多情况下看来难以确定每个人可以达到而又不损害他人的界线。这两方面的情况必然使社会创造出一种权力，支持受到损害威胁的个人的力量，并在可疑的情况下确定个人权利的界限。众所周知，在现在情况下二者已基本上通过建立国家及其各种机构以及通过人身和财产保护的立法充分实现了，尽管是以在许多方面的细节上还极不完善的方式实现的。

实行分工以后，每个人只有通过以下方式才能最大限度地实现他的生活目的：他要通过连续不断的交换来获得所需要的享受资料，其手段或许来自租金，或许来自他的劳动所得。于是，生活享受总量的大小从根本上取决于，人们在换取他们的享受资料时，要在对其实际价值的估价上不犯错误。抛开所有与估价相关联的其他困难不谈，只有在人们对要交换的享受资料的所有影响估价的事实都熟悉时，他们才能有希望做到这一点。一般来说，卖主可以向他们提供关于这些事实的可靠信息，这也许是他作为生产者出自自身的经验对此了如指掌，也许是他作为商人有机会掌握有关这一方面的经验。因此，买主在购买时，必然希望卖主向他提供所有这方面的详细说明。但是，只有处在相互交往中的所有的人，包括他们自己在内，都按同一原则行事时，人们才能并且才将获得这种说明。因此，每个人都有义务在出卖时以诚待客，也就是说把待出卖物品的优缺点如实地告诉要购买的人。面对这个义务，社会——我们知道目前是由国家代表的——有权在必要情况下强迫个人遵从这一原则。

从习惯形成的方式中，还可以得出如下结论：人的义务是，把习惯作为他的行为方式的标准；只有在更好地认识自然规律从而有可能通过改变方法以期确实提高生活享受总量的条件下，才去试用一种不同的方法达到改善习惯的目的。这个义务的产生一方面是出于这种情况，即按照习惯形成的方式，人们获得由于严格遵从习惯而最大限度地提高他们的生活享受的极大可能性；另一方面也是因为，人们只有遵照习惯才能赢得他人对自己的绝对必要的信任，而为了使自己达到最有利的结果，在出卖自己的劳动产品时，这种信任是必要的。

如上所述，只有卖主在出卖时完全以诚待客，才能按照买主最希望的方式进行购买。然而，只有在人们认识交换规律并掌握了按照这个规律行事的技巧时，才可望有这种诚实，这不仅因为这种诚实的必要性是从这些规律中产生的，而且也因为只有在掌握那些知识的同时也掌握那种技巧才可望有诚实的行为。人们通过遵照习惯确凿地证明以下两点：既要认识那些规律，也要掌握按其行事的技巧。而他们通过相反的行为也从反面得出充分有效的证明。这一事实的结果是，每一个打算购买的人转向在他看来是在习惯范围内行事的卖主。对于一个违反习惯的人来说，也只有当他根据受骗危险提高的程度能更廉价地购买时，才会进行购买，由此在同样程度上使卖主的收益减少。

从劳动增加痛苦的方式中，可以得出结论：假如人们把劳动尽可能地平均分配于全部劳动日，他们就能够以等量的痛苦获取最大的劳动所得，由此得出如下结论：

每一个生产者都应该尽可能以这样的方式安排他的生产，即把所需要的劳动平均地分配于一年的全部劳动日。因此，在那些出于某种原因生产周期性中断的生产部门，劳动者难以推动分工，以至于他限制在这一生产部门。相反，他必然试图把另一个生产部门同这个生产部门结合起来，以便在这个生产部门中断期间在另一个生产部门劳动。

人们还没有成功地使自己的训练达到如此高度，以致他能够——也许借助或不借助归他们所有的租金——自己挣得为满足他们的享受所需要的东西，所以必须无条件地把习惯作为自己行为方式的标准。这正像那些已经达到所谓独立的人们承认习惯是最适合自己情况的东西一样，哪怕只是对改变习惯进行尝试，也是不应该的。

除非人们能够获得那种技能训练，否则由于缺少对劳动的痛苦量的认识，便不能确定改变习惯的价值。出于同样的原因，人们在达到独立以前应该无条件地听命于他的教育者，只要这不明显地违反习惯。与这种义务相对应，教育者有权贯彻由于教育所要求的指令，甚至通过体罚强制贯彻，只要这些指令应视为达到被公认是最适当的方法的结果。但是，教育者也有义务在施加强制过程中严格保持在已经指出的界限之内，因为对自然规律的更深刻的认识有可能通过偏离迄今为止的方法而达到一个更为有利的结果。不仅如此，社会出于两方面的考虑从教育者的义务中产生出对教育者履行这种义务的监督权。一方面，因为忽视监督的不利后果对教育者完全无关紧要，而对受教育者却至关重要，因而社会重视监督是受教育者的切身利益之所在；然而另一方面，更重要的是因为社会福利水平从根本上取决于，每个人都认识自然规律并掌握按照这些规律行事的技能。

最后我们看到，对每个人来说，尽可能地提高他的享受能力、劳动力和技能，是尤为重要的。众所周知，导致这种提高的手段是有目的地训练体力和智力。这种提高即使不是与以合乎目的的同样方式用于训练的时间同步，但却是随着这种时间而增强。从另一方面看，在连续不断进行这种训练时的感觉同劳动时的感觉完全相同，因此这种训练每天有一定的时间 —— 由于技能的进步而不断延长 —— 可以同享受联系在一起；而只是在经过这段时间之后训练还继续进行时，痛苦便开始出现。由此可以得出结论，假定人们把为此应进行的训练分配到他们从出生起的整个一生的所有时间上，那么他们就能以最小的痛苦达到一定的训练程度。此外，在连续不断的训练过程中痛苦总是越来越大，而技能的提高与痛苦的增大绝不是保持同步的，由这种情况中还可以得出结论，必须确定这样一种训练方式，通过它使对人们的益处达到最大。为了达到这种最大，应该怎样进行训练，就像在享受的情况中那样，一般只有在下述条件下，才能作出更详细的规定，即通过训练成功地测量享受及其提高的量，同时测量痛苦及其减小的量。然而，交换逐渐有可能测量劳动的享受和痛苦，这不是一些个人专门有意识地从事的活动，而仅仅是通过习惯的形成。同样，人们在这里也以完全类似的方式，即通过代代相传的经验，找到了进行这种训练的最适当的方式。

教育者在他周围物色一个他认为由于其状况最值得羡慕的人，即根据他的估价能获得最大生活享受总量的人，而且这个人是借助那些也能供应教育者使用的手段达到这一地步的。他把这个人在其训练中采取的方法作为范例，当受教育者长大成熟达到要考虑自己的意志时，他将同教育者一起遵循这样的方法，因为他自己的利益要求这种方法。显然，如果人们对他们榜样的生活享受的估价没有搞错，那么这种方法相对来说也就是最好的方法。人类的习惯越是得到改善，这种错误犯得就越少。但是，被以这样的形式引为榜样的人，也是遵循同样的原则完成他的训练的，追溯到每一个先前的榜样也是一样。由此便得出结论：人们由于遵循这一原则把教育的方法作为指南，而这种方法被人类自产生以来的经验证明为相对最好的方法。像习惯中的情形那样，方法也在完全类似的方式上进行完善。在这里，个人 —— 受教育者或者教育者也许都有理由 —— 不是无条件地服从那种被视为相对最好的方法，而是像习惯中的情形那样，表明为有利或不那么有利的情况，根据结果，权衡利弊，试图从各个方向上采取背离上述原则的方法。然而无论如何，这种尝试都给社会带来很大的益处，因为这有益于经验的积累。所以结果必然是：**最终会发现几乎是绝对最好的办法，而且人类存在的时间越长，就必然越接近这种方法；对自然规律的认识越是进步，接近这种方法的时间也就越快**。

大体说来，这些就是从享受规律和人们所追求的生活目的中产生出来的人的行为规则。出于前言中已经说明过的原因，我没有对此进行更详尽的阐述。

第十七章　关于与收入和需要相联系的享受的一般论述

借助于前面获得的定理和规则，现在可以使日常生活中的所有现象都得到解释，即它们是每一个人为最大限度地提高他的生活享受总量而付出的努力的必然结果。这里要阐明几个最重要的结果。

首先，这种解释要涉及把享受划分为需要和严格意义上的享受；同时涉及这样一种现象，即对个人来说，收入越高，需要的范围越广。这个事实本身是众所周知的。例如，富人把每天饱享酒肉佳肴当作自己的需要，而农村短工在特殊的节日里吃到一块烤肉便喜形于色了。

这种划分和现象的原因是：一种物品价格的变动引起了完全相反的结果，这取决于 p 在变化之前处于使 e 达到最大或最小的边际的哪一端，并且取决于 p 不因变化而逾越这个边际。假定 p 大于这个边际量，即在表 6.1 中大于 48.262，在表 6.2 中大于 18.614，那么当价格提高时，用于购买价格变化了的享受的金额就必然减小，而用于购买所有其他享受的金额必然增大，同时，应支出的全部劳动量必然减小。假定 p 在变化之前小于那个边际所标明的数字，并且在价格提高之后也没有逾越这个边际，就会出现正好相反的情形：当价格提高时，用于购买价格变化了的享受的金额增大，而用于购买所有其他享受的金额减小，同时应支出的劳动量增大。这种价格提高结果上的区别，在价格波动时给人的感受极为强烈。在后一种情况下，尽管由于支出增大，但涨价了的享受以及所有其他享受的被满足的部分却减小了，而劳动量也必然增大。按照在计算表 6.1 时所设定的比例。一个人当他按 5 塔勒的价格能够购买与 p' 相应的享受资料时，购买到他所需要的享受资料的 97.5%，为此支出 4.875 塔勒。此外，他用于购买其他享受资料的支出如下：

第一种享受资料	9.362 塔勒；
第三种享受资料	13.085 塔勒；
第四种享受资料	12.254 塔勒。

由此得到他所需要的其他享受资料的比例如下：

第一种享受资料	93.6%；
第三种享受资料	87.2%；
第四种享受资料	68.1%。

为了购买这些享受资料，必须挣到总共 39.576 塔勒或付出 1.319 个劳动量。假定价格从 5 塔勒提高到 10 塔勒，那么其结果是，人们从这一涨价了的享受资料中只够买到所需要的 93.8%，因而比以前少了 3.7%。但是，他必须为这个减少了的数量支付 9.376 塔勒，因而比以前多支付 4.501 塔勒。为了填补这笔增加的支出，就要在所有其他享受中节省，金额如下：

在第一种享受中	0.161 塔勒；

在第三种享受中　　0.482 塔勒；
在第四种享受中　　1.446 塔勒。

由此使其他享受比以前减少如下：

第一种享受　　1.71%；
第三种享受　　3.65%；
第四种享受　　11.83%。

此外，现在要挣的不是 39.576 塔勒，而必须是 41.988 塔勒，因而必须多挣 2.412 塔勒。由此，他的劳动量从 1.319 提高到 1.400，痛苦量也相应增大。所以，物价上涨的全部结果综合在一起，就会使人们感觉到他们的生活享受受到损害，并且还会感觉到：这样一种享受具有强制压缩所有其他享受的满足和增加劳动支出的力量。必然产生这样一种现象，即这些享受无条件地要求满足到一定点，以致由此使人们的自由意志受到束缚。

在所说的第一种情况下则完全不同，在这种情况下，涨价虽然使对变贵的享受的满足受到压缩，但是同时也使货币节约，而这又有可能在劳动量减少的条件下更多地满足所有其他享受。假定在相关的表中与 p' 相应的享受资料的价格在提高之前已是 140 塔勒，那么以这个价格人们只会买到他所需要的整个享受资料的 7.6%，并且为此支付 10.652 塔勒。假定价格提高到 180 塔勒，他只会购买到所需要的整个享受资料的 3.5%，因此比以前少了 4.1%，所以他的享受也比以前少得多。但是，为这个 3.5%，他也只支付 6.223 塔勒。因此，他比以前节省了 4.429 塔勒。这可以使他购买所有其他享受资料比以前多：

第一种享受资料增加　　1.73%；

第三种享受资料增加　　3.80%；

第四种享受资料增加　　11.37%；

从而增加了更多的享受。此外，劳动挣得的货币量也从 42.669 塔勒减少到 40.297 塔勒，因而减少了 2.372 塔勒。这时劳动量，从而痛苦量也按比例减少了。所以在完全缺少对享受测量的情况下，容易获得这样的印象，似乎所说的后一种结果补偿了由所说的前一种结果所减少的享受。无论如何，由此可以明显看出，人们在多大程度上满足这类享受，完全取决于他们的意愿。

一个偶然的因素还扩大了在这两种情况下由于价格提高而产生的感觉上的差别。每个人都习惯于至少是部分地提前一段时间支配他的收入，甚至通过合同确定下来。因此，谁由于价格提高而以较大的开支用于变贵的享受并因此而节制所有其他的享受，谁就感觉到这种束缚不舒服；与此相反，在另外一种情况下，则为所节省的资金保留了更大的活动余地。

事实上，这种根据条件不同而在享受资料价格提高时所产生的结果的差别，不可能长期不被察觉。它促使人们把享受划分为需要享受和严格意义上的享受。我们把由于享受资料价格提高而对所有其他享受的满足被迫进行压缩的那些享受，称之为需要；而把由于价格提高而造成的相反结果的享受，称之为严格意义上的享受、奢侈物、消遣。

在需要和严格意义上的享受之间存在着中间状态的享受。价值或价格与收入的比例，促使人们在价格提高时逾越已知的界限去满足这种享受。对这种享受来说，即使在准确计算的条件下，从而在精确测量享受的前提条件下，价格提高前后从一定的收入中必须用于购买这种享受资料的金额，常常根本不变，间或发生一些变化也很小，以致在仅作粗略测量时，可以看做不变。在表 6.1 中，当价格从 40 塔勒提高到 60 塔勒时，用于满足这种享受的金额仅从 23.642 塔勒变为 23.419 塔勒，因而只差 0.233 塔勒，或者说差 0.94%。在所有这些情况下，价格提高对所有其他享受以及应付出的劳动量的影响很小，以致实际上察觉不出来。所以，涨价既不像在需要中那样，对所有其他享受的满足被迫进行压缩并使劳动量增大，也不像在严格意义上的享受中那样，可以更多地满足所有其他享受并使劳动量减少。在这些情况下，涨价的不利后果仅仅限于压缩变贵了的享受的满足。对于当事人来说，这样的一种享受既不表现为需要，也不表现为严格意义上的享受即享乐，而毋宁说保持在两者之间的中间状态。

尽管享受资料价格提高的结果按照所处情况的不同而不同，但是对于生活享受总量来说，这种结果总是一样的。在任何情况下，这个总量都会由于价格提高而减少。此外，价格提高的结果所以有差别，只是由于人们根据情况的不同，为了尽可能减少价格提高本身的不利结果而必须选择不同的途径。第 68 页上所阐述的定理说明了这一点，图 6.1 也表明了这一点。当价格由 5 提高到 10 时，生活享受总量从 193.754 下降到 190.310，因而比以前的享受量下降了 1.77%；当价格从 40 提高到 60 时，享受总量从 164.821 下降到 152.026，因而下降了 7.76%；最后当价格从 140 提高到 180 时，享受总量从 134.879 下降到 133.250，因而下降了 1.21%。

有了这种把享受划分为需要和严格意义上的享受的理由，也就不会对需要的范围随收入的提高而扩大的现象感到奇怪。因此，

在 $E=0$ 的条件下，即使 $\frac{g}{p}$ 处于最大值，即享受的绝对量与获得享受的难度的比例最为有利，因而享受才能得到满足 —— 的那种享受，也仅仅处在 E 的最微小的增加而开始得到满足的起点上。在图 6.1 中，在 $p'=275\frac{9}{13}$ 时，与 p' 相应的享受就处在这样一点上。因此，即使是这种享受也毫无疑问属于严格意义上的享受，更不用说所有其他享受了。但是，当 $E=p$ 时，所有享受都得到了充分满足，从而同样无一例外地都确定无疑地属于需要。所以，随着 E 从零开始逐渐增大到 p，越来越多的享受必然逐渐地变成为需要。

一种享受资料的价格是处于已知边际的这一边或是那一边，它是否会由于价格的波动而逾越这一边际，这种情况实际上被每个人视为一种享受。对他来说，一种享受应称作需要还是严格意义上的享受的既定的理由。在每一既定的条件下，证明这一点是不难做到的。只需列举几个事实，便可以说明这一点。

在目前的情况下，面包处于这样一种价格，即按财产等级来说，在比较富裕的市民阶层以上的阶层中，所有的人几乎都能购买这种享受资料到足以吃饱的程度。因此，我们看到，在所谓涨价时，所有这些人虽然对这种享受的满足有所节制，或者也只是对这种享受资料节省一点，但是由此产生的节制却不是很大，不至于使他们用于购买面包的整个金额明显增加。因此，所有这些人都把面包这种享受算作他们的需要。

但是，另一方面，在目前情况下，面包的价格却使农村雇工及其同类人只有在特殊节日的场合才获得这种享受。在涨价时，这些人便对这种享受的满足大加节制，以至于他们用于这种享受的整个金额明显减少，甚至由于完全放弃对这种享受的满足而常常降至为零。因此，对雇工而言，面包的享受表现为一种严格意义上的享受。

然而，需要与严格意义上的享受之间悬而不定的中间状态，在面包上表现得也极为明显。小手工业者按既定价格购买一定数量的面包。因为面包保持既定价格不变，所以他在涨价时也不增加支出，尽管这时面包数量自然会按照价格提高的比例而变小。因此，他在涨价时为购买面包而支出的金额也与以前是一样的，涨价完全通过节制享受所抵消。对他来说，面包的价格比例超越了上面所说的边际。因此，小手工业者把面包的享受既不是算作他的需要，也不视为那种他也许倾向于算作消遣的享受。

这个例子同时也说明，在收入提高时，面包的享受是怎样逐级地通过所有不同阶段的。

上面所描述的享受资料价格提高的结果，不仅能在个人那里看到，而且这个结果也同样清楚地在一般交换中表现出来。由于所谓涨价，即由于被大多数人作为需要来考虑的享受资料的价格显著地提高到平均价格以上，所以把这种经常为他们购买的物品视为奢侈品的人数越多，相关享受在奢侈的等级中提得越高，奢侈品的消费也就越减少。一个新的享受产生的效果与之相类似。例如，在一个小城镇内，一个剧团的出现会夺走许多其他原有的娱乐场所的很大一部分收入。因此，这地方应被看做娱乐活动而存在的场所越多，被夺走的收入部分也就越大。很明显，这种新的娱乐活动的出现应被视为同价格降低一样。这种娱乐以前用任何价格也买不到，现在却能用很便宜的价格买到了。因此，它必然产生与价格提高相反的作用。然而，我们在先前已看到，$\frac{g}{p}$ 越小，即享受在享乐等级中提得越高，由于价格波动而减少的享受及其量就越大。

我们发现，价格波动对劳动量的影响也为事实所证明。在涨价时以及在一个特殊的节日之前，每个人都试图——在他的生产部门所允许的情况下——通过更大的努力获得更多的收入，在第一种情况下是弥补为某种需要被迫增加的支出，在第二种情况下是弥补过节的花费。这里，节日的出现也应被视为同价格降低一样，其理由在前面谈到剧团时已阐述过了。

最后，价格提高对生活享受质量的影响，只是对严格意义上的享受来说，才是可疑的。当立法者们愚蠢地冒险颁布反对不可避免的过分奢侈的立法时，他们遇到了不可制服的反抗。这表明，由于涨价使生活享受总量减少了。因为这种反抗的原因只能是，一定居民阶层难以获得对他们来说属于严格意义上的享受的那些享受。当他们感到生活享受总量减少时，这种情况就应被看做与涨价相同。

交换的另一个现象这里根本无需进一步说明。这一现象是作为上面所发现的所有定理中最重要的一个定理的详尽阐述的直接结果而产生的。这种现象是：对于收入相等的所有人来说，在其他外部条件相似的情况下，用于满足同样享受的金额在绝大多数场合只显示出很小的差别，几乎不值得一顾。享受越是接近于所涉及的人的需要，享受在需要等级中提得越高，这种差别也就越小。与此相反，不同收入的人用于满足同一种享受的金额，由于与其他人攀比而常常成倍地增加。同一个城市里的短工用于他们吃、穿、住、行等每一个方面的金额是相当一致的。在收入基本相同的手工业者那里，也出现同样的情形。再往上数，富裕的市民、商人等等也是如此。例如，科隆的短工每年用于住的支出为 30 至 40 塔勒；而手工业者提到 100 到 150 塔勒；比较富裕的市民、商人等则提到 200、300 塔勒，甚至更多。在所有其他享受方面，也相类似。这被看做一个如此确定而又反复出现的事实，以致人们一直在不断地试图以此作为标准用以评估税收。过去人们对这一事实的解释 —— 如果说还有某种解释的话 —— 只限于指出，这些支出是为满足需要服务，因而对需要的确定个人没有选择的自由。

显然，这种为对上述事实进行解释而作出的论断与现实是大相径庭的。假如这种解释是正确的，那么短工、手工业者、市民和商人们为了满足这些需要而支出的金额，就必然是绝对相等的。而实际上这里出现很大差距，商人支出的金额是短工的 10 倍，甚至是 20 倍、30 倍或更多倍。这相反地证明了这一确定无疑的结论：确定这一金额量，完全取决于人们的意愿。假如对此还能有什么疑问的话，那么这种疑问必然由于公认下述事实而消失：尽管一般说来，处境相同的人对他们收入的使用在很大程度上是一致的，然而这种一致绝不是没有明显的例外。假定人们在确定用于那些享受的支出水平上没有选择的自由，那么就绝对不可能出现这种例外。最后，假如这种观点是正确的，那么不同阶层所满足的享受必然具有绝对相等的量。但是我们看到，除了在同一个城市里这些享受量有巨大的等级差别之外，若把我们城市短工的生活享受和其他居民阶层以及其他民族的部落相比较，那么他们已经处在一个相当高的享受阶段上了。我们只要把他们同农村短工在吃、穿、住、行等方

面加以比较，我们就会发现，他们的境况已经明显好转。如果我们把他们的境况同格陵兰人、火地岛人，甚至同北美西部崇山峻岭中穴居的赤身裸体的印第安人的境况比较一下，那么差别还更大。印第安人根本就没有任何舒适的生活，而是常常饥饿致死。即使他们还没有踏上生活享受阶梯的最低一级，但他们获得的生活享受量有时也比人们绝对必要的生活享受量大得多。只有人的残暴才使我们学会认识并经过长年不断的试验明白无误地确定这种界限，在这种界限内人在满足享受方面没有选择的自由，贫穷可悲的囚犯们毋庸置疑地用他们的方式向人们表明，地上一间黑暗的牢房，每天使人勉强过活的一点点食物和水，便是唯一的享受。上述情况都是受收入分配规律和人的最完全的自由意志制约的。

如果说通过把相关的享受划分为需要不可能解释这种事实，国民经济学的其他定理也不能提供对这种事实进行解释的手段，那么这里对此所作的解释却是显而易见的。从前面的分析中我们得知，一旦可以成功地测量享受量，由于上述事实而变得突出的那些现象，必然会在收入分配方面准确地表现出来。如果我们进行更全面的考察，就会发现同理论上所获得的结果更为完全的一致。

如果我们考察用于每种享受的收入量同全部收入的比例，即分数$\frac{e}{E}$的值，那么我们就会发现，对任何一种享受来说，由于收入的提高，当最初较小的享受正好处在应开始满足的界限时，这个分数便达到最大值。从这里开始，随着收入进一步提高，这个分数不断变小，一直到所有享受获得充分满足时，变为最小。在表 6.4 中，到 $E=2$ 时，$\frac{e}{E}=1$；从这时起，它开始变小，一直到 $E=59$ 时，变为$\frac{e}{E}=\frac{10}{59}=0.170$。从$E=2$到$E=11$，$\frac{e'}{E}$从0增大到$\frac{6}{11}=0.545$；从这时起，它开始变小，一直到$E=59$时，变为$\frac{e'}{E}=\frac{16}{59}=0.271$。最后，从$E=11$到$E=29$，$\frac{e''}{E}$从0增大到$\frac{9}{29}=0.310$；然后，开始变小，直到$E=59$时，变为$\frac{15}{59}=0.254$。在现实当中，我们又会发现完全相同的现象。我们以住房的例子为证。像前面已经说明的那样，短工用于住房的支出大约是他的收入的$\frac{1}{4}$，手工业者大约是$\frac{1}{5}$，市民是$\frac{1}{6}$等等，越富有的人用于这方面支出的比例就越小。这同$\frac{e}{E}$随E的增大而变小是完全一致的。因此，当我们发现在目前状况下存在着这种收入使用方面的比例性时，这并不会使我们感到奇怪，而只会使我们得出确信无疑的结论：人类相信在享受测量方面获得了如此正确的结果，因为观察到的收入分配方面的同一性是以这些确定的结果为前提条件的。

人类不仅相信在享受测量方面获得了如此正确的结果，而且在许多情况下也意识到，在多大界限内可以相信这个结果。这一点肯定无疑是由下述情况得出的：人类早就把遵循被视为正确的结果宣布为道德规范。因此，现在谁还胆敢违反这些收入分配方面被视为正确的结果，即使不被他同阶层的人完全革出教门，他的品行也要受到非难。在异常节俭和异常奢华时，都会出现这种结果。这里，享受的绝对量对这种结果的出现完全没有直接的影响，而唯一的影响因素是收入的不合比例的分配。举例来说，一个人根据他的境况应把 200 塔勒用于住房，并把它的其他收入按比例地用于其他享受。如果他在住房支出上很节俭，即使是用了一个短工的住房开支的一倍 —— 在科隆大约是 70 塔勒 ——，并且在其他享受上也相应地节俭，甚至把节俭下来的资金用于生息，那么他就会被他同阶层的人视为守财奴，或者至少被视为不正当的吝啬鬼。另一方面，如果他把这些节俭下来的资金用于满足那些被公认为很少有价值的享受或娱乐，那么他就会被视作浪荡公子，尽管这个人获得的享受比短工高得多。反之亦然。如果一个短工哪怕只用 70 塔勒租一间房子，尽管他还远远没有得到也只有手工业者才有的住房享受，那他也会被他同阶层人视为侈靡者。**这证明，由享受的测量所获得的结果在这些界限内已经被视为如此的确定，以致可以要求每个人都遵循它们，它们为建立一种道德规范提供了充分的根据。**

我们在第 93 页已经发现，作为一种享受绝对量提高的结果，与增大的享受相应的 e 以及 E、M、A 和 W 持续增大，而其他保持不变的享受的 e 却相反地不断减小。现实也证实了这一点。在一开始和稍后的一些地方，我们已经反复指出，通过训练可以使享受能力加强；如果只是单方面地朝一个方向进行这种训练，享受能力的加强也自然会完全在这个特定的方向上表现出来。我们也看到了这种情况。一个人长期以来在很大的程度上满足同一种享受，这种享受就像我们所说的那样，变成了习惯；在一个更高的阶段上，则变成了一种癖好。在这样一个人的身上，我们清楚地看到了和一定的 g 的增大相连的现象。用于满足变成了癖好的享受的金额和为了获取用于这种支出的手段所付出的努力越来越大；从而在其他情况保持不变条件下的收入，生产量和生活享受总量也越来越大，而这个人用于所有其他享受的支出则越来越受到限制。甚至当癖好的满足对他的体力智力产生不利的反作用，从而使他的 π 和 γ 减小，增加享受的结果仍清晰可见。收入在各种不同享受上的不合比例地分配和付出的努力的增大——尽管这种努力很少有结果——依然同这些结果完全一样，也可以借助于前面的公式加以确定，只要在这些公式中使一个 g 增大而同时使 π 和 γ 减小。

π 的变化所引起的结果之一便是，随着劳动力使用技能 M 的增大，W、E 以及随着后者所有用于满足各个享受的总量 e 都增大了。这是众所周知的事实，几乎无需提及。我们也发现，前面提到的 π 的变化对于 A 即劳动量的影响，与现实完全一致。我们看到，当 $\pi = 0$ 时，$A = 1$；从这里开始增大，直到 π 为一定值时，A 达到最大值；然后它又减小，直到 $\pi = p$ 时，A 的值又达到等于 1。我们发现，现实中也完全如此。对一个奴隶来说，因为他劳动所生产出的一切都属于奴隶主，所以 π 被视为等于零；对于一个孩子来说，因为缺少真正的技能，也是如此。因此，要使劳动超过它所提供的享受哪怕只有一个时间原子而继续进行下去，对于奴隶来说，只能靠监工的鞭子，对于孩子来说，只能靠教育者的权威。因此，除非外部强制加以阻止，对他们来说，A 将保持等于 1。如果我们把视野从奴隶转向自由劳动者，我们看到，出于显而易见的原因，在目前情况下通过自己的劳动获得最小收入的阶层中，π 的值最小。从这个阶层往上，各阶层的人平均收入越高，π 的值就越大。因而，对短工来说，π 的值最小；由此往上在手工业帮工、师傅以及商人那里，π 的值越

来越大，如此等等。如果我们按照这个系列往上推移，我们必然会再次发现：就像上面刚刚说明过的，首先是各个阶层所提供的劳动量的增加，其后是减少。这也是被证实了的。众所周知，所有的雇主都在不断地抱怨短工的懒惰。他们规定一定的必须付出劳动的钟点，试图以此保护自己避免短工的懒惰所产生的不利后果，然而这种做法也未能使短工在这些钟点内付出他们所期望的努力。相反，短工衡量自己努力的唯一根据是，不引起雇主的不满，以免雇主解雇他。因此，我们看到，一方面，短工出于自己的动机，使 A 增大到超出奴隶和儿童那里的程度；而另一方面，这种增大仍然停留在相当狭小的界限内。我们发现，帮工已经比短工更为努力，特别是向他们提供计件工资时，他们勤奋的程度是以工资准确衡量的。但是，在那些成功地通过自己的努力挣得本阶层的人的平均收入的手工业师傅、商人等的劳动中，这种努力达到最高水平。因此，在他们那里，π 达到使 A 变为最大值的值。假定他们的收入超过了这个程度，那么我们就会看到，这些人又越来越放松个人的努力，直到最终达到这样一种富裕程度，使它们的劳动仅仅比提供他们享受所需的劳动多一点，也就说又变成了 $A = 1$。

根据所有上述的说明，由于与 γ 的变化相关联而产生的结果同现实的一致十分清楚，我们无需对这种一致再作特殊的论证。因此，让我们转到由于同租金的产生相关联而出现的现象上来。

我们看到，出租一块生产场所的租金量的确定与这块场地的开发成本和购买价格无关，我们在现实中，看到的也是这样。谁想租用一块用于生产的土地，也同承担任何其他租金时完全类似，并不问迄今为止的所有者自远古以来耕种了多少年和进行了多少土壤改良，也不问现在的所有者提供了多高的购买价格；而是考虑把劳动力最合理地使用于这块土地时能获得多少产品，这些产品大概能以什么样的价格卖出；然后，决定以这块租地在扣除成本之后还剩下的收入量，能否使他在考虑到这块土地无偿提供的享受的情况下，获得与他所处的阶层相应的生活享受。当土地的租赁价格以这种方式确定下来后，再考虑到以后可能发生的变化和现行的利率，这样就确定了土地购买价格的标准。从这种购买价格的计算方法 —— 尽管它只是从理论上发现的 —— 中可以得出结论，应取得的租金的高度与所有者的行为方式无关，它仅仅由交换关系确定；一定生产场地的开发成本对这一场地购买价格的反作用仅仅限于这种程度，即如果购买价格不能至少补偿开发成本，新的场地将不会得到开发；最后，交换关系的任何变化必然会对这块场地的购买价格产生反作用，而所有者对此无法施加直接的影响。所有者对地产价格的变动无能为力是尽人皆知的，因此无需证明所发现的定理同现实的一致性。一台新机器 —— 它的功率比迄今使用的旧机器高得多 —— 的发明，使旧机器的购买价格降低至对原材料等等的估价的水平。

最后我们还看到，利率是通过下述方式自行调节的，即用于生产租金的资金涌入租金的比例最为有利的生产部门。但是，一个众所周知的事实是，一旦一个行业产生很高的利润，在这个行业中的生产就会通过建立新的企业而迅速扩大，一直到由于产量增加使产品价格下降到恢复收入的比例性为止。这正是人们反复不断地抱怨竞争太激烈的原因所在！

所获得的定理和规则一方面使我们容易阐明人类交换中发生

的所有现象，另一方面又不断地给我们机会对世界构造的美妙绝伦表示赞叹。

实行分工之后，一个人只能以下列方式通过自己的力量改善他的状况：在不增大劳动痛苦的条件下，学会改善产品质量或增加产量。他的状况之所以得到改善，在前一种情况下，是由于他可以以更高的价格出卖他的产品，这种价格的提高使他获益；在后一种情况下，是由于他能够用同样多的劳动出卖更多的产品。产品质量的提高对消费者也起到同增大享受即增大相关 g 的量一样的作用，因为 g 的值恰恰是衡量产品质量是否已经改善的尺度。我们在 93 页上曾看到，g 的增大使相关的 e 增大，因而使 m 也增大；这就是说，通过改善产品质量扩大了需求，从而提高了价格。

当生产者的状况由于他的生产组织的改善而得以改善时，这种改善对消费者也有积极的反作用。因为 g 的提高导致 W 增大，并且像我们看到的那样，它同时引起价格的提高。g 的提高是价格提高的条件，正因为如此，价格提高从来不会达到这样一个水平，以至于 g 的提高为消费者带来的益处被完全抵消。相反，等量劳动的产品量的增加引起价格降低；这同样使消费者的 W 增大；但是，由于完全相似的原因，价格降低不能变得如此剧烈，以致使生产者将生产改善带来的全部益处丧失殆尽。不仅如此，生产组织的改善为所有生产者必然带来的痛苦越小，就越能使他们更普遍、更迅速地受益。这在与痛苦减小的同样程度上，引起有关产品量的增加并造成产品价格降低的结果。于是，人们看到，上帝通过他所创造的世界，强迫每一个人，在任何情况下，都要把他的生产部门的组织的改善所获得的一部分益处交付他人；以改善了的方式和方法开发生产部门所付出的努力越小，这一部分就越大。

我们看到，共产主义者和社会主义者在错误的道路上所追求的公平原则，通过交换规律以这样完美无缺的方式实现了，根本不允许作任何修正，因而在第 7 页上所作的关于利己主义的阐述在最广的范围内得到证实。

不仅如此，世界的构造还带来这样的结果：各种不同的中介享受的自然力量按极其不同的程度分配于地球表面。其结果是，自然力在满足享受过程中所提供的帮助，因地区而极不相同。由此看来存在一个危险，即生活在特别有利的地区的人们将会满足于自然给他们无偿提供的享受。这从两方面来看都是可悲的结果。一方面，涉及那些人本身，因为像我们已经看到的那样，人们只有在下述条件下才会在提高了的程度上达到他的生活目的，即他们从年轻时起就要不断地接受一定程度的教育，通过与痛苦相联的劳动获得收入。另一方面，也涉及社会，因为社会将失去价值剩余，像我们刚刚看到的那样，价值剩余在任何情况下都必须由每个生产者为社会生产出来。然而，上帝善于以无比美妙的方式通过它构造的世界避免这个危险。我们在上面已看到，人们无需努力便得到的享受，对应该付出的劳动量没有任何影响。我们在第 74 页上还看到，如果一个新的一直还没有满足的享受获得了部分的满足，应付出的劳动量每一次都有新的增加。最后我们在第 183 页上看到，劳动数量在这样一种人身上达到最大，这种人能够以他的技能获得他那个阶层的平均收入。一个众所周知的事实是，在地球上根本不存在这样一个地区，在这个地区内不借助劳动就能获得绝大多数享受资料，即人类才能生产的享受资料。为了消除上述危险，只需做

到下面这些也就够了：通过世界的构造，使那些人尽可能地熟悉所有享受，把有关的享受资料通过交换提供给他们。这时，他们就会看到，在他们的那个地区为人类生产的享受资料，必须用最小的劳动生产出来。此外，一旦成功地使每一个人获得这样一个位置，在这个位置上他通过自己的劳动得到他那个阶层的平均收入；一旦每一个人按照他参与由劳动创造的享受资料的消费的程度，占有自己在整个人类劳动中的份额；那么整个人类便提供了最大的劳动。这一结果当然是最理想不过了。

第十八章　现行市场、币制和财政实践批判

这里看来给了我一个适当的场合，略提一下那些政治家、经济学家、伦理学家和教育家们所陷入的一系列谬误，尽管详尽地评价这些谬误只有在下述条件下才是可能的，即首先要找到消除那些妨碍个人在上帝创造的世界中以最适当的方式行事的障碍。这些谬误已经如此广泛传播，以致当代人已经十分习惯把它们无条件地设想为真实的。除非把它们明确无误地作为谬误揭示出来，否则我不得不担心在批判这些为消除多次提到的那些障碍而被建议采用的手段的合理性时，人们将会不自觉地受到这些谬误的影响。

我列举的第一个谬误是，人们相信货币是价值的尺度。因此，人们相信，只要把每一种可购买的产品的现有量乘上它的价格并把它们相加，就可以计算出一个民族的财产状况。人们之所以犯这样的错误，是因为在目前状况下，个人的生活享受总量是随着作为收入归他所有的货币量的增加而增加。这种货币观点所包含的谬误，这里几乎无需加以证明。

如果我们回忆一下确定价格的方式和方法，那么立即就会明白：**货币不是价值的尺度，而是生产物品所需要的劳动的尺度**。假

定我在一个地方能够用1塔勒买到3磅咖啡、8磅肉或者40磅黑麦面包，而无偿地得到所企望的饮用水，那么并不能由此得出结论说，3磅咖啡的价值等于8磅肉或者40磅黑麦面包的价值，而饮用水是没有价值的；只能得出这样的结论：人类在那个地方为了消费而生产出3磅咖啡、8磅肉或40磅黑麦面包需要花费同样多的劳动，而在那个地方为获得饮用水所需的劳动等于零。价格同价值的联系仅仅表现为，价值与价格之间不合比例会引起需求与供给之间的比例失调，由此又会造成供求量和价格的波动，直至最后生产出的产品的价值与生产它们所耗费的劳动形成适当的比例。

从价格与价值的这种关系可以看出，从那些有关的产品量的价格中，根本不可能直接得出关于价值量的结论，这些价值量是用同量的货币量来表示的。而另一方面，尽管如此，相关人的生活享受总量在目前状况下随着收入的提高而提高这一事实，却得到自己的充分说明。因为个人收入与所有人为满足享受而共同获得的收入总量的比例，非常精确地反映了个人从整个人类提供的劳动中能够加以利用的份额。此外，如果个人有可能根据自己的状况最恰当地支配这部分劳动——这在目前状况下一般是能够做到的，因为每个人对他想用自己的货币满足哪些享受有相当自由的选择权利——，那么显而易见，他的生活享受总量必然随着劳动量本身的提高而提高，尽管是以比后者较小的比例提高。

把货币看做价值尺度的谬误的后果是多方面的，我这里必须把注意力仅仅集中在这个谬误的一个后果上，因为少数交换规则的发现很大程度上归功于这个谬误的存在。我这里想论及的后果是，人们从这个谬误中得出了一个正确的结论：在交换中只有这种活动被视为对人类社会有益的活动，在这种活动中应加以考虑的是，一个人或另一个人的货币量在这一活动之后是否比以前增加了，而不关心通过这种活动是否使他人生活享受的减小甚于受益者生活享受的增加。进而合乎逻辑地得出这样错误的结论：人们只应造成和促进这种活动的产生。由于这一结论，便从上述谬误中首先产生出所有限制自由交换的规则，它们在重商主义者那里表现得最突出，并且现在还存在着应该加以谴责的重商主义制度的残余，诸如保护关税、行令制度、垄断、特许权、特惠制、审查制度，等等。

第二个谬误也同样促进了这些限制措施的形成。除了少数例外，整个当代人共有的幻觉是，整个人类或人类的一部分，一定的氏族或者甚至一个个人，有时可能找不到工作；因此，创造就业岗位就成为政府的职责。这种幻觉的产生归因于对下述事实的察觉，即人们时常看到，工人在一些生产部门中失业以后，很难为他们立即找到其他就业岗位。借助于前面的定理，即使对交往关系做一个表面的观察，也可以很容易地揭示出上述事实的真正原因。暂时失业的真正原因是，所有在市场上被估价的物品，只有一定的根据交换比例的波动而各不相同的量必须被生产出来。因此经常发生这种情况，即迄今为止在某一生产部门中就业的工人的数量不得不减少。而当工人减少的必要性出现时，这些工人并不能立即成功地消除所有阻止他们在变化了的情况下从一个变得不利的生产部门转换到一个较为有利的生产部门的障碍。

在某一生产部门中减少工人数量的必要性，可能有各种各样的原因。交换解决自己的任务 —— 使每种被估价的物品按比例确

定的量不断生产出来 —— 的方式，已经是以经常减少工人数量为条件的。交换在解决这一任务时所运用的方法，类似于数学家们不打算成功地直接解决自己的任务时求近似值的方法。某种物品的一定量提交给社会，让社会确定这些量的物品的出卖价格；假定其结果不令人满意，那么在价格降得过低时，就要求减少生产量并按比例地减少工人数量。这与数学家求近似值的方法十分相似，他们在特定的公式中以一个通过估计发现的值代替未知数 —— 在这里是数量 ——，然后由借助这个值获得的结果反过来推论出，他们所取的替代值是过大或是过小。生产者已经获得的经验越少，在采用这种方法 —— 交换唯一能够成功地解决这一任务的方法 —— 时，一开始几乎不可避免的错误一般说来必然越大。因此，我们看到，在最初为生产者产生较大利润的新兴工业部门中，最初的利润越大，市场饱和得越快、越厉害，以至于最初的盈利转变成的亏损就越大，其结果陷入困境的工人数量也就越多。

决定一定购买量的条件的变化，也同样经常地产生减少产品量、从而合乎逻辑地减少工人数量的必要性。这一点可以用前面由公式

$$m = 1 - \frac{p(P \pm R + c - \pi)}{g(\alpha + \beta)}$$

所阐述的定理予以详细的说明。

必然造成生产量从而工人数量经常变化的第三个原因是，参与交换的人数的变化。

最后在目前情况下，一个生产部门中工人数量减少的最为常见的原因，是每一种使为生产一定数量的有价值的物品所需要的

劳动量减少的新的发现或发明。这种发现或发明所显示的影响越大，工人数量的减少就必然在更大的规模上发生。由于这种发现或发明，一个生产部门经常发生这样的变化：所有的工人都必须转而运用新的方法，等于是建立一个新的生产部门，因此所有工人都遇到常常与此相联的困难。

有两个例子可以更确切地说明这个问题。当 1789 年法国大革命把擦香粉和戴假发的习俗革除以后，相关的 m 急剧减小，香粉生产商逐渐地、差不多完全地停止了他们的生产，假发制造商很大一部分也停止了生产。当纺纱机的发明和完善使纺织工人的 π 比使用手工纺纱机提高了百余倍时，也出现了类似的情况。手工纺纱工不得不停止他们的生产，而转向机器纺纱时便产生了与转向一个新的生产部门完全类似的困难。

由上所述得出结论：某一生产部门工人数量的周期性变化从来不可能停止，只有人类使自己的训练达到自然力所能允许的最高阶段时，才能使这种变化达到最小程度。由此还可以得出同样明显的结论：减轻过剩工人的暂时困境的唯一手段是，**一旦他们有可能转入另一个生产部门，就给他们提供足够的帮助**。

有人对这种手段的可行性产生一些怀疑，说什么现在所有的生产部门都已人满为患了。他们认为，这个观点是有根据的，因为在自由立法至少部分地消除了前一个世纪对建立一个生产部门人为地设置的障碍以后，现在在所有被波及的生产部门里，自由竞争已使生产者以前的垄断利润下降到一个相对较小的水平。那些垄断者也沦落为一般市民，而在以前垄断者曾有可能以他人的不幸为代价不付任何努力就获得了用于奢侈生活的财源，一般市民则只有通过自身的努力才能获得相应的生活享受。垄断者十分正确地把这种情况归结为自由竞争，生产者也十分自然地把它看做是一种祸患、看做是他们生产部门的衰落以及人满为患的结果。然后他们这里忘记了，绝大多数人获得了现在属于他们的只要付出努力就能达到的生活享受，日益增多的人的享受的增加远远抵偿了垄断者受到的损失，此外生产出的贵重物品的总量也由于增大的努力而增加了。因此，全人类获得的用于消费的享受资料也以同样的程度增加了。从而他们的生活享受提高了。下面的分析将使这个问题变得更为清楚。

我们看到，当产品价格定得使其报酬相对其他生产部门过低时，减少该生产部门工人数量的必要性就出现了。由此可以得出结论，这种减少工人数量的必要性只能在少数生产部门中同时出现。因为通常数量的享受资料的生产总的来说是连续不断地进行的，所以这些享受资料也同样要连续不断地在所有活着的人中间进行分配。但是，绝大多数人必须通过出卖他们的产品来获得用于购买自己的全部或绝大部分享受资料份额的货币。个人份额可能出现的损失有什么不同，从反复说明过的原因中便可以得到解释。一般来说，对于所有这些人而言，生活享受量必须按照劳动的痛苦、劳动的技巧和劳动的力量划分等级。也就是说，对大多数人而言，必须有一个现成的报酬比例，正是通过这个比例，才找到了衡量某一生产部门的报酬是否太低的标准，从而应通过减少工人数量来改善该生产部门相对于其他生产部门报酬过低的状况。但是，如果是这样，并且把个别生产部门中过剩的工人以下述方式分配到所有其余的部门——在这些部门中报酬的比例是通过迄今为止的价格比例存在的——，即根据由于量的增加引起的价格变化保持报酬的比例性，这是完全有可能的，那么这种做法的最终结果是：在被压缩的生产部门中，由于量的减少，价格一直提高到合乎比例的水平；在所有其他部门中，生产量随工人就业的增加而增加，而消费者的人数以及他们所占份额的比例同前，保持不变。所以分摊到每个人身上的数量相应地增大了，因而每一个人的生活享受总量也相应地增大了，不论价格本身怎样形成。

经验以最完美无缺的方式证实了这里获得的结果。统计表明，一方面，极大规模的新发明所引起的干扰，在很短时间内便自行消失了；另一方面，自从自由立法以来，按居民人口计算的享受资料的消费不断地增长。

看来，运用上述手段还存在另一个障碍，即消除由于向其他生产部门的转移而造成的个别工人的暂时失业。这种情况也就意味着，每一种生产都要求一定程度的某种自然力，但是在目前情况下，所有看来适合于生产的自然力都已被占用了，以致对于一个新增加的工人来说，似乎再没有剩余的自然力了。这使人们陷入另一个谬误，由此形成了这样一种观点：国土的每一部分都有确定的占有者，特别是在我们的祖国，土地的自然性质只允许生产出这么多产品。在这种情况下，两个总是不断被发现的事实把人们引向这种歧途。这就是，在上述前提下，每一小块土地都会被用于根据实际状况最适合于它的生产部门；此外，生产者本身也努力以最合理的方式把它用于这种生产部门。因此，人们就会相信这一结论是有依据的，即生产绝对可以达到最高水平。这一结论的错误是显而易见的。把每一块土地用于生产，只有在实际情况保持不变时，才是相对说来最好的。然而它并不妨碍把一种生产转换成另一种生产，如果从实际情况看这种变化是合乎理想的话。实际上，并不是所有现存的对生产有益的自然力都被用于生产；而是在每一个生产部门中，只是所有现存自然力中这样一部分被用于生产，即在对生产的适用性最差的地方所付出的劳动痛苦与确定价格的最后原子的价值的比例为正值。为了证明这个立论的正确性，只要证实农业生产部门产出量的增加就足够了。在农业生产部门中需要的自然力的量最大，从而产出量的增加所遇到的障碍也最大，因为在我们这个地区所需要的自然力的量几乎要求全部耕地面积。

例如，要问普鲁士的每一个农民，他是否从其耕地上获得了最大可能的产量。那么人们将得到的回答是，他已经在自己的耕地上运用了全部的勤劳和力量，尽可能提高这种可能性。显而易见的结论是，普鲁士农民只是尽可能多地生产农产品，因而根本不能也不需要问他所期望的产量是多少，而只能问，可能的产量是多少。假定在30年前向普鲁士农民提出同一个问题，那么将会得到完全相同的回答。同时，提供给普鲁士居民的农产品量，30年来没有显著变化，以致这里无需加以计算。普鲁士对他的臣民的供应也大体相似，至少粮食同30年前一样多。但是，普鲁士在1822年，用同样多的粮食供给不到1200万居民，现在则必须用它供给1600多万居民。因此，生产在30年中必须以较大的比例即12∶16＝3∶4增长，因而比1822年要增长三分之一多。这意味着，仅仅是谷物每年就要增长2000万舍非尔，所以农民在30年间不得不违背自己的保证，尽可能用同样的自然力生产出上述那么多数量的农产品。

这看来同农民的保证是相矛盾的，它只能做如下解释，即农民的表态并不包含绝对的真理，而只是包含相对有效的真理。农民努力从他的耕地上获取更多的产品，以使最后用于耕地上的劳动还可得到自己相应的报酬。没有一个农民会想起要用这种解释提出下面的主张来，即不能从耕地中获取更多的产品了。相反，每一个农民都知道，如果他愿意按照修整花园的方式来耕种所有的耕地，那么他常常会获得比现在多好多倍的产量，更何况我们的花园耕作自然还远远没有达到可能的界限。但是，当农民这样耕作时，他的劳动不会得到相应的报酬，因此便会停止劳动，一直到价格比例按不同的方式形成。

虽然一些物品，例如农产品，现在看来还很少能任意增加，但是由于人类现在的训练水平已经可以眺望到这种增加的前景；而所有其他物品我们通常称之为工业品，则可以成倍地甚至许多倍地增加。

只有很少一部分贵重物品形成例外情况，人们还不能成功地揭示那种影响自然力并促使这些贵重物品形成的因素。例如，宝石、贵金属和一些动植物产品就属于贵重物品。这种例外对于人类总体福利的影响是非常次要的，以至于可以视为完全不存在；相反地，从另外的角度看，贵金属的这种例外情况还给人类带来了远远超出这种小小不利的益处。关于这一点，我在分析货币时还要回过头来详加阐述。

此外还有一个更为一般的理由，表明下述观点是错误的：对一个人、一个民族或人类来说，随时可能出现这种情况，即缺少值得去做的工作。如果每个人都能用使自己获得的劳动量挣到能够充分满足他的全部享受的收入，如果每个人按其租金收支情况使

$\pi = P \pm R$，那么很明显，人类将会处于最大的福利状态。人类一旦达到这种状态，它本身便不能再加以完善了，因为它使个人本身根本无需更多劳动能获得充分享受，而个人这时还要付出为他提供享受的劳动量，本身就是为了获得这种劳动的享受。例如，法国的国王成了钳工，奥地利的皇帝当上了火漆匠，他们并没有通过这些劳动获得收入的意思。假定每一个生产者都以下述方式提高技能和劳动力，即生产每一种有价值的物品只用给他们提供享受的劳动量，也就是 $A = 1$，就能生产出足以充分满足整个人类有关享受的全部享受资料量，并且每个生产者都按照他的享受能力从生产出的享受资料量中占有自己的份额，那么就达到了这种状态。因为生产出的所有产品都必须出卖，所以所有产品的价格都必须这样确定：每个人都精确地分得作为报酬的金额，这个金额是他为了能够充足地买到所有享受资料所需要的。显然，在这样一种状态下，人类所支出的劳动与他的劳动力相比是最小的，因为我们从前面的定理得知，因为 π 值较小，所以 A 在所有情况下都大于 1。此外，我们还知道，在我们现在的情况下，为了能获得那些产量还可以付出比现在提供的劳动多好多倍的劳动。一方面，为了达到完全满足所有享受的合乎理想的状态，还应付出巨大的劳动量；另一方面，只有在下述条件下才能达到这种状态，即能成功地通过提高每一个人的技能和劳动力使应付出的劳动量达到最小程度，从而全力以赴地减少所需要的劳动量。在这种情况下，怎么能说缺少工作呢？

现在，人类正通过在自然科学方面迅速的、接连不断的发现和以令人惊叹的方式自觉运用现有自然力的发明，成功地进行这种努力。将现在的人均消费水平与过去相比较，也可以看出，人类通过上述努力所获得的生活享受有了极大的增长。

由此可以看出，个别生产部门中出现暂时失业的原因，根本不在于缺少工作，而仅仅在于特定生产部门中缺少值得去做的工作，这又是某种被估价的物品比所有其他物品生产过多造成的。一种普遍流行的观点认为，政府应该提供这些值得去做的工作。这种观点实际上是建立在一个谬误的基础上的，而为达到这种目的所建立起来的垄断，例如保护关税、行会制度、特许权、特惠制、审查制度等等，只能使这种祸患长久持续下去。毋宁说，政府活动的目的必然是建立正相反的法律。它唯一应该起到的作用是，尽可能地使一种生产向另一种生产的转换更加容易。为此，它不仅必须清除那些人为的，任意设置的限制，而且也必须致力于消除由于世界的构造所形成的障碍。

另外一个谬误上面已经简单提到过了，这就是，人们只把交换中的这样一些活动视为对社会有益的，在这些活动中应加以考虑的是，某一个人在这种活动之后是否由此取得货币增值。这一谬误产生的原因是，错误地理解了购买的真实本质和它给人类社会带来的真正益处。这种误解本身产生的根源是，为使交换容易进行所采取的措施越少，买卖即贸易就越能使一些个人更容易挣得财富。个人发财致富——他们在特别有利的条件下把经商作为职业——处处可见，以致人们与其说把它看做从事贸易的人的毋庸置疑的目的，不如说把它看做贸易的最终目的，从而贸易被看做是仅仅为了这一目的而存在的。

为了证明这种观点的荒谬，我们首先仔细观察一下货币作为交换手段使用的过程。我们发现，货币固有的作用是，使过去不可分开的交换变为可分开的交换。假定A和B之间应该进行交换,而没有货币作为媒介,那么A的产品对于B,B的产品对于A,就必须有实际的价值。进行交换之后,每一个人都把交换来的产品用于满足享受。这样,通过一次性的交换便完满地达到了交换的预期效果。但是,如果B用货币与A的产品相交换,那么在A这一方,预期的效果即满足享受只有在下述条件下才能达到,即他先用得到的货币从C那里交换到实际的价值(产品),然后他才能开始满足享受,因而对A来说才达到了交换的最初的预期效果。不仅仅是A处于这种状况,B和C也是如此。因为B只是由于以前的交换,才能握有货币(假定B以其他方式得到货币财产,那么这也并不构成例外,因为在这种场合他的货币财产并不应视为货币)。C在感受到交换的预期效果之前,必须首先再同货币进行交换。我们把货币充当交换手段一方进行的交换,称之为众所周知的购买,并以此同先前原来意义上的交换区别开来。因此,购买只是部分进行的交换,为了使一个人达到交换的预期效果,至少要有两次购买。我们看到,由于使用货币造成了交换的分离。由于分工的进一步发展——众所周知在分工条件下,劳动者生产每一种产品并不能都用于自己的最终目的,而是常常必须通过许多次的转手才行——并且由于在分工的进一步扩大的条件下实行贸易的必要性,这种交换的分离被无限制地增大了。在迄今为止观察到的购买的方式中,至少有一方,购买者一方,达到了交换的目的,即满足了享受。但是,凡是购买半成品用以制成成品出售,像分工进一步扩大情况下出现的那样,或为经商而购买,就必须首先把购买到的产品以更多的货币量再卖出去,然后通过第三次购买以增多的货币买回享受资料。在这里，假定在最初的生产者和消费者之间只有一个中间商进行活动，那么媒介交换至少要求三次购买。显而易见，由于这些中间商的增加，所达成的购买的次数也增加，而且每当增加一个中间商时，就会增加两次购买。

因此，购买对人类社会的真正益处是，在无以数计的情况下，通过购买都会使交换成为可能，而没有购买交换就必然会停止；并且在所有这些情况下，都会使价值极大地增加，就像价值的增加是与交换联系在一起的一样。

尽管这种益处很大，但也不是没有一个小小的缺陷。从前面的分析中可以明显看出，在最初的交换——在这种交换中，交换者双方的每一方都为自己取得了实际价值——条件下的价值增加达到自己的最大值，尽管在这种交换中根本没有货币出现，因而也根本谈不到在任何一个人手中货币量的增大。当有必要通过仅仅两次购买来媒介最初的交换时，价值的增加就会受到损害，尽管不那么显著。因为有必要进行两次让渡而不是一次让渡，为了按两次让渡的方式达到购买的目的，所付出的劳动的痛苦就增加了。价值增加损失的程度与劳动痛苦增加的程度是一样的。被让渡的商品和货币量由于这种让渡而恶化并减少了。当为了媒介交换而不得不增加购买次数时，这种损失就会大幅度提高，因为不仅让渡的次数增加了，而且必须把被交换的商品的价值的一部分付给中间商，以补偿他们付出的努力。所以，无论是由于让渡次数增加而损失了价值，还是归中间商所有的价值，都是为了消除环境的性质为交换所造成的障碍而必须付出的令人痛惜的代价。如果成功地减少了必要的让渡的次数和必须留归中间商的补偿价值，那么这总是应

被视为一种益处。由此可以看出，政府的努力恰恰应该遵循与那种谬误传授给它的完全相反的方向。政府应该关心的是，尽可能地减少留归中间商的货币量，使中间商的数量减少到在不减少交换的情况下所能达到的最低程度；政府必须完全让中间商自己去关心留归他们以补偿其努力的相应的生活享受，就像在所有其他生产部门中那样。

还有一个更为一般的考虑，也同样表明上面提到的那种观点的错误。假如这种观点是正确的，那么人类就不可能比他们在下述情况下，获得更大的财富。他们采取措施使每一种商品，在从生产者到达消费者之前，首先必须经过所有其他人的手进行买卖，并且其中的每一个人都获得商业利润。这种通过贸易所赢得的财富总量明显达到最大值的结论，尽管是完全建立在那种谬误的基础上的，但它的荒谬性太明显了，以致没什么必要再通过争论证明它的错误。

通过贸易获取财富，首先归因于交换所造成的价值的特殊的增加，这是通过商业活动挣取各种所得的基本条件。然而，超过了这一点，当个人认为商业活动可以创造价值，因而把经商作为职业时，商业利润显然归因于商业活动中面临的障碍。商业利润的这种真实性质——由此说来过高的商业利润只是以牺牲他人的代价获取的——也说明了，为什么通过商业活动获得的财富是暂时的。因此，这种财富只能保持到成功地消除生产部门转移所面临的障碍时为止。所以，生产者的报酬降低到了正常水平。历史以一种很了不起的方式验证了这些结论。这里可以举一个例子。

由地理位置所决定，首先是意大利北部沿海城市的居民，消除了亚欧之间贸易的障碍。他们主宰这种贸易，其作用几乎与建立垄断相同。特别是在十字军东征使亚洲和欧洲的居民相互之间更为切近地了解到对方的享受资料，并因此而开始使他们的交换变得更为普遍和扩大时，那些沿海城市的少数居民便成功地通过贸易获得了常常令人惊叹的财富；如果与整个世界的其他地区的情况相比较，这些财富的数量就会显得特别的大。意大利的城市一直处于这种有利地位而没有受到什么干扰，直到后来由于绕道非洲的航行，首先是葡萄牙人和西班牙人，然后是荷兰人和英国人，才构成与他们的竞争。在这种竞争出现之前，大概主要是出于对交换规律的无知，意大利居民陶醉于轻易获得财富之中，因而没有及时采取从贸易中获得长远利益的唯一适用的措施。这些措施是：消除本国内阻止个人建立对自己最为有利的生产部门的障碍，通过训练以最合理的方式熟练经营所选择的生产部门，最后是尽可能地加强法制。或者我们现在可以把这一切简要表述如下：**为了能够按照自然规律行事，消除个人所面临的障碍**。我们看到，竞争越是成功地使商人的收入下降到适当的水平，意大利居民从暂时获得的财富的高度上下降得就越厉害。完全相同的现象后来又在葡萄牙和西班牙重复出现。在英国则相反，那里较好地考虑到了交换规律。我们看到，尽管有一切竞争，但是凡是考虑到这一交换规律的地方，一种常常令人羡慕的富裕程度便会普及于整个民族。

通过贸易所获得的财富是多么的暂时，商人们不断增加的抱怨是最好的说明：现在经商已经没有多大赚头儿了。他们的理解是，现在赚钱比过去难多了，除了为保证与社会地位相称的生活所需要的收入外，还要挣到一份能使他们在晚年继续过那种本来就

超过适当水平的富裕生活的租金，而且还要留出作为遗产的租金。通过改善贸易的措施，必将消除所谓的发财致富现象。这些措施是，通过清除由于自然或人为产生的建立这样一种生产部门的障碍，这种生产部门越来越成功地使贸易的收益大幅度下降，达到正好足够使商人在付出相应努力后获得到老年为止的相应的生活享受和教育子女的水平。即使贸易的收益达到其他生产部门相应的水平。

还有另外一个谬误，用流行的说法来说就是：无产者逐年增多。这种说法的意思是指，在工人阶级中失业逐年增加。交换中的许多现象似乎证实了这个观点。

首先是当局和社会团体用于救济的费用不断提高，尽管这种提高还不是解救真正的贫困。其次是下述无法否定的事实，即绝大多数产业工人的处境年复一年地恶化。再次是大量向国外移居的现象，主要是小农和小手工业者。最后是，处境较好的手工业者和商人也很少能像以前那样挣得财富。这些事实似乎表明，从上至下的所有阶层生活越来越下降，直至最后全都达到需要救济的地步。

从这些事实得出的这种结论看来具有欺骗性，另外一些已列举的同样毋庸置疑的事实也断然反驳了这种结论。这些事实是，按人均计算的所有享受资料的消费（抛开时而出现的无关紧要的波动不谈）逐年不断提高。随着这种提高，每个人的平均生活享受量也必然不断增加。所以，人类社会中的绝大多数人必然会一年比一年更幸福。因此，上面提到的事实必然有与福利水平下降不同的原因。

通过回顾历史的发展，从享受规律以及每个人追求的生活目的来认识上述现象——除了必然发生的一般福利程度提高的现象以外——的必然性，是并不困难的。我从最后列举的事实，即富有阶层获取财富比以前更难，来开始我的这种解释。这为什么会发生在商人阶层，已经得到了说明。因此，剩下的问题仅仅涉及其他一些职业。

在中世纪，除了农业之外，还出现了其他生产部门，分工也因此而扩大了。这时，竞争使产品价格下降，其直接结果便是生产者报酬的减少。这个原理不可能长期不为人们所认识。在缺乏对整个人类的交换规律的认识的情况下，这个结果似乎造成了最严重的缺陷，因此所有生产者都不断致力于尽可能地阻止所有竞争。他们忽视了，在所有生产部门中有效地进行平等的竞争将会使他们更为节约，因而他们在自由竞争的条件下能够更便宜地购买到自己所有的享受资料，远比简单地补偿他们收入的损失要合算得多。作为这种努力的结果，采取了所有旨在尽可能使人们难以建立任何一个报酬较好的生产部门的措施。这样，便出现了在某种程度上严格封闭的手工业行会和同业公会、商会，禁止在城外从事某一生产部门的经营，在城市中设置升入市民阶层的障碍，排挤本地市场上的外来产品，等等。这些限制的结果是，在受到限制的生产部门中，生产量按其数值的比例来说很小，结果这些产品的价格与它们生产中的痛苦相比，长期保持在一个很高的水平上。所有这些幸运者的收入，使他们能够获得生产的特权地位，从而持续保持相当高的收入水平，靠牺牲人类社会大多数人的利益得到富足的享受并增大他们用于获取租金的金额。这后一种情况又造成下几代人生活享受指数的很大提高，因为按照有关措施，这种租金的继承通常都

能使他们为自己谋取到某种特权地位。在这种状况长期持续存在的情况下，那些生产者本身必定会十分自然地认为，他们确实应该享有这种较高水平的生活享受。所以，当开明的立法开始削弱那些限制时，就必然会发生正像我们现在在工商业经营中所看到的那些现象。因此导致了生产量的增加，即那些享有特许权的产品的价格接近于合乎自然的水平，而且按比例地减少生产者的收益。因此，被手工业者和商人们称之为他们职业的衰落的事情，不是什么别的东西，只是他们的报酬从那种人为产生的高度下降到了合乎自然的水平。不仅不能从这种现象推论出人类福利水平的下降，而且更准确地确定由于更合理的立法使这些生产者所遭受到的收益减少，也无可争辩地表明已经由统计中得出的整个人类福利水平的巨大提高。

如果说人类福利水平仅仅停留在立法限制的鼎盛时期所达到的那种水平上，那么较为自由的立法不仅必然迫使这些生产者在获取租金上受到限制，而且也在享受上受到更多的限制，因为这两者也是通过人为的手段被人为地推进到这种高度的。然而一个确凿的事实是，所有这些生产者的享受都在不断地提高。这一事实以毋庸置疑的方式为不断发生的恰恰是对这些阶层中日益提高的奢侈的抱怨所证实，尽管这种抱怨本身是可笑的。这里没有必要再列举这种抱怨的事实。根据我们掌握的对当时手工业者状况的描述，在立法限制时期，一般说来，手工业师傅的作坊同时也是家庭的居室和冬天的厨房，师傅也在同一个地方接待他的顾客。这房间里的家当是粗陋的木制家具，要是没有木条凳或短凳，就以木墩当座。现在，每一个手工业者都按照他的身份地位考虑他的需要，有专门接待顾客的房间，用窗帘、镜子、精制的或至少是表面经过刨光处理的椅子、桌布、镶嵌的风景画以及沙发、地毯等装饰起来。因此，毫无疑问，现在的手工业者所满足的居住享受已大大高于以前的水平。这里，住房和所有其他享受资料之间的价格比例并没有发生这样的变化，以至于可以由此说明在居住享受方面得到的这种较高的满足。从这些与收入分配定理相关的事实中可以得出结论，手工业者的所有其他享受的满足必然有类似的提高。不仅如此，整个人类福利的水平也必有提高，其提高的程度与手工业者的享受的提高相同，因为如果没有这种提高，手工业者便会由于更自由的竞争而不得不降低自己的享受。

以上我们考察了过去时期内人为造成的产品价格提高的现象并说明了其产生原因，此外还有两种要首先指出的现象却是由人为地使产品价格降低引起的。

当局和社会团体提供的资助不仅给予那些完全和永远丧失劳动能力的人，而且也给予那些由于所在的生产部门的自然性质（例如一定的季节性）或者由于暂时生病或其他原因无辜失业而陷入困境的人，按实际需要提供一定金额的资助，这已成为一个固定的习惯，某些社会团体甚至法定地承担起这些资助的义务。然而在任何情况下，特别是目前状况下，还存在一些这样的生产部门，在这些生产部门中工人们周期性地被阻止去工作，特别是由于季节的变换。迄今为止，这些工人还根本没有成功地做到，在这一段时间内找到另外一份工作。在此期间，这些工人的享受也许受到限制，但也不是完全中断了享受，不可能比习惯规定的每个人在共同生活中所要求的最低限度的享受还低，这种最低限度的享受理应超出绝对最小的享受。按照自然规律要求，这些工人在劳动期间内的工资必须达到一定高度，使其均匀地分配于一年之中，从而使他们的生活享受达到一个相应的水平。没有人为的干预，这也是肯定可以实现的。但是，由于提供资助，阻碍了这一结果，并且使劳动的价格下降到这个水平以下。

在陷入困境时得到资助的肯定性，不仅必然大大提高本来就有的刺激，即把所有的劳动所得用于眼前的享受满足，而且它也使一个人有可能长期这样不合理地使用他的劳动所得。如果这些工人的生活享受由于合理使用自己的劳动所得而达到较为适当的水平，那么那些善于利用其他劳动所得的使用方式获得资助的那些工人的生活享受就会增大到资助的水平。这种生活享受的不适当的提高造成的一般结果是，该生产部门的产量因投入增加而提高，价格则降至工人的工资——包括资助——达到正常水平。一旦达到这一点，如果不给予资助的话，工人就不可能继续存在于该生产部门。因此，我们看到，除非所有周期性失业的工人在失业时期都以牺牲整个社会的利益为代价维持生活，否则资助额就必须逐年增加。所以，根据资助额的增长去推断整个社会的福利水平是不允许的。

还有另外一种情况，也表明了人类福利水平的提高。这就是，习惯规定的每个人必须得到的生活享受的最低限度，与从前相比显著地提高了。现在建立的济贫机构与前一个世纪的情况相比，无可争辩地说明了这一点；人们普遍追求福利的提高，寻求这种提高的手段，向每个人至少提供由习惯规定的最低限度的生活享受，也都同样说明了这一点。

资助——它并不能解决工人的困境——所带来的弊端如何，后面才能加以分析。

许多产业工人的命运令人悲叹，其原因是，机器的发展使许多生产部门有可能使用童工——在这种年龄上还不可能进行人的训练——的体力去进行生产，人们出于财迷心窍的利己心而并不对滥用这种可能性感到羞愧。这些在如此小的年龄就被滥用于这种劳动的人，顺应缺乏智力和体力训练的情况而成长起来，看来只能够一辈子在工厂中使用自己的劳动力。由于人所共知的交换比例的波动而不可避免地发生的所谓不景气，除非产业工人在最初时期内还能通过自己子女就业完全地或部分地补偿损失，否则就不得不更多地忍受自己报酬的下降。然而正是由于运用了这种手段，才使这种祸患长期化。即使产业工人没有受到特别的强制，出于众所周知的原因，他们的报酬也必然由于这种方法而大幅度降低，使这种报酬加上子女的收入才成为正常的。如果事情到了这一地步，那么这种情况就间接地强制每一个产业工人，让他的子女在很小的年龄就到工厂劳动，从而迫使他们终生当一名产业工人。这种强制使这些不幸的人们处于这样一种境地，即当出现新的不景气时，他们也不得不忍受自己报酬的不断降低，直至勉强维持生计。因此，这种现象与普遍的福利无关。如果一个人的年龄还不能使他在体力和智力训练上达到他那个时代的人的水平就不就业，这种弊端将被消除。要求做到这一点可能只是意味着，要求人们自愿成为受训化的动物！关于这一点我在后面还将进一步加以阐述。

人类社会福利水平下降的结论由之推出的四种现象中，现在只剩下大量移民一种现象了，这一现象几乎无需作什么解释。我们

知道，人类为了尽可能有利地创造自己的收入，必须为每一种生产寻找能提供最有利的条件的地区。如果在其他大陆还没有被生产占领的广大地区中，找不到比欧洲已经利用的一些地区更合适的地区，那就是非常罕见的了。我们必然感到惊奇的，与其说是移民现象，不如说是这种现象为什么没有很早地大量发生。所以，这种现象同人类的福利高低没有直接关系。正是小农和小手工业者试图寻找更为有利的生产场所，其原因在于，我们的公共机构正是在安排农业生产时犯了极大的错误；这也适用于小手工业者，这是很自然的，因为在新移居国外的大量农民中，最初的手工业者必然获得相当高的报酬。

在统计资料所确认的享受资料消费增大的事实面前，证实从这些现象中推论出人类福利水平下降的结论是一种谬误。

还有一个谬误是，认为除了提高 g，π，γ 和 V 这些唯一能够促进人类福利水平的手段以外（因为消除阻止建立最好的生产部门的障碍，恰恰是提高那种调节交换的力量的手段），还可以并且必须使用一种特别手段，即增加人类或人类的一部分或某一民族的所谓资本财产。人们甚而认为，这种资本财产是某种衡量民族福利水平的尺度。这个谬误的原因，与把货币看做价值尺度的原因是完全类似的。因为一个人与他人相比所拥有的资本额越大，他就越富有，所以人们认为可以由此进一步得出结论，如果大多数人，整个民族能够成功地将他们的资本额增大，那么他们也就能占有这种增加了的财富的一个份额。从而全力以赴筹划资本额的增大。

假定交换关系能对全人类所有的资本额的大小施加直接影响，那么这个结论也许是正确的。然而，这种资本额仅仅是通过计算得出的，是人们按照由交换关系确定的利率把可以支付的租金资本化的结果。因而，所谓的资本额是由 R 和 Z 规定的，R 的量由下述公式得出：

$$R=(P+c-\pi)\sqrt{\frac{\alpha+\beta'}{\alpha+\beta}}-(P+c-\mu\pi)$$

由前面阐明的定理可以得出结论，在福利水平提高的情况下，R 和 Z 以及由它们计算出的资本额的数值，既可以提高，也可以降低。所以，福利水平高低与计算出的资本额大小之间不存在任何比例关系。

举两个假设的例子，可能会使问题变得更清楚些。

在所有我们视为文明的国家中，拥有地产会带来可观的租金。因此在所有这些国家中，地产代表了可观的资金额。例如在普鲁士，按照较为保守的估计，地产可能提供的租金也有 1 亿塔勒。因此，即使在利率为 5%—— 对现在的情况而言是太高了 —— 时，地产也代表了 20 亿塔勒的资本额。现在假设，由于某些发现或发明，可以使得所有那些地产对某一生产部门来说都是同质的，无论实现这个同质过程有无成本，并且特别假设，所有土地的质量等同于我们可获得的最好的土地的质量，让我们来分析对农业的影响。我们发现，在付出同样努力的条件下，最好的土地目前所提供的产量，显然是最坏的土地的产量的好多倍。因此，在使用等量劳动力的条件下，至少将会生产出比现在多一倍的农产品。即使短工所考虑的对食物的享受属于他的需要，而且是迫切的需要，但就所需要的量来说，他也仅满足他的需要的一半多。而处境好的人在量上一点也不缺，而仅仅在质上更好的满足中寻求对这种需要的满足的

提高。由此可以得出结论，整个人类用生产出的两倍的产品量，就能达到充分满足自己的需要而有余；这样，农产品的价格必然降至为零，除非它通过减少劳动者的数量而被抑制。这种减少劳动者数量的必然性，还进一步造成相当一部分同样适合于农业生产的土地保持未开发状态。其结果是，农产品的新价格只能这样形成，即农民刚好得到相应的报酬，而不能支付任何租金，因为任何较高的价格都会很快通过开垦现有同样好的土地——如果可以无偿占有的话——而带来产量增加。就地租方面来说，其他工业部门与农业的情况类似。因此，在普鲁士失去了 1 亿塔勒的地租以及与此相应的 20 亿塔勒的这些地产的购买价格，总计超过在整个普鲁士流通的货币量的 20 倍。所有其他国家的损失，也出现类似的情况。

然而，这种按照通常的理解是根本不可克服的损失，实际上却变成了人类的一个莫大幸运。这样，人类将不仅仅从农产品中获得比今天远为充裕的享受满足，因为农产品会比以前必须支付地租时更便宜，更多的人还可以通过这些工业部门要求适当的报酬；而且还可以通过把农业中节约下来的大量劳动力按比例地分配到所有其他生产部门，在不影响报酬比例性的条件下，使所有这些生产部门中的生产量按比例地增加，而参加进来的人数并不因此而变化。这样，按比例分配到每个人的每一种享受资料就会更多，尽管所谓的资本财产降至为零，但每个人的生活享受总量却翻了一番。

反过来说，资本财产的增加绝不能得出福利水平提高的结论。

假定科隆的水井——它们现在供给居民所期望的水——突然大部分都干涸了，剩下的一部分水井满足不了需要，而且地壳发生了变化，也不能再开凿新的水井，那么就必须从远地运水来补充所期望的水量。没有劳动，这是不能实现的。这样，在科隆这个地方，水就具有了与这种劳动成比例的价格。因此，未受损坏的水井的所有者们也将会把水——他们能够用小得多的劳动把水从这些井里汲出来——按这个价格出卖，这个价格超过支出的劳动量的剩余部分，就作为拥有水井的租金归他们所有。显然，租金有时可以达到很可观的高度，因此科隆的资本财产便通过这种方法而增至这种完全资本化的租金的水平。但是，谁能说科隆的居民由于不再能免费地占有所期望的水而提高了福利水平呢？

不仅可以通过这假设的例子证明上述结论的正确性，日常生活中也无数次地提供了诸如此类的例子。如上所说，当每一个新的发现或发明经过采用证明是实用的时，新的发明引起的变化越重要，迄今为止的现有设备的购买价格就降得越低。像已经指出的那样，一部新的机器——它比直到那时仍在运用的机器具有更显著的效率——的发明，使原有的机器完全失去了价值，尽管它在新机器发明之前还卖得很贵，尽管原有机器的材料还可用于其他目的。铁路建设通过把交往集中到少数几个中心地区，使小地方——交换正是通过这种方式被从这些地方排开的——的地产价格下降，而那些中心地区的地产价格却迅速提高，如此等等。

由此可以得出结论：

根本不可能从人类或某一民族为购买全部租金而必须支付的金额大小中，推论出人类或那个民族的福利水平。因为这一金额的大小取决于：1）开发新的生产地点的费用的高低，它主要取决于自然科学发展的程度；2）用于同一生产的场地的适用性上的差别大小；3）所要求的产品量大小。因而这些条件与福利水平不存在确定的比例性。

如果说用于购买租金的金额的大小与福利水平没有确定的比例性，那么这个用于购买的金额的大小与租金开发成本的大小之间却有完全类似于价格和价值之间的关系。如同价格是由生产一个有价值的物品所耗费的劳动的比例决定的那样；不同场地的购买价格是由一定地块对生产的适用性的比例决定的。此外，价格不合乎比例导致量的变化，一直到最后生产出的原子的价值等于对此应支付的货币原子的价值。与此相同，购买价格与新的租金的开发成本不合乎比例，也导致了生产所使用的地块数量的变化，一直到购买价格与这些开发成本刚好平衡时为止。成功地使价格下降虽然对生产者带来暂时的不利，但对社会却带来根本的和长远的利益。同样，每一次成功地使已经建立的租金的购买价格下降虽然对所有者造成损失，但对社会却造成根本利益。

一般性的分析还表明，所谓的资本财产是建立在虚构的基础上的，只不过是计算的货币。个人也像每一个民族或者整个人类一样，除了自己的体力和智力之外，只拥有在某种程度上适用于生产的地块。如果人类想提高福利水平，就必须借助这一点将不断地消费掉的享受资料同样不断地在更大规模上再生产出来。除了自己的劳动力和这些地块 —— 从这些地块中按其相对不同的适用性获取租金，产品的价值对租金的大小只起极为次要的影响 —— 之外，人类还拥有有价值的原材料和享受资料的储备，这种储备是为了能够保持和开发合乎理想的劳动场地以及为了使享受到再生产出新的产品量以前不致中断所绝对需要的。最后，人类还拥有适量的货币，货币作为交换的尺度，几乎没有变化地不断从一个人手中转到另一个人手中。由于这种十分合乎理想的不变性，货币对于福利水平根本没有直接影响。从这样一种特别的资本财产中，根本找不到一点这样的痕迹。

由上述分析中可以看出，力图通过人为的手段来提高租金的购买价格，或者把它仅仅维持在一个既定水平上，都是荒谬的。这正像在价格方面，通过限价 —— 无论以什么名义 —— 使价格保持在保护生产者免受任何眼前损失的威胁的水平上是荒谬的一样。

由虚构一个特殊的和专门用来积累的资本中，产生出与前面所指出的完全相反意义上的另一种措施，其目的完全是为了尽可能压低对所谓资本财产的估价。此外，这种措施还包含了对自由交换的最为糟糕的立法限制之一。如果交换不能成功地在许多方面避开这种限制并至少使它的恶果大部分得到减缓，那么这种限制就会不断地阻碍人类福利水平的进步，其程度超过人类有时所蒙受的战争、瘟疫、洪灾、火灾以及所有其他灾难。与利息支付有关的限制性立法，由于有必要保护负债者免受债主的逼迫，而被认为是合理的。这种限制的必要性来自两个方面的考虑：一方面尤其是在人类社会最初发展阶段，它适用于注定要用于购买租金（构成 c）的资金来源的独特性质；另一方面适用于这些资金在早期阶段的运用，那时绝大多数主要属于个人借贷。

由关系的性质所决定，只有在每个人仅仅直接关心自己享受的满足的情况出现之后，才能发现福利水平如何通过交换和分工而提高。因为交换和分工的好处在被感知之前，必须首先通过满足享受积累经验；而只有在人们事先成功地通过自己的活动和经过

一些时间使享受的满足达到一定点时，才能取得经验。正如历史教导我们的，在人的训练的早期阶段即狩猎和游牧生活阶段已经结束并完成向农业的转换之后，人们通过自己的活动本身所满足的享受在这个时期局限于获得最必要的食物、必不可少的住所和衣着以及不多的提供稍许方便的用具。每个人的责任是通过自己的劳动开发一块适合于这种生产的土地。另一方面，一经开发用于耕种的土地，经过合乎规律的生产利用，不仅适用于生产，而且其适用性也不断提高。因此，新土地的开发仅限于人口的逐渐增加所要求的适当规模上。为了进行这种逐渐地开发，农民本身确定的 c—— 直到这时还是由自己的劳动构成的，因此同其他劳动的区别仅仅在于，它创造的并不是直接的享受资料，而仅仅是为生产享受资料所需要的土地 —— 就完全够了。在这一经常性的过程中，根本谈不上借贷这样一种情况。只是在由于灾害、牲畜死亡、火灾、水灾、长期丧失劳动能力、战争等等部分地毁坏了已开发的用于生产的土地时，才感觉到借贷的必要性，因为个人这时不可能立即获得重新开发土地所必要的大量劳动。

但是，当人类的交换关系发展到这种程度时，某些个人便成功地使自己成为所有其他人以及地产的主人 —— 有历史的证据为凭 ——，并在这种条件下，完全地或部分地保证自己得到对各种不同的土地应付的租金。因此，这些少数人无需努力就支配了如此可观的劳动量，以致他们几乎可以不费力气便获得了甚至是奢侈的享受。因此，他们能够向所有其他人发放那种已成为迫切需要的贷款。

因此，形成了这样一种状况：一方面，那些不费力气得来的、对占有者几乎没有价值的资金被用来放贷；另一方面，借贷者由于极为艰难的处境而不得不去借贷。在这种情况下，可以把利用借贷者的这种艰难处境提高利率视为不道德的行为，因此通过立法途径加以禁止是完全合理的。正像教会法规中有这种禁令一样，在民法中也有对所允许的利息的最高限额的规定以及对复利计算的禁令。从这个观点看，这些法律规定也许是合理的，只要像刚才所描述的那些实际情况还继续存在，只要通过这些规定真正使负债者得到帮助，只要在交换规律中不存在可以确定无疑地使负债者得到保护的无比有效的力量。然而，抛开交换规律使任何一种对负债者的照顾都是多余的这一点不谈，所运用的手段也给负债者带来不利后果。

人们指望通过限制性立法消除对负债者的压迫，殊不知这来自于一个特别的资本财产的虚构。人们想象——尽管还模糊不清——，因为资本所有者必须把这些资本再一次作为资本使用，所以相信通过上述立法就能够迫使资本所有者以廉价的条件供负债者使用这些资本。但是，像已经指明的那样，人类除了拥有自己的劳动力之外，只拥有在不同程度上适用于生产的地块（在这里，原材料、享受资料和货币的储备可以不予考虑，因为这种储备必然连续不断地保持一个很少变化的量，因而只有次要的影响）。个人由此共同得到收入，他们在交换中可以支配的劳动量表示他们的收入量。他们所支配的劳动量是否有一部分用于生产租金，这部分劳动量有多大，我们从公式：

$$c = \frac{\alpha(P \pm R - \pi)(Vz - 1)}{z + 1}$$

中得知，在其他情况保持不变的条件下，从根本上取决于 z 的大小，即利率的大小；z 越大，c 就越大。所以，如果通过立法上的限制不允许 z 超过一定的最高限度，那么其结果绝不会使借贷者以适度条件得到所期望的贷款，而是使所有 c 的总量越来越小，所有 e 的总量越来越大。因而，相当数量的借贷者得不到贷款，或者——实际结果是一样的——只是在比平常较晚的时间里才得到贷款。由此产生的结果是，只有很少的土地被用于生产性的开发，或者在很晚的时间里才这样开发，否则投入这些土地上的劳动将会用来满足日益提高的对享受资料的需求。结果，在同一程度上使用同样的劳动力只能生产出较少的产品，因而人类福利水平的进步在同一程度上受到阻碍，这些都将按乘数作用永久地持续下去。

这种立法限制的最终结果是：

由于法律上规定了 z，在全部借贷者中只有一部分人能够得到由 c 的总量所确定的、他们所期望的贷款。但是，规定的 z 与比例适当的程度相比较越低，立法的规定表现出越是有效，这一部分人的数量就越小。然而这部分人恰恰是由个人处境较好的人，因为放贷者在自由选择中自然有可能找到这些很少需要法律保护的人。除了这部分处境较好的人以外，法律注定要使大多数处于困境的那一部分人沦为无产者，因为没有必要的贷款这部分人无法以其他方式把他们的力量运用于生产。

如果不存在立法限制，就完全是另外一种局面。现在没有得到贷款的一部分人将通过 z 的提高给放贷者提供较大的益处，由此使他们相对于前一部分人的不利处境得到平衡。但是，另一方面，这种提高将会导致所有的 c 扩大，但绝不会提高到超过刚好够满

足对贷款需要的 c 的总量的水平。此外，只有在利息总量不会用尽由于贷款而应获得的租金，或者正好与之相等时，才能以较高的 z 找到贷款。由此产生的结果是，签订的贷款增多，适用于生产的土地按照同样的比例增加开发，在使用等量劳动力的条件下使产量增加如此等等，总之福利水平进一步提高。这些又进一步按乘数作用永久地朝有利的方向持续下去，然后达到使 z 逐渐下降的一般结果。

即使交换关系的发展刚刚达到只是出于紧急情况才寻求贷款的程度，就已经使对利息的限制造成如此严重的不利后果，要是人类训练的提高使扩展分工、设立工厂和扩大贸易成为必要，限制利息的不利后果将会扩大到何种程度啊！像我们已看到的那样，对利息限制的必然结果是，即使在农业中出于紧急情况所寻求的贷款也只是部分地得到满足。而农民却是通过抵押带来租金的土地来占有这种资金的，这通常能向债权人提供得到租金的充分保证。那些在其他生产部门从事生产的人们，却只能以自己的人格作为承担支付义务的保证，他们要按法定利率得到贷款，能贷到的该是多么少啊！他们只能提供提高应付租金这种手段来取代那种不可靠的保证，然而糟糕的立法却断绝了他们利用这种手段的可能性。

这样，在大多数情况下，把归个人支配的劳动量都用于眼前的享受而不是用于开发租金，便大大损害了人类福利的进步。由于这些限制，只有这样一些人才能够扩大现有的或设立新的生产部门，这些人除了有个人本领之外，还能通过自己的手段自由地支配足够的劳动量。此外，对这些人来说，能够挣到的收入还要具有足够的价值，以补偿生产的耗费而有余。不言而喻，发展过程中所必要的生产投资越大，同时具备上述三个条件的情况就越少。我们要特别感谢对利息——俗话所说的“可以用钱赚钱”——的限制，这里包含了一个真理。那些同时具备这三个条件的少数人，现在就垄断了这个生产部门，因此他们的收入异常地高。这些过高的收入量理所当然地主要归之为货币的占有。

因此，如果交换关系不善于一方面使法律成为虚幻的和另一方面避开法律，那么工商业的发展就会仍然停留在差不多中世纪的阶段上。这里，我不想谈及现代高利贷者为避免遭受法律制裁必然会使用的计谋，这些东西似乎完全无关紧要，因而可以不用考虑。我要谈论的是法律从来不能禁止的那些情况。

如果一种商品或服务的价格的确定，使生产者作为简单劳动者，除了自己相应的报酬和维持他的设备继续处于同样良好状态所需要的数额外，还可获得超过设备投资按法定利率付息所需数额的一个余额，那么法律规定就总是成为虚幻的。生产者之所以获得这一余额，只是因为他拥有一定的生产设备，因而是这些设备的租金。这一余额是由社会，而不是由组成这个社会的个人支付给他的。是的，甚至任何工厂设备，在没有破坏法律的情况下，都可以获得任一数量的租金；而借用购置同样的工厂设备的货币以高于法定的利息放贷出去，却要受到惩罚，即使由此还远未达到那些租金的水平！现在，一个众所周知的事实是：所有生产部门的生产者，迄今为止都获得了比劳动收入、维修费用和设备投资的简单付息高得多的数额；越往回追溯到中世纪，差别也就越显著；当教会法规把生息借贷视为不道德而完全禁止时，这种差别绝对是最大的。仅仅在最近一个时期，在抵押贷款利率已经降到立法限制以下之后，某些地区的工业投资贷款的利率才降到法律规定的最高限度，有时或许降到这个限度以下。因此，我们看到，正当人们认为严格守法是最为必要的时候，交换按其物质内容来说恰恰最为严重地违反了那种错误的法规。

但是，法律不仅仅是在那些用自己的货币生产租金的情况下才成为虚幻的。交换也找到那种在许多其他情况下应避免使用的手段，即商品赊购。商品的赊购价格普遍高于现金购买价格，这已是众所周知的事实。赊购一块亚麻布，为期半年，要支付 21 塔勒，现金购买只需支付 20 塔勒，如下述公式：

$$21 = 20(1 + x)^{1/2};$$

或者：

$$Lg(1 + x) = z(Lg21 - Lg20).$$

由此得出，$x = 0.1025$，实际利率为 $10\frac{1}{4}\%$。还有一个同样是众所周知的事实：赊购人的信誉越低，赊购价格就越高。在为期半年赊购的情况下，商品价格提高 5% 已算是很有节制的了。因此，在几乎所有进行赊购的情况下，都包含着对法律的回避。

大多数生产者都懂得通过这种借贷手段部分地避免错误立法的不利后果，而那些立法限制应特别予以保护的人，即由于灾难而被迫寻求贷款的人，则不能运用这种手段。因此未必削弱了法律的这些不利后果。有谁不知道，那些不幸的借贷者现在已经落入了高利贷者的手中，这些高利贷者冒着落入法网的危险，因此理所当然地必须从借贷者那里得到对这种危险的大大的补偿！

然而通过这种借贷手段也只能部分地补偿法律带来的不利后

果。这种贷款形式与通常所说的贷款形式之间特有的差别在于，所借款额不是以货币，而是以商品形式提供的，而且事先为整个贷款期限计息。其结果是，利息不再清楚无误地显示出与贷款相分开的金额，而是完全隐蔽在应偿还的金额之中，以致债务人本身通常根本不能或只能大致确定利息数额。这种特有的差别产生的不利后果，毫无疑问是有其原因的。

首先是这种情况造成的，即不允许以货币形式贷款——恰恰是法律使这种形式成为不可能——而只能以商品形式贷款。但是借贷者可能只需要很有限的数量的某些商品，因而只能从少数制造他可能有某种需要的商品的人手中得到赊贷。这恰恰为借贷者即赊购人带来任何有限制的竞争都会带来的那种结果：价格提高，即是说条件苛刻。

如果说这已经使借贷者的处境很不利了，那么除此之外他们的处境还由于下述情况而恶化，即贷款形式使他们在确定利息方面尤为困难，实际上他们是被迫付息。随着这些困难的增大，他们也失去了竞争给购买者带来的益处。因此与那些能在非常有利的条件下获得所期望的贷款的地方相比，在这里债务人变得极其困难，而这种情况就更能使债权人以较为有利的条件进行放贷。

这种贷款形式还造成其他同样明显的缺陷。因为从一方面看，放贷者从贷款中获得的益处不是表现在一个相互分开的金额，而是隐蔽在较高的价格之中；从另一方面看，只有可以出售所期望的商品的那些人才能决定去贷款，因此提供贷款似乎表现为放贷者对借贷者的恩惠，而不是双方互利的交易。事实上的确是这样，因为债务人通常很少能提供担保。这样在债权人和债务人之间就形成了一种依附关系，债务人在选择他的债权人方面受到的限制越大，债权人就越容易利用这种依附关系对债务人进行压榨。例如，当手工业者被迫赊购他们的原料时，他们就会受到压榨，这种压榨人们太熟悉了，无需更多地说明。为了得到赊贷，他们不仅被迫支付很高的价格，而且还必须忍气吞声接受质量很差的商品。

由于这种情况，下面一点便作为立法的不利后果而留存下来：借贷者被迫从恰恰是这样一些人手中得到贷款，在这些人那里他们所能期待的是极为不利的条件，并且无法知道贷款的实际费用如何。

归根结底，禁止合理地计算利息——这样才能正确地说明禁止复利计算的规定——的后果，同对利息的法律限制的后果是一样的，尽管不是那么明显。计算利息只能按下述公式：

$$A = a(1 + z)^n,$$

无论 n 为整数或分数还是正数或负数，也就是说无论计算利息还是计算折扣，这个公式都是适用的。这出自下述一个简单的考虑：当债权人获得经过任何一个时间之后到期的利息时，都能用它来获取新的租金（众所周知，这是乘数作用的特有的特征）。因此，如果债务人不按规定支付到期的利息，债权人就失去了上述好处，所得最小等于利息。

尽管如此，立法禁止这种计算方式是有其理由的。那些人并不了解持续力量效应的立法者们可以通过一个数学家计算出，如果采取复利计算公式，甚至一个最小的货币单位，经过上百年后也会达到一个令人吃惊的数目。因此，他们认为，复利制对债务人是很危险的，为了防止债务人不可避免的破产，禁止这种复利制是绝对

表 18.1

n	A	A'	$A-A'$
$\frac{1}{12}$	1.004074	1.004167	−0.000093
$\frac{1}{6}$	1.008165	1.008333	−0.000168
$\frac{1}{4}$	1.012272	1.0125	−0.000228
$\frac{1}{3}$	1.016396	0.016667	−0.000271
$\frac{5}{12}$	1.020537	1.020833	−0.000296
$\frac{1}{2}$	1.024695	1.025	−0.000305
$\frac{7}{12}$	1.028870	1.029167	−0.000297
$\frac{2}{3}$	1.033062	0.033333	−0.000271
$\frac{3}{4}$	1.037270	1.0375	−0.000230
$\frac{5}{6}$	1.041496	1.041667	−0.000171
$\frac{11}{12}$	1.045740	1.045833	−0.000093
1	1.05	1.05	0
2	1.1025	1.1	0.0025
3	1.157625	1.15	0.007625
4	1.215506	1.2	0.015506
5	1.276281	1.25	0.026281
6	1.340096	1.3	0.040096
7	1.407100	1.35	0.057100
8	1.477455	1.4	0.077455
9	1.551328	1.45	0.101328
10	1.628895	1.5	0.128895
⋮	⋮	⋮	⋮

必要的。为此更精确地确定债务人所受危险的大小，看来是特别有用的。它可以通过债务人按正确的和现在通用的计算利息的方式对应支付的数额所作的计算最为适当地求出来。众所周知，现在通用的计算方式是按下述公式进行的：

$$A' = a(1 + nz).$$

假定在两个公式中，$z = 0.05$，$a = 1$，即假定利率为5%，那么由于 n 的不同值就可得出 A 和 A' 的不同值。有如上表：

我们由上表可以看出，按通常的利息计算方式，债务人在第一年内的支付中处境不利，半年后这种不利大概达到最大程度。如表中最后一行显示的，按通常的计算方式，25000 塔勒应支付利息 305 塔勒。因此债务人要为每 82 塔勒支付利息 1 塔勒多一点儿，或为每一塔勒支付利息大约 $4\frac{2}{5}$ 芬尼。在一年期满后，债务人开始获得益处，还贷时间拖延得越长，获益越大；但是另一方面，这种获益的增长非常缓慢，以至于 10 年之后按复利计算的债务只达到按利率 $6\frac{2}{7}$% 左右进行单利计算时的水平，然而，一个债务人只是在 10 年之后才履行自己偿还利息的义务，这种情况一方面很少发生，以致在立法中没有专门考虑；另一方面对债务人的不利之处显然不大，不能把它看做是对债务人的粗心和轻率的一个有效的惩罚。我们看到，立法者——他们把复利计算公式看做是对债务人的一个巨大的危险，从而通过不适当的监护对此进行干预——也已经看到了幻影。诚然，因为债权人有权通过运用法律赋予他的强制措施敦促债务人按期支付利息，从而也避免了威胁着他的不利后果。由此使这个问题再次清楚地表现出来，如果说复利计算造成

不利，那么这种不利不是发生在债务人方面，而是发生在债权人方面。因此，立法使债务人在每一个方面都比没有这种法律规定时处于更糟糕的境地，既使他们受到更大的压榨，又使他们付出更多的利息。这样便完全违背了它的初衷。

这里，交换也在很大程度上纠正了立法的错误。正如上面已经说明过的那样，只要债权人注意按期收取所约定的单利，那么立法就给他们提供避免延迟支付利息的不利后果的手段。这样，他们便可以通过把作为利息收取的金额立即重新投入租金生产，保证获得复利带来的享受。只是在较短的期限内，以这种方式获取复利还有困难。活跃的货币流通——由此也造成一些明显的损失——只发生在商人和工厂主中间，因为在这些人中不时产生计算这种复利损失的必要性，但是他们并不想寻找以更合适的方式避开法律的手段。他们没有亵渎法律的无礼行为，却无视它的存在，这简直是一种嘲讽。商人在某一天清算他的往来账，他的债务人必须对这一天仍欠他的债务向他支付利息，而不管这一债务是由资本还是由利息产生的。由此实际上形成了复利的收付。

由于立法所无法达到的和为商人们所容忍的情况，错误计息的不利后果限于商人计算方法中所表现出来的差异。这里不是详细讨论这个问题的地方，这个问题属于商业簿记理论。因此，这里只能举几个例子以说明这种差异。

如果一个人欠他人的债款以及有关的负债时间是已知的，如果除此之外签订的协议还有应付利息高度的条款，那么债权人向债务人提出的偿还要求就是完全确定的。因此，如果条件没有变化，计算的方式也不应使在一定时刻应支付的总额发生变化。然而现在商人结算他的往来账目的方式，却使这个总额按照他为结算所选择以在借款时间和支付时间之间的时点不同而变化。我们举一个时点的例子，就能说明这一点。假定 A 和 B 之间借贷利息为年息 5%，并且在每年 1 月 1 日进行结算。那么，如果 A 在 1 月 1 日向 B 借了 1000 塔勒，他在第二年的 1 月 1 日就必须偿还 1050 塔勒。假定 A 在 7 月 1 日借了 1000 塔勒，那么他在第二年的 1 月 1 日就以 1025 塔勒结清他的往来账；而如果他想在第二年的 7 月 1 日——像前边那样使用 1000 塔勒一年后——偿还他的债务，那么他必须支付 1025 塔勒再加上这笔款项的半年的利息，因而是 $1025(1+1/2\times0.05)=1050\frac{5}{8}$ 塔勒，或者说比以前多了 5/8 塔勒，尽管他使用 1000 塔勒的条件完全保持不变。这种差异的原因是显而易见的。在第二种情况下，要计算 25 塔勒的半年的利息，而这在第一种情况下就不会发生。同样清楚的是，这种差异在复利计算的条件下也不会出现，因为一般公式是：

$$a(1+z)^{n+p}=a(1+z)^{n}(1+z)^{p}.$$

在第二种情况下结清往来账时应付款项为：

$$1000(1+0.05)^{1/2}=1024.695.$$

因此在第二年 7 月 1 日的债款为：

$$1024.695(1+0.05)^{1/2}=1050,$$

与第一种情况下完全相同。

折扣计算方法提供了由于完全相同的原因造成这种差异的另一个例子。折扣可以按近似正确的公式 $\frac{a}{1+nz}$ 或按公式 $a(1-nz)$ 进行计算，也就是说用百分比表示。用第二个公式，通过直观的观察就可看出差异，只要 $nz > 1$，它得出的结果就是没有意义的。对第一个公式来说，这种差异也会一目了然，如果人们按不同时间应付款项——考虑到付息水平相同——借助于折扣计算，求出以前的日期。这里只要举一个数例也就够了，假设 A 在一年后向 B 支付 100 塔勒，两年后向 C 要求偿付 105 塔勒，那么 A 在支付他的债务利息为 5% 的情况下，必然能通过把那 105 塔勒划归 B 而冲抵。然而按折扣计算，100 塔勒一年后应付 $\frac{100}{1+0.05} = 95.238$ 塔勒，而 105 塔勒两年后应付 $\frac{100}{1+0.1} = 95.455$ 塔勒；后者多出了 0.217 塔勒，这样 A 必将会收回多出的部分。按照第二个公式，100 塔勒一年后应付 $100(1-0.05) = 95$ 塔勒，而 105 塔勒两年后应付 $105(1-0.1) = 94.5$ 塔勒。所以 A 还须补付 1/2 塔勒。在合理地计算利息的条件下，这种差异也就消失了。如果设 n 为负值，或者用 $(1+z)^n$ 去除，那么就可通过已知的公式得出折扣。一般公式为：

$$\frac{a}{(1+z)^n} = \frac{a(1+z)^p}{(1+z)^{n+p}}.$$

在商业簿记中，如果人们把不同时间所提供的支付按它们在同一时刻具有的价值入账，那么就会使账目清楚得多。正因为上面的等式是正确的，所以这样做便不会出错。只要在贷方和借方之间的差额上加算相应的利息，那么每一笔账目都可立即完全准确地结清。而现在，正像大家所知道的，必须首先知道往来账结算的时点，然后才能对每一项计算利息。上面所推荐的做法的唯一不便之处在于，计算要求借助于对数。然而，在绝大多数情况下，这可以通过对数表轻而易举地加以解决。

假如立法从未对交往进行妨碍性的干预，那么所有这些弊端也就不会出现。数学的进步将会很快地找到正确计算利息的方法；同时，也会同样很快地证实：在任何情况下，对获得自己借款的生产者的补偿，都比对在冒同样损失风险的情况下提供同样数量贷款的资本家的补偿更为充分（我用一般意义上的“资本家”这个词指这样一种人，他们拥有相当多的租金，因此在目前情况下能以这些租金的购买价格的形式支配大量货币）。因为如果资本家所获得的利息率水平已经使生产者感到满足，那么生产者就会停止生产而变为资本家。然而，生产者只能按照他的资本在生产中所获得的利润率考虑对借款的补偿。因此，在任何情况下，借款人都能成功地从资本家那里以比生产者那里更优惠的条件获得所期望的贷款。这样，寻求贷款者不仅能在那些提供他最优惠条件的地方签订贷款合同，而且也会由此形成与现在相反的习惯，即每个生产者都以现金形式获得他的生产所需要的资本。结果，使所有的生产陷于瘫痪的那种信贷需求绝不会再发生，而对现金的需求将变成为习惯。因为不能通过亲朋好友介绍来获得必要现金贷款的个人，便由此提供了一个充分有效的证明，他没有赢得任何信誉，因而也无法从生产者那里获得贷款。最后，由于立法在利息率远未达到相当高度的时候规定了利息率的最高限度，所以到目前为止，全部 c 的总量甚至还不足以弥补哪怕仅仅是通过抵押所寻求的贷款。然而，通过提高 z，c 的总量便达到需要所要求的高度。如果是这样的话，那么自中世纪以来的工业——工业的繁荣是由 c 的总量决定的——便达到与现在相类似的繁荣。现在的繁荣只是在最近才实现的，因为只有在这时衡量这种情况的利息率才接近于立法规定的

水平。某些读者可能认为，z 的提高对 c 的总量的提高的影响是无足轻重的。我这里仅仅提醒他们注意这样一个事实：数百万货币在最近十年间被用于修建铁路，仅在德国现在的数目已达5亿塔勒。这些财富除了租金收益的那一部分外，全部集中用于这个部门。这种增加的实现归因于 z 的增加，尽管还低于期望的高度。简单的观察便可看出，其他产业部门的租金构成并未减少，现有租金仍以最适当的方式不断得到维持，此外还形成了铁路投资的租金。由此便产生如下结果，即 c 的总量仅仅由于铁路建设中 z 的提高而增加了用于此项建设的数百万巨款，尽管 z 只是部分地达到它的所期望的提高。

关于伦理学家们所陷入的谬误，我这里只提及那些影响最大的。这就是：

因为伦理家们不想去发现那种决定人们在同其他人的共同生活中进行对社会存在绝对必要的行为的力量；因为他们自以为发现了利己主义是同上述力量正好相反的力量，如果对它的作用不加抑制，就会威胁人类社会的生存；所以他们肆无忌惮地否认那种绝对必要的力量的存在，并把连世间的任何一个机械工都羞于出手的拙劣制品归之于万物的上帝。人类的机器制造者是不会想到要制造这样一台机器的，在制成之后没有动力来源可供其运转，难道上帝会有如此荒谬的设计吗？尽管人们没有理由否认上帝是万能的、无所不知的，然而却有推测他在创造力上有力所不能及的一面。

显而易见，这种谬误归咎于自负。它是没有从下述绝对正确的前提出发的结果：创造的世界是完美无缺的，因此人类生存所绝对必要的力量就必定会在这个世界上充分存在。所以，如果我们至今仍未发现这种力量，那么这只是由于我们的无知。有人把这个结论颠倒过来，说什么：由于我们这些具有聪明才智的人都没有发现这种力量，所以它并不存在；因此，同我们的智者相比，上帝不过是一个低能儿；所以我们必须加紧纠正这种创造的缺陷以使上帝更完美，并自己创造出这种力量。这就是为什么上帝掌握着天堂、炼狱和地狱，使难以驾驭的人类维持着秩序！

显然，所有积极的宗教的存在都归咎于这种谬误。抛开它们的内部矛盾和违反理性——正因为如此它们才如此众多——不谈，这些宗教仅仅由于极其多种多样的存在便已经证明它们是不合时宜的。而所有的宗教都宣布它们的来自上帝的特殊的启示并试图加以证实。在基督教的世界中，上帝是一个至高无上的主，这也可以用来解释那种把粗劣的构造归结为上帝的谬误。

我们时时刻刻有机会赞赏这种力量的强大作用。当那些人学会认识这种力量时，它完全是以给利己主义的人们提供那些帮助，那时我们再也不需要道德家们的说教。我们知道，在创世中活动着的力量，不仅完全足以保持创造的世界，而且完全是以达到上帝所确立的目标，这根本无需上帝那方面的任何辅助。因此我们可以证明上帝的地位，按照人类的观点，它是至高无上的：屹立在它的世界之上，对创世的完美洋洋自喜。

为了学会认识上帝的意志，从而学会认识我们应走的道路，我们并不需要特别的启示。对于我们来说，世界就是这种启示，是摆在每个人面前的一部法典，为了找到被明确无误地指出的那条道路，只需读读它就行了。这部法典不仅自古以来都是对每个人敞开的，并永远朝他们敞开，而且自身也保持如此的纯正无疵，即使整个人类联合起来的力量也丝毫不能篡改它。因此，这里我们看到一个永恒的真正启示，它不仅是每一个人都能接受的，而且也是无法摆脱的。这是我们一直在不断赞美它的力量、智慧和仁慈的价值之所在。

因此，我们在自然科学著作——本书从完整的意义来说也应算在内——中所阐明的真理，构成了上帝的真正宗教的内容。这种宗教的信条就是自然规律。它们以不可抗拒的力量证明了自己的真理性，以致任何人一旦认清了它们，就不会对它们的真理性产生怀疑。因此，它们不需要靠人的权威支撑信仰。这种宗教的道德原则是，按照自然规律行事，使人间的生活享受达到最大值。就像我们上面看到的那样，习惯给我们指明了达到这一目标的最可靠的途径。为了使人们能够遵循这种道德原则，并不需要特别的天堂、炼狱和地狱。每一个人只要有下面的知识就足够了，即他违反这个原则的程度越大，他的生活享受总量就变得越小。对这种宗教的崇拜在于人们的训练，这种训练一方面为了认识自然规律，另一方面为了掌握根据自然规律行事的技巧。这种宗教的圣礼就是我们能够进行的物理和化学的试验，这些试验是为了证明所发现的定理的正确性；通过这些实验，下述原理就变成为真理。圣礼的享受把人们置于一种荣耀的状态，而上帝现在就存在于这种圣礼之中。在这些实验中，后者通过自然力量的效力直接得以证明；前者则出自这样一个事实，即没有任何其他途径能如此容易地使我们获得对自然规律的清晰的认识，而自然规律是唯一能使我们按照上帝的意志去生活的东西。这个宗教的牧师是这样一些人，他们成

功地发现了一个新的规律，或者更精确地确定了已有的认识，或者进一步推广了这种认识；他们用每一种新的劝告大力宣扬上帝的权力、智慧和仁慈。为了履行这个神圣的职责，他们并不需要由人手授以圣职的仪式，他们通过上帝肯定无疑地表明自己的使命是无可怀疑的。由于这些人，基督教学说得以保存下来，每一次庄严的仪式都告知人们一种不可消除的性质。谁在这条路上有一次认识了上帝和他的宗教，谁就再也不能摆脱他。

人们不能把这种宗教同所谓的哲学家的幻想混为一谈，更不能同导致把理性的女神或自我送上祭坛的迷误混为一谈。对这种宗教来说，人类的理性根本不能创造任何东西。这种宗教就像真正的天文学、真正的物理学、真正的化学和任何其他自然科学分支一样，自始以来就存在于万物的上帝所创造的永远不变和完美无缺的境界之中。人们的任务仅仅是，对记载这种宗教的创世之作进行解释。人们在这种解释过程中可能间或犯错，但是这种错误影响越大，从长期看所犯错误就会越少。因为这样一来所犯错误的不利后果就越普遍和越迅速地为人们所知晓。人们对那本创世之作的真正认识越是发展，这种错误就越少发生。在这种宗教中，出于显而易见的原因，整个人类对这种宗教越是接近于认识，也就毫无疑问地越益迅速地联合起来。

最后，我以教育家在教育方法上所犯的错误结束我对一些谬误的枚举。在许多个别情况下，即使没有对已反复说明的上帝的真正宗教的道德原则的明确认识，也不可能对人们必须掌握按照规定的规则行事的技巧的必要性发生误解。但是，为了获得这种技巧，人们必须训练；因此发现这种训练能够借以进行的对象，也是必需的。如果我们对人的生活目的以及人们唯一能够达到这一目的的方式和方法有明确的认识，那么毋庸置疑，世界本身不仅是达到这一目的的最合适的对象，而且它也使人们在这方面不再期望得到其他任何东西。像我们现在知道的那样，在世界中，最完美无缺的规律性占统治地位。因此，如果我们使一个人认识到世界中的有效力量以及这种效果所遵循的规律，如果我们进一步训练他事先考虑根据这种力量在一定前提条件下所产生的效果并以能轻而易举地使一定自然力处于合乎理想的相互关系之中的方式使用他的体力，那么很明显，这个人便由此而获得按照一定规则行事的最大技巧。此外，这个人的训练使他能在尽可能高的程度上实现自己的生活目的，因为他不仅认识了自然规律，而且也掌握了按自然规律行事的技巧。因此，毫无疑问，这个人的教育已经达到尽可能完善的地步。

众所周知，我们的教育家不是选择世界，而是选择一种包括它的全部不连贯性和不完善性在内的人的制造品即人的语言，作为这种教育的手段，而且还为更高水平的教育选择了两个民族（古希腊和古罗马）的语言。这两个民族在它们的鼎盛时期曾处于当时人类文化的最高峰，但却早已被时间的长河所淹没。在我们的教育家看来，除了这种教育手段，自然科学研究，这个唯一绝对必要的研究，即使不是完全多余的，也是没有什么用处的，因为这种研究迟早要与任何积极的宗教——不论它们的名称如何——发生冲突。

各种各样的原因造成教育家们的过失。首先的和最重要的原因是，只是从最近几代人以来，自然科学研究者才如此成功地证明了世界的规律性，以致我们现在有理由得出如下结论，即世界万物都是按照严格的规律发生的，尽管到目前为止我们还常常不能成功地说明决定每一个现象的力量及其作用方式。不言而喻，只有成功地得到那种证明时，世界才能作为适当的教育手段表现出来。

第二个原因是，语言的结构是由语言的目的按照一定的规律性决定的。成功地建立起来的规律越多，它也就越完全地实现自己的目的。因此，在那些古老的语言中，人们自身就已发现了一定的规律性。在这些语言中更完善地建立起规律性是可能的，因为这些语言是以固定不变的方式记录在数量相对有限的作家的著作之中；而且因为人们把那些被归为权威和经典作家的作家数量任意地加以限制，所以它们被弄得更为僵化。因此，在经过长期努力之后，通过建立规则和所允许的例外，学习者便成功地规定了他在工作者应遵守的可靠的规范，于是这些语言便满足了成为教育手段的条件。

造成教育家们的过失的还有第三个原因。当古希腊和古罗马的文化达到顶峰时，欧洲其他民族的文化还处在极低的阶段上。由于它们被北方和东方的民族所征服，这种处于顶峰阶段的文化便衰落了；直到人类的大多数在教育方面的进步，最终在中世纪重新唤醒科学努力的意识。对那些科学努力首先在他们身上重新显示出来的人们来说，因为造就了古希腊和古罗马的作品的文化确实远远超过他们自己的文化，所以古希腊和古罗马的作品必定显得卓越非凡。确实，在他们眼中，古希腊和古罗马的成就具有近乎神圣的氛围，而且由于一千多年的割断而被抬高了价值，以致他们认可了他们的年轻的先行者们对表面价值的富有诗意的夸大，因而使得后代人的努力不可与之比较。由此形成了一个对经典著作的过高的评价，直到今天这些著作仍被教师传授给学生。这些经典著作似乎成了培育青少年品质的最好工具，尽管我们的全部世界观在各个方面与希腊人和罗马人完全不同，甚至是古希腊和古罗马文化的最狂热的拥护者，也不能因为我们更正确而维护祖先的观点。这就可以解释并且原谅教育家们的失策。

第 四 篇

经济与社会改革原则的应用

第十九章　生活享受与教育改革

现在让我们转入探讨个人在按照自然规律行事过程中遇到的障碍。像我们在第 7 章前后反复看到的那样，要把地球改造成乐园，完全取决于这些障碍的消除。我们发现，第一个障碍是，人生下来没有任何知识和技能，相反必须通过学习和训练才能获得知识和技能。只有通过教育才能消除这个障碍。

如果上述解释是正确的，那么很明显，一旦能使每一个人确信上述解释是真理，那他就必然会下定决心走上一条为他同时也是为社会所寻找到的最为有益的道路。为此必须向他传授这样一种在世界中存在的有效力量以及这些力量据以发挥作用的规律的知识，以便他在总体上理解世界的构造，理解物质世界和人类社会由于这些力量不仅得以保持，而且也得以发展。因此，教育的首要目的是使每一个人都获得这种知识，这是必须牢牢记住的。当能够以完全清楚的形式向每一个人传授他同时代的人类所具有的世界观时，而且也只有在那时，才算完成了对一个人的教育，他才算作是他那个时代的一个人。为此，靠任何权威指点人们应该这样做或那样做是不够的，而必须告诉人们所发现的规律之所以是正确的全部根据。只有当人们自己学会得出导致那些规律的结论时，那些规律才会获得每一个真理都具有的不可抗拒的力量。学会说、读、写，达到不仅可以复述人们说的话和记录为文字，而且也可以正确地领会他人的思想以及使自己的思维具有逻辑性，这些并不是上学读书的最终目的，而只是唤醒人们世界观的不可缺少的辅助手段。但是，上述所学的东西不仅仅是辅助手段，而且还是至今绝大多数人仍被排斥在外的一门学问。

只有当成功地发现能使我们计算出所有可能力度上的一定力量所产生的作用的数学公式时，才能够阐明各种不同自然力量作用的结果。但是，能够借助这些公式使之理解各种自然力量作用的，只是那种不拒绝理解公式的人。因此，使每一个人的数学训练达到能使他理解那些公式的程度，看来是绝对必要的。从这个角度看，数学只是语言的一部分，它能够比一般语言更为精确地规定数量概念。学会数学语言，直至理解数学公式表达的真理，与学会语言本身是同样必要的。

除了通过教育应达到的这个目的之外，学会现在常常最为人们所重视的一些科目也具有次要的意义。用于这些科目上的时间和精力，不应该超过上述主要目的。这些科目包括政治地理、历史、应用数学以及其他语言等。所有这些科目，就像经营某一生产部门的任何其他技能一样，都可以为人们所掌握，用来进行合乎目的的活动，或者是用于他自己的享受，或者是用于他所从事的生产。

进行这种世界观的教育之所以是必要的，不仅仅是为了使人们因为有了这种世界观而下决心去行动并向他们指明道路；它之所以是必要的，同样因为它有利于一个有教养的人把他的 g、π 和 y 提高到最高水平。因为即使是为了唤醒这种世界观，也需要有像前面阐明享受规律时那种程度的对自然力量及其作用规律的认识；另一方面，毫无例外地以同样的程度取得对所有已知的有效力量的认识，也是必要的。因此，一个取得这些认识的人一旦为自己选择了一定的生产部门，就能比其他任何人更准确地判断，现有的自然力量是否适合于以及哪种自然力量适合于维持他的生产。另一方面，教育使他能够从这些力量的共同作用中理解宇宙的形成，也使他能够获得对他的特定生产有用的力量的专门知识，这或者是通过向熟人学习，或者是通过自己的研究。

根据经验，使人们达到这样一种训练水平是不难做到的。在中学里，我们的四五年级学生的智力训练看来足以使他们理解这里所阐述的学说。他们为此所缺少的，仅仅是对个别的自然规律的认识。因而，如果从人生下来算起确定要达到上述训练水平的目标，那么，一般说来，人所需要的教育必须持续到像我们中学四五年级学生那样的年龄，即到 15 岁左右。在那样的年龄，体力训练才达到足以使肌肉力量能够开始从事大量生产劳动的程度。因此，下面一点看来是完全符合实际情况的：把人生的早期主要用来对人进行智力训练，以此使人们在这一时期内能够在已经达到的体力训练的基础上最好地使用自己的肌肉力量。经验表明，这是最合理的智力训练，能够使正在成长的人们达到合理地把自己的肌肉力量用于生产的地步。不仅如此，也可以由上帝的智慧从一开始就得出确定无疑的结论：上帝组建它的人类，使他们在一个合理的教育方法之下，必然无条件地达到智力和体力训练的最佳组合，而如果这种组合没有出现，那就应归咎于所使用的教育方法。

如果使人们认识上帝的这种真正的宗教，那么就能使他们完全明白，习惯是怎样形成的。需要向他们指出，如果他们把习惯作

为行动指南，那么他们就能因此而利用人类数千年的经验，以获得最大的生活享受。还需要向他们表明，为了在追求自己的生活目的时避免互相干扰，他们自己要对违反这种习惯规则的行为——它给别人带来或即将带来实际的损害——进行惩罚，以尽可能防止这种违反习惯规则的现象。因此，严格遵守这些规则是特别必要的。而在所有其他方面遵守习惯，也同样是符合自己利益的。另一方面，还需要使他们懂得，为习惯的改善而共同劳动是每一个人的天职。然而，他们只有在使自己的生产技能达到了一定高度，从而能够完全靠自己的劳动或借助于归自己所有的租金收入来获得他们的E时，才能做到这一点。因为只有这时他们才能正确地权衡劳动引起的痛苦与由此获得的享受之间的得失，也只有这时才能对采取何种方法真正提高生活享受作出判断。但是，即使是这样的人，也只有在认识自然规律方面的进步使其有成功的希望时，才能进行改善习惯的尝试。这样便能使人们完全明白，在他们的技能训练达到上述程度之前，他们还必须无条件地屈从于习惯。

一旦使人们明白了所有这一切，就可以放心地让他们去生活。除此之外，还要使他们把注意力集中在尽可能完善地实现自己的生活目的上来。这仅仅取决于，他们所选择的生产部门要能够使他们获得也许是最高的收入。他们一旦作出了选择，他们的生活享受量就取决于他们所获得的技能大小以及对劳动收入的合理使用。这时，才算完成了对一个同时代的人的教育。这时才能充满信心地期望，这些人会尽可能完善地实现他们的生活目的，并按照世界的构造尽可能多地为他们同伴的生活享受作出贡献。

要是一个受过如此教育的人开始发挥生产所必要的技巧，那该会有多么不同！要是他能够把不仅直到那时已熟知的而且也包括新发现甚至亲自发现的自然规律用于生产并预期从中获益，那该会使他多么轻松愉快！那时所有行业毫无例外地将会由此带来何等无法估计的繁荣！

现在占统治地位的习惯，至少是在对人进行较高的教育时，将男孩和女孩之间的教育区分开。看来这里值得特别注意的是，为了使人成为他那个时代的人——这是必要的教育——必须消除男孩和女孩之间在受教育方面的差别。像我们看到的这样，这种教育的必要性的主要根据是，由于享受规律的建立，人们只有通过这种教育才能以最合乎理想的方式实现他们的生活目的。而享受规律对于男女都是完全一样的，因此也就不存在不让女的接受与男的相同教育的理由。不仅是应该让女孩接受与男孩相同的教育，而且妇女也必须与男人一样，努力通过劳动获得她的 E，而且更多的是为了通过不间断的反复活动获得有助于提高享受的教育。我们的上流女界对她们闺房的明显敌意，这些妇女在她们所处的环境里常常感受到的无聊以及由此产生的厌烦情绪，只是充分地证明了上述结论的正确性。

毫无疑问，这里将会提出这样的问题，即妇女进行什么样的生产是合适的。然而，这里无需立即作出回答。人们只需给女孩们进行上述实际教育，并深信通过这种教育会使她们明白享受规律；会使她们明白，根据享受规律，只有在她们的体力和智力训练达到一定高度从而能够在没有过度痛苦的条件下付出为获得她们的 E 所需要的劳动时，才能极大地提高她们的生活目的。然后，完全由她们自己去寻求最适合她们的体力、爱好以至她们在生活中的整个地位的生产部门。这时，妇女们就会发现，除了她们现在已普遍从事的生产活动——家务劳动、照看孩子——之外，是否还能从事另外的生产活动，或许能够帮助她们的丈夫进行生产。发现这些生产部门本身就包含着按真正合乎自然的方式实现妇女的解放。然而，却常常企图以最荒谬的途径来实现这一目的。如果妇女们成功地发现了这些部门，那么她们也就实现了自己的目的。一切缺少教养的人所特有的歧视妇女的观点——把妇女仅仅看做男人享乐的工具，把妇女的存在归之于男性精力过旺的偶然情况——将因此而告终。

我把由对妇女的这种教育中形成的一些其他好处作为一目了然的事实存而不论，而只指出这样一点：由这样一些受过同等教育的人组成的家庭，其生活将会有多么高雅，他们不仅在共同享受和把他们的子女同样教育成为符合时代要求的人方面是现在无法比拟的，而且也不会忽视考虑各自相互不同的爱好。

普遍推广这样一种高水平的教育——我们在前面已经证明这对于每个人都是必要的——，毫无疑问会使那些把自身具有的而现在的确还存在的所谓芸芸众生根本无法企及的教育看得过高的人感到危险。因为他们肯定能预感到，随着这种教育的进展，他们将失去自己的特权地位。所以，他们将会并且现在已经更加剧烈地反对这里所建议的教育。其理由是，受到如此高水平教育的人将不愿从事使人类社会形成现在的福利水平所应从事的绝大部分劳动，因此这样一种教育的必然结果便是导致福利水平下降。通过简单的解释就可以消除这种忧虑。上帝并没有必要为他的臣民设置那种给受过高等教育的人造成过度的痛苦或使他们感到耻辱的劳动。只是人发明了那些使其自惭形秽的劳动，例如当其不得不充当雇佣兵、刽子手、奴隶监工、宫廷卫士等时便是如此。如果除此之外，还能有什么其他疑虑的话，那么通过以下观察疑虑就会消除。

在人们从事的所有劳动中，屠宰工的劳动也许被视为与人的本性最相违背的，因为人们正是把这种劳动交付给那些数百年来被可笑地看做最没有脸面的人即刽子手。因此，在人类具有较高的教育水平的条件下，屠宰工的劳动必定排在人们不愿从事的那些劳动之首。但是我们看到，无可争议地属于最有教养的人，却注定地并且是以显然与人的本质更相违背的方式要去从事这种劳动。解剖学家解剖人的尸体的劳动与屠宰工的劳动的区别仅仅在于，它必须处理的不是什么动物，而是人。解剖学家较高的教育也无能为力，不得不使他的劳动作为社会公认的必要的劳动而保留下来。这只会造成解剖学家在这种劳动中按照人的即与人这样一种高智商的生物相适合的方式行事。因此，较高教育的普遍结果是，并且仅仅是，所有的劳动都将以人的方式进行，所有的劳动都将按照它们给受过教育的人所造成的实际痛苦的比例而予以酬偿。这时，动物保护协会将失去存在的意义，因为具有这种世界观的人将乐于给那些他要为自己的目的加以利用的动物以生活享受，这也是与他的目的相一致的。

在目前情况下，特权阶级对他们特权的依附是建立在价值、财产和货币概念的混乱基础之上的；也是建立在这样一种错误观点的基础之上的，即认为所有被称之为劳动的东西都是与痛苦甚至更大的痛苦相连的。由于迄今为止的世界观，奴隶主当然会认为，当他为了在纵情享乐中加以挥霍而试图以极其残酷的手段提高由

奴隶劳动而获得的货币额时，他的生活享受量便提高到最高水平。因此他会认为，他的福利取决于所讨论的下述问题：让奴隶在各方面都过度劳动而导致生命垂危和早死更有益呢，还是宽松一点让他能活得长久些更有益。众所周知，对这个问题的讨论是同实际的试验联系在一起的，例如在美洲已经进行和还要不断进行这样的试验。这是人类的耻辱。如果把这帮享有特权的刽子手利用这种手段获得的生活享受量，与那些有教养的人即使没有继承任何租金收入而靠自己的劳动即靠为他人创造价值而获得的自己相应的生活享受量权衡比较一下，那么，即使是对享受量的最表面的估价，也能得出这样不容置疑的结论：天平是向后者有利的方向倾斜的。由此还会造成由于那些特权的存在而使整个人类在享受资料的数量和质量方面所蒙受的损失，从而按照具体情况使奴隶主和有高度教养的人受害。因此，取消那些享有特权的刽子手的特权，直至他们成为微不足道的租金所有者，将会使这些享有特权的人本身不致长期为害。这将间接地迫使他们以对社会有益的方式，运用他们的力量去获得自己的最大福利。

第二十章　货币的性质与币制改革

如果通过这样一种教育消除了人们按自然规律行事中所面临的障碍，那么首要的问题就是使人们能够权衡哪种生产部门对他们最为有利。世界的构造仅仅为各个人设置了一个唯一无法靠他们自己的力量消除的障碍，即在世界中不存在能使各个人相互衡量他们收入的尺度。除了货币之外，没有什么其他东西能直接适用。由此便产生了通过劳动生产货币的必要性，从而进一步提出了这样的问题：应该采取哪些措施来以最恰当的方式弥补这种缺陷。如果我们从货币应该达到的目的中最终阐明货币必定具有的性质，那也就以最完善的方式实现了这个目的。

我们发现，第一个绝对有必要满足的条件是，对充当货币的物品的结构的变化（如果确实发生变化的话），必须具有一定的规律性。因为对一个人来说货币本身没有或只有很小的价值，因此只有在他有指望一旦出现需要便能用货币购买到一定数量的实际价值时，他才能作出同货币进行交换的决定。所以，如果他能对自己是否可以用货币获得他所付出的物品的等价物作出比较，那就必定能估计到，在他仍拥有货币时，对货币的估价没有变化，或者按照事先可以预料到的规律发生变化，或者最终只发生了不大的、损失很小因而可以忽略不计的变化。但是，货币从到目前为止的所有者一方交换出去之后，新的所有者又处于完全相同的境况，依此类推。因此，充当货币的物品必须尽可能牢固地保持估价的不变性或变化的可确定性。由于实行分工后出现了租金以及各个人为在最大限度内实现他们的生活目的而有必要用其收入的一定部分去获取租金，极大地限制了可以不予考虑的允许变化的范围。为了能够理智地行事，他通常必须了解货币的估价，他的整个一生都将这样做。一个人在持有货币时，应该重视的首要问题是，随时尽可能准确无误地预先确定那些决定货币估价的事实。

充当货币的物品应该满足的第二个条件是，必须使每个人都能容易地把握任意数量的这种物品，此外，决定其估价的物理性质应能使这种估价准确地按照量的比例提高或降低。前者是因为每个人都必须把他的收入做各式各样的分配；后者是因为估价通常是按照分配的不同方式而有所不同。

除了这些应该满足的条件之外，它的另一种性质也是非常合乎理想的，即它的估价按量的比例最高，从而应让渡的量最小。

从第一个绝对必须满足的条件——能充当货币的物品必须满足的条件——中立即可以得出结论，只有这样一种物品可以充当货币，它的作为其估价基础的物理性质不会由于时间而发生变化。因为否则的话旧的货币与新的货币之间就必定会出现估价上的差别，这种差别将会使人们根本不可能确定估价的大小。但是，抛开这些不谈，从表面来看，由于每个人对每个物品的估价毫无例外都是极不稳定的，所以第一个条件几乎是不可能满足的。

每个人将别人作为货币付给他时的物品，只有在用它能够买到的东西比他作为货币获得的物品对他有更高价值时，才会把它重新作为货币使用。由此可以得出结论，每一个人都准确地按照享受中止时的水平对货币本身进行估价，因为他这样便能够在支出以后的货币原子时得到这个量的实际价值。因此，公式：

$$w=\frac{P\pm R+c-\pi}{\alpha+\beta}$$

精确地表达了每一个人对货币估价的量。这样人们便会看到，每个人的这种估价不仅是不同的，而且还会不断地发生变化。因为对每个人一生来说，由于交往，p，g，π，γ，R 和 c 都会经历不同程度的量的变化。

除了每个人对货币估价的这种摇摆不定之外，充当货币的物品的量的增加也起着众所周知的降低估价的作用。假定量按 $1:\mu$ 的比例发生变化，那么由此形成的最终的必然结果是，每个人得到的货币量即他的 E 按同一比例发生变化，因而他现在得到的是 μE 而不是 E。因为如果不是这样，那么那些得到较多数量货币的人，就会获得过高的生活享受。通过大家熟知的过程，即由于向这个生产部门的转移导致量的增加以及由此造成价格下降，将会建立起适当的比例。这个变化了的 E 的结果，自然是所有单个的 e 按照这种变化而发生变化来确定的。但是，因为对每一个人来说都会发生同等意义上的变化，所以变化的最终结果是：对每种享受资料所要购买的全部量，都按照 e 的这种变化而变化，而任何生产部门的生产量都不会因此而发生变化。因此，当 $\mu>1$ 时，所有生产者无一例外地都能提高他们产品的价格；而当 $\mu<1$ 时，他们产品的价格必定会下降。发现这种变化通常必定会发生的界限是不难的。假定所有享受资料的价格都以下述方式发生变化，即有关的 p 变成了

μp，也就是说，按充当货币的物品的已经变化了的量的比例发生变化，那么每个人现在用 μe 和以前用 e 所得到的享受资料是完全相同的。因此，正像以前全部享受资料量按价格 p 卖出一样，现在同一享受资料量则按价格 μp 卖出。所以，只有在所有购买物品的价格按充当货币的物品的量的增加比例发生变化时，比例才能重新稳固下来。个人生活享受总量只发生如下的变化；他为了真正满足享受所保有的充当货币的物品是 μe 而不是 e；由此引起的变化同这种物品价格沿相反比例的变化一样，即它不再像以前那样等于 p，而是现在变成等于 p/μ。

充当货币的物品的量的变化的最终结果如下：

1. 所有要购买的物品的价格按变化了的量的比例而发生变化；

2. 为了真正满足享受而留归每个人的充当货币的物品的数量所发生的变化，由此而使他的生活享受总量所发生的变化，同该物品价格与量的变化成反比发生的变化完全一样。

一种偶然的情况也在这里产生了特殊的作用。这就是，在目前情况下，许多劳动常常可以为期或长或短地按照预先确定的货币量约定下来。由于全部价格的变化，这些货币量的估价也会发生变化，犹如各该量本身按相反的比例变化一样，因此，在我们的公式里，可以完全像对待租金一样对待这类劳动，将 R 变为 R/μ。

货币中还有一个新的因素也造成每个物品毫无例外都会发生的估价的波动。这是由变化了的货币流通速度引起的。很显然，每个人为了获得同样的生活享受，他获取享受资料所需的时间越短，他出售劳动产品越快，他所需用的货币量也就在同等程度上变得越小。因此定理如下：

货币流通的速度加快产生了同相应货币量的增加一样的效果。

引起货币估价变化的大量原因，看来根本不可能满足第一个绝对必须满足的条件。但是这并不妨碍制造出预先可以确定其估价的货币。

在人们的共同生活中，必须根据 g，π，γ，R 和 c 的平均值，调整对货币的一般估价。因为这些变化——仅就它们对每个人来说在相反的意义上发生而言——相互抵消，剩下的只是所确定的值的平均值作为实际确定的值。但是，g、π、γ、R 和 c 的平均值只是随着人类的整个文化状况而变化。根据经验，后种变化是如此的渐进和缓慢，以至于对货币一般估价的影响在较短的时间内是觉察不到的；但是对于较长时间来说，因为从已经取得的经验中可以推断出首先期待的文化状况的可能变化，所以这种变化通过观察是可以确定的。

还有一种情况使变化了的文化状况的影响不那么明显。这就是决定 w 值的各个条件的文化之间的联系。一般说来，许多这样的变化必定会同时发生，而这些同时发生的变化对 w 的影响正好是相反的。对一个人来说，g，π 或 γ 哪怕只有其中一项的提高通常也只能通过智力和体力训练的一般提高才会实现，而智力和体力训练的提高反过来又引起这个人在所有 g、π 和 γ 方面的同时提高。但是从表 6.3 中我们知道，g 的提高对 w 的影响与 π 和 γ 的提高对 w 的影响，正好是相反的；g 的提高使 w 提高，而 π 和 γ 的提高却相反地使 w 降低；因此，当 g、π 和 γ 同时提高时，对 w 的影响必定至少是使较弱的影响失去作用。R 的情况与之类似。应付租金的减少对 w 的影响与应收租金的减少对 w 的影响，也正好是相反的。但是，应付租金的任何变化都会导致应收租金的同样的变化。因此，对 w 的影响大部分必定会互相抵消了。最后我们看到，p 的变化对 w 的影响（见表 6.1 和表 6.2）对一个人来说也正好是相反的，这要根据有关享受与需要或者与严格意义上的享受的关系来考虑。但是，在目前情况下，由于福利有极其不同的等级，所以同一种享受资料对一个人是需要而对另一个人就是严格意义上的享受。这样，当根据经验各种极不相同的物品并且常常是在相反的意义上发生这种价格波动时，价格波动对 w 的影响就更加失去作用了。

不仅由每个人个人状况的差别引起的对货币估价的波动在交往中减少到几乎察觉不到的程度，而且由于货币的不同流通速度引起的对货币估价的波动也通过交往达到同样的最小限度。

正因为每个人都把最大限度地提高他的生活享受作为生活目的来追求，所以每个人都出于众所周知的个人利益方面的原因而尽可能地加速货币的流通。由于所有人都毫无例外地按同一目标共同努力，必然造成**货币流通速度每时每刻都按照现实情况**——主要应考虑有关人们的智力训练——而处于尽可能高的水平。但是如果是这样，那么货币流通速度只能是随着这些现实情况而变化。这样一种变化作为世界构造的结果只能十分缓慢地进行，并且人类的训练水平进步越大，这种变化的效果通常也就越小。

因为无论是对社会还是对个人来说，货币估价的稳定都是合乎理想的结果，所以由此得出了人类行为的规则：

凡是在那些能够对货币流通速度施加影响的地方，每个人以及政府都应施加这种旨在加速货币流通的影响。

人们看到，在下述条件下对充当货币的物品的估价将基本保持稳定，即一方面选择一种其物理性质不因时间而变化的物品，另一方面能成功地使这种物品的量的比例总是与现实情况相符合。因而，如果成功地发现了一种能够满足上述条件的物品，那么为制造货币的第一个绝对必须满足的条件便会得到满足。

交换早就决定了贵金属金和银如此完美无缺地具备了充当货币所要求的性质，以至于除此之外根本不能指望其他什么东西充当货币。这些贵金属不因时间、不因分割和合成而改变其物理性质，是众所周知的因而几乎无需提及的事实。用少量劳动就可以把任何分散的量按一定形状和大小融合为一体，或者反过来把较大的量加以分割，从而便可以仅仅按量的比例对大大小小的量进行估价。只是金和银能在多大程度上满足按可确定的规律发生量的变化的条件还需要详加讨论。

金和银量的变化的可以确定的规律，是由三个因素造成的。首先，对人类来说不可估量的幸运是，炼金术士没能成功地炼出金和银；而化学的进步现在几乎可以确认人们永远也不可能造出这些材料。因为它们看来实际上属于化学元素，所以不必担心由于人的任意行动——这当然是要消除量的变化规律的可确定性——而使量发生变化。其次，由于地面上现有的这些金属量相对于整个人类所期望的量来说很小，因此除了现有数量外，只有通过不断地艰苦劳动才能发现逐渐接近可以确定的数量。最后，由于最经常使用于首饰和货币上的这种金属的消费很小，它们全年消费的数量估计只能占现有量的1% 还不到。通过这三个因素的共同作用必定会出现这种情况：一方面，每年的开采量较小；另一方面，整个人类拥有的这些金属量，除磨损 —— 这只是按照比每年的开采量还要小的百分比发生 —— 外，却不断地和长期地增大。当达到了这一时点时，现有的量根本不会再发生变化；越是接近于这一时点，所发生的变化也就越微小。这种变化的可以确定的规律性是根据下述条件得出的：首先，人的任意的行为不能增加这些贵金属的量；其次，磨损率是按自然规律发生的；最后，人类对地表的认识越是进一步深化，就越有可能按年预先确定出每年的开采量。

这样，金和银便具备了最适合于充当货币的那些绝对必要的性质。此外，金银也同样具有的一些合乎理想的性质被发现出来。由于现有数量极少，金被排斥在少数对人类福利没有什么意义的物品之外；众所周知，它相对于所有其他物品来说，根据情况以量的比例获得很高估价。按照所估价值的顺序，继金之后直接出现的可以说是银，对它的估价只到金的1/16左右。但是，尽管如此，对银的估价本身也还是高的，使它足以在大多数情况下因让渡量几乎达到最小而提高了便利程度。因此，金和银便融合了最适合于充当货币的物品所必须具有的全部性质。

我这里不得不谈及几乎已被普遍采用的措施，正是这种措施完全夺去了贵金属最适合于充当货币的性质。**这就是纸币、银行券以及无息有价证券的发行**。几乎全部已经指出过的经济学家和政治家们的谬误，共同唤起了这样一种信念，即通过这种措施能够获得特别的益处。因此，我这里要重复一下已经进行过的驳斥，列举实行这种措施的原因。下面我除了指出财政官员希望用这种措施获得益处是众所周知的前提外，主要限于仅仅阐明这种措施的实际后果。

纸币发行的直接后果是，纸币在其发行地区由于不带利息而被用来作为购买的中介，而为媒介产品的交换所达成的购买数量并不因纸币的发行而有所改变。因此，这种纸币发行在那个地区所起的作用，与充当货币的物品的量增加到全部发行纸币的名义额所起到的作用，是完全一样的。其结果是，像我们在前面看到的那样，在那些地区所有产品的价格都按货币增加的比例提高了。这种价格的提高当然不能在所有要购买的订货中突然地同时发生，因为价格提高的必然性只有通过下述情况才为人们得知，即扩大了的需求不再能通过存货来满足，而对一种产品需求的提高比对另一种产品更早地引起人们的注意。因此，其产品价格先得到提高的生产者便获得了极大的利润。像人们经常看到的，在那些地区，工业出现新的繁荣；而那些其产品价格在后来才提高的生产者，却要忍受与别人的盈利成比例的极大的损失，因为他们在收入不变的情况下要购买同样多的享受资料就必须支付更高的价格。在新发行或增加发行纸币的情况下，这种工业的繁荣是一个众所周知的、反复出现的事实，以致纸币发行的支持者们经常把它作为发行纸币的一个特别积极的作用加以强调。在那些地区，某些或所有商品的较高价格带来的益处是，把商品从较远的地区吸引过来，像俗话所说的，重新振兴贸易。由此，一方面，把那些地区的商品价格重新压下来；另一方面，又使该地区的货币量减少到购买流入的商品所需要的水平。显然，这种情况必将一直持续到恢复在发行纸币以前存在的价格比例时为止。因为国民的生产力和土地对生产的适用

性并不因上述全部过程而发生实质上的变化。所以，发行纸币的唯一保留下来的作用是：人类的整个货币在小于纸币的发行量时将被增加，因为由于充当货币的物品的估价下降而需要更多的货币用于享受。因此，一切产品都必须按照货币增加的比例而支付更高的价格。人类的生活享受因而仅仅增加到应由充当货币的物品对所增加的享受作出的估价的水平。然而，这种增加是以发生在转换阶段的损失为代价的，并且是以在所有支付中增加的痛苦为代价的。

如果这里还能对这是否真的是纸币发行的唯一结果有什么疑问的话，那么这种疑问将被下述反复发生的现象所打消，即纸币在国内的超量发行将按其发行量使金和银达到更高的升水。这种现象是下述事实的必然结果，即纸币整个说来只能在一国内充当货币。由此得出，只有在国内还有足够的金和银能被运往外国时，才能通过贸易平衡价格。相反，如果国内的贵金属量下降到仅仅够用来进行支付——这些支付按照习惯或合同规定的义务必须无条件地使用贵金属——的程度，那么，在还要继续发行纸币并试图通过在国外购买来平衡价格的情况下，对贵金属的需求将很难获得所需要的量，贵金属的价格上涨，贵金属取得对纸币的升水。当国内外的价格差别还没有大到可以消弭升水时，这种升水便会使对外贸易的益处丧失，因为在国外只能使用贵金属而不能使用纸币。在还要继续发行纸币时，这种升水必定由于同样的原因而不断提高。由此首先得出一个结论：如果纸币发行量保持不变，此外人类的生产力也没有发生根本变化，那么升水必定会确定并保持在一定水平上。

人们通常认为，货币升水的产生应归咎于国家信用的下降。如果这种完全未经论证的假设是正确的，那么全体国民在对国家信任程度的估价方面能取得下述一致的看法是完全不可理解的：例如，现在所有的奥地利人对国家的信任与拥有贵金属的安全保证估价为 5∶6。众所周知，当人们应对国家的信任作出判断时，他们的观点彼此并没有多大的偏离。按照我的分析，很容易解释这一事实。由于纸币超量发行，在奥地利货币量超出按同其他地区人口的比例应有数量的 20% 左右。这些货币量不能再被减少，因为在外国不能使用纸币。但是，由于按这种比例所有商品价格都比外国高出 20%，所以贵金属便成了竞相追逐的商品，以致必须为此支付 20% 的升水。

从上述纸币发行的结果中可以看出，它的极严重的缺陷是，**随心所欲地导致了应该尽可能避免的对货币估价的变化**。显而易见，随着由于纸币发行人为造成的充当货币的物品的整个现有量的增加，对货币的估价也在同样程度上降低了。这种增加由于取决于政府的随心所欲的行动，所以根本无法事先确定。这样一来，人们便**通过纸币夺走了贵金属的量的比例最为稳定、最有资格充当货币的性质，从而在同样程度上使人类社会合乎目的的交换与生产变得更为困难**。与这个缺陷相比较，上面所说的益处——如果相对于上述缺陷总的说来还可以被视为益处的话——便不再存在了；国家银行通过发行纸币能够有助于摆脱暂时的货币短缺的益处，也同样不再存在了；为了获得微不足道的利息而存款，完全没有什么意义了。**因此，为了使货币合乎自然地建立起来，迫切需要废除所有的纸币，包括所有由政府、银行、私人团体发行的不计息的有**

价证券，不仅在本国，而且在所有其他国家。

如果把金和银作为货币，那么最重要的是使每个人都能容易地花费尽可能小的气力把握任意数量的这些贵金属。其实，这里也早就发现了一般说来能使个人容易地把握一定量贵金属的最适宜的方法。众所周知，这就是，国家把金和银造成铸币。然而，如果说这种方法通常被视为最适宜的办法，那么个人——因为人们误解了货币的性质和货币可以对人类社会做出的贡献——采取这种方法就会犯重大的错误。我认为，除非联系众所周知的铸币制度来谈，而且只谈在这种制度中所犯的错误，否则上述错误就无法更简练地叙述清楚。因此，我将放弃罗列和描述所有那些可能同意的措施。为此，我选择了普鲁士的货币制度，因为我对它最熟悉。

如上所述，为了容易地把握任意数量的贵金属，事实证明最适宜的办法就是，赋予那些贵金属量以特定的重量和含量的铸币形式。对这种方法来说，更重要的是使每个人相信，他实际上是以一定的铸币占有一个足够的、精确测定了的那些贵金属的量。众所周知为了实现这一点，已形成一个习惯，即国家完全保留铸币权。显而易见，这种手段若适当加以利用就能达到目的。这个目的只有通过这种方法才能达到，这证明背离下述一般应该坚持的原则是正确的：管理生产不是政府的事情，政府相反地应把这事完全交给个人。由于保持着这种权利，国家可以用强制的办法，只让带有它的戳记的铸币流通，也可以通过这种戳记赋予这些硬币以某种确定的含量。这里还有一个重要问题，即要使个人相信，铸币真的是有那种含量。

如果尽可能地使个人对国家的可靠性的监督变得容易，那么政府方面的这种真正可靠的方法就会最快和最好地获得信任。因此，要运用所有手段使个人容易进行这种监督。在最近时期，人们开始明白，铸币措施绝不能用于创造国库收入，而只能为交换提供一定含量的铸币。这时，这种手段经受了考验，如同在银币中发生的情形那样，人们在一块块铸币上打上由其标记中突出出来的数字印记。这种手段的适用性是建立在使每个拥有铸币的人都达到以下认识基础上的：如果铸币具有它应当具有的绝对重量，那么他在铸币形式上将拥有多少贵金属。如果铸币上面关于纯含量的戳记已经证明是符合的，那么关于铸币的绝对重量的戳记就更是如此。因为国家能够对混合比例担保，并通过可信的行为赢得国民的信任，所以个人就不再需要对成色进行监督。相反，铸币的绝对重量在流通中由于磨损而不断减少，而且也可以人为地使之减少，即使现在的铸币方法逐渐地使这种减少比以前更为困难。因此，个人必须不断地对铸币重量进行监督。国家的可信行为也不能免除个人的这种监督。因此，使这种监督比对成色的监督更容易进行，看来要重要得多。这种监督不仅可以通过铸币应有的关于绝对重量的戳记进行说明来实施，而且还可以利用居民手中所有的普通衡器称铸币的这种绝对重量来实施。

在现实中也不断表明这种监督的必要性。它恰好又造成了有关铸币的一个重大谬误。包括普鲁士在内的国家都认为，它们可以通过下述措施使个人省去这种监督，即它们宣布个人在国家法律管辖范围内必须接受铸币的支付作为他们的法律义务。在这些支付中，各种铸币代表国家法定的货币重量和成色，即使是这些铸币由于经常使用中的磨损失去不少绝对重量而使个人在其行为中不能不考虑重量的差别，也必须完全接受。此外，人们认为，为了对支付手段制定一个确定的单位，采取这种措施也是必要的。毫无疑问，这些国家过高估计了它们对交换中的有效力量的权力，而且正是由于那些法律的强制措施，必然导致对支付手段估价的波动和下降。

如上所述，国家通过铸造货币只能保证，铸币的金属量具有一定的合成比例。但是，铸造的方法既使得有意改变绝对重量非常困难，又不能完全避免由于磨损造成的绝对重量的减少。一旦由此引起的重量差别超过了界限——在这个界限内因为个人没有感到不利后果而可以对这种重量差别不予考虑，那些强制措施就给较轻的铸币蒙上了污点，即国家信用必须对所缺少的重量承担责任。但是，这种信用只能在本国范围内对所缺少的重量进行补偿，所以它的铸币在世界市场上的行市下跌。现在，搜集熔化新的足重的铸币并作为条块出卖就是有利可图的了，这样行市下跌再也不能通过铸造新币来消除。因此，交换迫使国家——尽管国家能作出所有的保证——用剩下的这种唯一手段，即通过法律规定降低铸币的重量和成色，去消除灾难状态。不久前，在萨克森和南德意志各州，这已被证明是不可避免的。因为所有价格都是按规定的铸币的重量和成色测定的，那么不言而喻，铸币重量和成色变化的必然性就带来了一切同无法预料的货币估价的变化相联系的不利后果。因此，不能免去个人对铸币绝对重量的监督；除非国家能作出这种保证，否则使保证个人在支付中接受国家铸币的强制措施就不能继续推行。只应强制个人承认，带有国家印记的铸币具有一定的合成比例；如果除此之外带有国家印记的铸币还标明一定的绝对重

量，那么，个人无需进一步检验就可以承认，他现在所接受的也就是由国家所保证的金属量。因此，强制只应到这样的程度：带有国家印记的铸币即使变得很轻了，但是只要重量的差别为保证金所补偿，那就必须接受。此外，把这种强制限制到合理程度还能带来其他益处：使故意减少铸币的绝对重量变得十分困难，以致这样做是不可能的。因为这种减少应补偿为此所耗费的劳动，所以由此所赚得的金属量必然很大，不会有人在对货币进行估价时对此不予考虑。因此，当发行重量不足的铸币时，所赚得的金属量又作为保证金而重新失去，用于减少铸币重量的劳动仍然得不到报偿，从而它将完全停止。这样，人们所能期待的仅仅是由于磨损而造成的重量减少。

因此，如果必须把那些监督转交给个人，那么我们在普鲁士的铸币制度中便发现了许多错误。在普鲁士由 1 个马克的纯银铸造成 14 塔勒，并且是以这样一种方式，即 $10\frac{1}{2}$ 塔勒的重量等于 1 马克。这样，一个塔勒的重量就等于 $1\frac{11}{21}$ 罗特。这个重量在日常交换中是遇不到的，它使得个人对铸币绝对重量的监督没有必要地变得困难了。这个错误可以用一个小小的修改加以补救。如果加进的铜是 5/21 而不是 1/4，那么 $10\frac{2}{3}$ 塔勒的重量就等于 1 马克，因而 1 塔勒的重量就正好等于 $1\frac{1}{2}$ 罗特，这样每一个小商人就拥有了实足的重量。

然而，在铸造货币中还犯有另一个错误。这就是，在铸造货币时加进的铜太多，以至于这样一种合金的铸币透出了铜的颜色。对银有较高的估价根本上是由它的动人的光泽和漂亮的颜色决定的。因此，这种暴露于表面的铜色，必然降低对这种铸币的估价。这正是加入过多的铜的错误之所在。正因为如此，在铸造新币时，为了使它们保持漂亮的银色，要进行所谓的白化处理，由此使铸币表面蒙上一层纯银。但是，这种方法带来了多方面的不利后果。首先，这样使得铸币从绝对重量到含量都失去了可靠性。在这种情况下，因为害怕可能出现同铸币可能的量不可能联系在一起的差错而引起的不利后果，比不太明显的差异本身更为有害。其次，后来几经磨损而出现的透铜现象以及由此而发生的新旧铸币外表的变化，都引起人们对铸币真实性的怀疑。这样就造成人们对这种真实性的绝对必要的信任的减退。最后，由于加入了这些铜，使必须让渡的金属量徒然地增加 25%。与这些缺点相比，这种合金铸币的一些小的优点便消失了。例如普鲁士的塔勒具有一些较硬的特性，因此磨损不像纯含量较大的铸币那样大；然而当经过白化处理时，它的磨损就增大了，即使在最初的时间内磨损也超过了纯银。此外，由于铸币通过加铜而增加了绝对量，所以磨损便在更大的表面上发生了。

如果取 $14\frac{2}{9}$ 罗特的银用到银币上，然后由一个纯银马克铸造成 18 个塔勒，那么就会使这两个错误同时得到补救，而又不失去能够用不太复杂的整数表现纯含量的便利。这样，再加进 1/9 的铜，使 16 塔勒的重量等于 1 马克，从而使 1 塔勒的重量正好等于 1 罗特。于是 1 塔勒的印记上将载明：

“1 **塔勒重** 1 **罗特**，18 **塔勒等于** 1 **纯银马克**。”

相对于现在的情况，塔勒含量的比例将为 7∶9；这就是说，它值 23 银格罗森 4 芬尼。这就可能以同样的便利和优点，取得 1/2 塔勒和 1/4 塔勒的铸币；即使造 2 塔勒的铸币，其大小也没有什么不便，对塔勒的分割来说，采取其他像现在普鲁士那样的合成比例是不实用的。其原因在于，在我们现在的重量体系下，由 8 份银和 1 份铜合成一起是最为实用的。

如果说这种方法对于银币来说是唯一合乎自然规律的方法，那么上述考虑对于金币来说就更为重要，因为它的估价要高许多倍。因此，我们在普鲁士的金币弗里德里克多尔中也遇到了与塔勒中类似的错误。普鲁士金币含 $21\frac{2}{3}$ 开纯金，用合金马克铸造成 35 块弗里德里克多尔。因此，用纯金马克就会造成 $38\frac{10}{13}$ 块弗里德里克多尔，每块重 16/35 罗特。这就犯了与前面同样的错误。因为减少纯金含量看来是不可取的，而相反地使由纯金马克制成双倍的弗里德里克多尔的数达到一个整数才是合乎理想的，所以要进行修正，即用 $22\frac{10}{17}$ 开的金代替目前的 $21\frac{2}{3}$ 开金。这就是说，合成的比例是 16 份金、1 份添加物，并且把合金马克铸造为 32 而不是 35 弗里德里克多尔。这时，每个弗里德里克多尔的重量正好是 1/2 罗特，用纯金马克将铸造出 34 块弗里德里克多尔。

就金币而言，这里我们还遇到了一个新的错误。这就是，金币打上一定塔勒数的戳记。这种习惯源于这样一个时期：在这个时期，人们还不像现在那样对货币估价的规律有明确的认识，因为人

们对估价波动方面的经验连一次也没有收集整理过。那时人们力图制造金币，使金币与一定量单位的一定银币估价相等。现在我们知道，这样的一种努力是徒劳无益的，因为对每一种物品估价的高度取决于一些现实条件，而这些现实条件本身对于每一种物品来说当然也可以发生变化。因此，两种物品的估价之间的比例在长时期内保持不变，只是极为偶然的。即使对金和银来说，经验也早已证明了这一结论。尽管像我们现在看到的，这二者的实际比例很少发生变化。自发现美洲大陆以来，由于富金矿的开采，在银和金的比例中，银的估价按照经验从金的 1/11 左右下降到接近 1/16。而直到后来很久仍然与名义上相等的银量保持估价不变的金块，由于上述原因才又对银上涨到 13% 多一点。尽管有这种经验，但是习惯仍然保持下来，弗里德里克多尔上仍铸有 5 塔勒的印记。众所周知，这样双重计算方式便流行起来，一个是按金计算，一个是按银计算。这只能引起混乱，因而是错误的，由于弗里德里克多尔在德国各州造成同一铸币的不同名称，所以把它改成它的法国名称是可行的。这个名称在德国铸币制度中也早已被普遍接受，它就是"披斯托尔"。新铸币的印记如下：

"1 披斯托尔重 1/2 罗特，34 披斯托尔等于 1 纯金马克。"用同样简单的比例数，如半披斯托尔或 2 披斯托尔，都是可行的。

普鲁士所采取的措施，作为固定金银估价比例的努力的残余，是必须加以考察的。由于采取这种措施，1 弗里德里克多尔的价格被确定为 $5\frac{2}{3}$ 塔勒，国库被指定按这一比价收支这种铸币。在任何情况下，这样一种措施都是有缺陷的。因为这个比价低于世界市场上按金和银的估价确定的比价标准，这样就导致所有的金币从流通中消失，而且居民也失去用金支付所带来的便利。当在世界市场上估价较高时，不可避免地会出现这样一种情况，即在交换中确定的铸币比价高于国库设定的比价，因为它们在最坏的情况下也能熔为金条块出卖。但是，每个人都会拒绝按这样高的行市接受金币，如果他们预计必须用这种铸币向国库作某种支付的话，那么他们这时将会失去比价差。这种拒绝的情况出现得越频繁，它对这些铸币的估价相对于世界市场上的金条块而降低所起的反作用也就越强烈。因此，对于大商人、银行家等人来说，以这种低的比价收购这些铸币，再拿到世界市场上去出卖，就是有利可图的。正是由于上述情况，这些铸币不可能再从世界市场上返回国内。相反，如果国库确定的比价太高，就会使金币蒙上污点，国家信用就必须为这种过高的估价担保。因此，这样的金币只能在国内流通。同外国交换的大宗贸易缺少的恰恰是这种铸币，这种铸币将为此无条件地提供最大便利。

与过高地确定金币比价相连的，还有另外一个危险，不过这个危险到目前为止被普鲁士政府避开了。由于确定这样一种比价，给政府带来了铸造金币的好处。然而如上所述，这样的铸币只能在国内流通。另一方面，每个民族只能拥有一部分用做货币的贵金属，就像他的购买占整个社会购买的比例一样。如果政府被诱惑利用发行铸币去获取那些益处，那么由此产生的必然结果是，一个相当于新发行的金币量的、足重的银币量流向国外，一直到所有粗糙的银币退出交换。这也许是由于磨损银币的估价同比例地降低了，就像在金币中出现的情形那样。其结果是，这个国家的铸币在世界市场上的估价大大低于过高确定的金币比价，这个国家硬币的法定含量也大大降低了。众所周知，由于辅币的超量发行——它的最终效果是一样的——在现实中也常常引起这种现象。因此，在任何情况下规定金币和银币之间的比价都是一个重大的错误。它必须完全交给自由的交换去确定。在取消了这种规定之后，根据现在对贵金属按相互之间的比例所作的估价，新披斯托尔的价格将围绕 $8\frac{1}{6}$ 新塔勒波动。

把两种贵金属金和银的估价比例一劳永逸地固定下来是不可能的。这就提出另外一个问题，从两种贵金属中只用一种作为货币是否合适，因为从一定意义上说货币在交换中充当尺度，而对尺度必须首先提出的一个要求是，它是唯一的并且它的量尽可能保持不变。众所周知，英国货币制度的建立就试图达到这样一个目标。英国的所有银币都是以下述方式铸造的：在银币和金币名义量相等的条件下，银币按银条块与金条块的比例比金币估价低 $6\frac{2}{33}\%$。其结果是，在英国所有的银币都蒙上了污点，国家信用必须为此而补偿短缺的量。结果只能用金作为真正的价格尺度，而银只执行辅币的职能。这就是说，只是用做那些用金币支付太小的交易。当然，这种方法所达到的结果便是，只有金才能被视为交换的真正尺度。然而英国由此获得的益处，即使交换从两种充当货币的物品的估价波动中解脱出来，是以更大的损害为代价的。

首先，毋庸置疑，如果在两种贵金属之间必须选择一种充当货币，那么只能选择金。如果想达到预定目标而选择银，那么除了银币之外，使用金币就完全行不通，因为金的估价要高得多。若金币按克扣的方式铸造，那就与过高地规定弗里德里克多尔的比价一样，将把银币驱往国外。而按更高金量铸造金币本身也是不实际的。由于缺乏纸币，有必要用银进行所有大批量的支付和所有远地区的支付。这常常带来很大不便，以致交换无论如何将寻找手段——尽管有政府，用方便的金充当交换的媒介。这样，应被追求的益处便丧失了，与政府铸造铸币相连的益处也丧失了。然而，如果选择了金，那么较小劳动量的结算也可以像在英国那样，不妨以银作为辅助手段。英国所使用的把银币铸造得较轻的方法，是使银作为辅助手段的唯一可能的途径。使用这种方法会产生进一步的危险，即铸造银币获益很大，以致私人——即使他们铸的也像政府铸的那么重——在这种生产中获得极大的盈利。因此，他们在国外——尽管不是在国内——从事这种货币的铸造，从而不可能发现这些偷运的货币。这样又失去了与政府铸造货币相连的益处。如此等等。银币只有在它具有刚好够用来结算较小劳动量的适度数量时，才能保持其作为辅币的性质。如果它的数量超过了对此所要求的数量，那么就像发行纸币把金属货币排挤到国外那样，它也把金排挤到国外，一直到最终银币重新成为价格尺度，从而该国铸币的重量和含量又下降到铸造银币的水平。然而，由于私人铸造银币，政府便失去了在这一限度内铸造银币的可能性。因此，铸造较轻的货币的比率只能维持在这样的范围，即私人对他生产的盈利感到不满（和不再铸造所空出的范围）。另一方面，由此形成了一个新的危险：在现实状况只有很小变化的条件下——它决定了贵金属的估价，贵金属的估价比例能以下述方式发生变化，即原本很轻的银块现在与金等值了，或者也许还超过了金。这样，银币将从

交换中全部消失，并且耗费在银币上的铸造成本也将丧失。在加利福尼亚和澳大利亚新发现的丰富的金矿，如果它的丰富度还可以保持一代人的时间，那就可以相当有把握地预言，金的估价的这种下降就会实现。

抛开这两个危险不谈——这完全类似于进退维谷的两难境地，选择金作为唯一的价格尺度仍有一个缺陷，即大量的人不得不持续地凑合使用这样一种铸币，对于这种硬币国家信用必须补偿其重量不足的部分。因此，这种硬币越过了本国的边界便不能使用。

相对于这种同专门选择金作为价格尺度相连的缺陷，金和银之间比价的波动所造成的小的不便就更显得微不足道了。根据经验，这种不便是如此之小，以致它只是在大宗交易中才能感觉到。此外，货币制度越是按照自然规律建立，这种不便就越会减少。这样，对货币估价施加的任意的干预也就结束了。

通过按上述原则铸造金银，使个人有可能在支付时以下述方式进行结算，即一方或他方的损失从来也不会超过重 1/8 罗特的银币或目前流通的 2 银格罗森 11 芬尼。这个本身很小的量却显得太大了，以致一个人在现时绝大多数情况下都难能作出承受损失的决定。另一方面，1/4 罗特的铸币却允许达到这样一个界限，在这个界限上在硬币进一步变小的条件下，货币的铸造、保存和使用变得十分困难，对这种硬币来说，能够准确地确定它所包含的实际金属量。这里也可以运用同样的补救办法，这种办法就是不能以金来进行的结算用估价较低的银来代替，按照估价的顺序也可以铸造 1/4，1/2，1 和 2 罗特的第三类硬币，即铜币。然后就像现在确定金币和银币之间的比价那样，以类似的方式确定一个银币和铜币之间的比价。这样，就可以精确地对直至1/8罗特的支付进行结算。一个估价较低的金属量足以能够用来应付所有未考虑的情况。

但是，这里的情况使这种补救方法不能使用，例如铜的实际条件就绝不像贵金属那样使其估价几乎不发生变化。铜的估价很低，以至于一方面许多地方具有丰富蕴藏量的铜矿不能开采，因为价格不足以补偿成本；另一方面由于地点不同，运输成本也引起估价上的很大差别。因此，铜属于那种可以任意增加的物品之列，它很少能像银那样被用来作为确定各种不同商品价格的补充手段。只有贵金属才能有这种便利。对这些贵金属来说，在缔结一般的交易时，没有必要为避免对一方或另一方造成极为不利的后果而考虑把最小的铸币再进一步一分为二。因此，我们看到，在现行条件下，只有下述这些物品的价格是以弗里德里克多尔确定的，这些物品在估价时即使误差达到1/4弗里德里克多尔的一半也被看做是微不足道的。例如，像名贵的马、艺术品、荣誉品等，这些物品不像普通的劳动那样来支付。因此，对这些物品，人们总是避免留下想要以这样的精确性来衡量其报酬的印象。在所有其他情况下，价格都用银来确定。但是，像已经指出过的那样，在大多数情况下，对1/8罗特的银铸币的估价还是太高了，以至于买卖双方都不能不考虑这个数目。由此可以得出结论，对所有这样一些小宗交易的商品来说，只能以铜币来确定价格。这样铜的价格的波动就波及商品价格。我们在前面已经认识到的那些与金的估价不可确定性相连的所有不利后果，在这里都发生了。

除了铜的这个根本的缺点以外，这种补救办法还给个人带来

了极大的不便。铜的估价与短工平均每天要购买的东西相比是如此之低，以至于每个人必须一直随身携带的铜币量成为一个沉重的累赘。假定在数量相同的情况下，对铜的估价只相当于银的1/64—— 按现在的这个状况这个估价也许太高了，但这里可以做这一假设，因为铜的价格由于大量消耗将会提高 ——，那么，对1/2 磅铜的估价将等于 1/4 新的银塔勒。然而，因为大多数人每天必须多次地兑换 1/4 塔勒 —— 这是他每天的支出远远超过这个量的缘故，所以所有这些人都被迫一直随身携带在任何情况下都超过 1/2 磅的铜币量。在铜的估价降低的情况下，必然感到这是一个负担。

铜的那些缺点可以在这里通过补救办法加以弥补，不过这种办法我们在银币的情况下已认识到是有害的。这种办法就是，国家信用对那种应能借助于铜补偿小的劳动量的铸币进行资助。而其不方便之处也可以通过下述办法加以弥补，即用于这种铸币的不是纯铜，而是通过加入银使其提高估价的合金。但是，在国家信用进行资助时，要作像英国在铸造它的含量很小的银币时同样的考虑。少量铸造的合成比率，不应刺激赝币仿铸。在流通中只允许出现像 1/4 塔勒那样为补偿较小的劳动量所绝对必要的铸币量。因此，普鲁士立法的规定为自己辩解说：没有人被迫接受辅币，用来对能够用足重的铸币进行支付的东西进行支付。

这种措施还具有另一种方便之处。因为这些铸币本来就必然要求国家信用，所以使个人很容易对国家在这些铸币方面的正当行为进行监督，也就没有什么必要了。因此，在上述界限内，对这些铸币的纯含量和绝对重量，人们都可以完全放心行事。这还能毫不费力地取得进一步的便利。人们可以完全任意地把塔勒划分为一定数量的部分，并且有权选择为达成的交易提供最大便利的划分标准。

在普鲁士存在的划分标准中，我们发现一个错误，即银格罗森的单位太大。这就带来不便，使绝大多数商品价格必须用银格罗森的组成部分来确定。这种单位上的不便之处也可从下述情况中明显地看出来，在一些格罗森计量方法长期流行的各州，交换已试图为自己创造出更小的单位。那里的交换中已知道有 *Sechser* 和 *Dreier*，众所周知这两个名称在那里表示 6 芬尼币和 3 芬尼币。这也就证明了，在当时条件下，所寻求的最合适的单位在 6 芬尼和 3 芬尼之间。新塔勒划分为 60 个等份将会满足这个要求，一个单位等于现在的 $4\frac{2}{3}$ 芬尼，因而正好具有所期望的值。此外，60 这个数之所以可取，还由于下述众所周知的原因，即它由于前面六个整数可以被除尽。为了避免混乱，下面我为这个单位选择了以前在下莱茵几乎是相同币制的一种铸币的流行名称："斯蒂贝尔。"这样，1 塔勒等于 60 斯蒂贝尔，并且顺理成章，半个塔勒等于 30 斯蒂贝尔，1/4 塔勒等于 15 斯蒂贝尔。这时，重要的只是，创造能将 1/4 塔勒分为 15 斯蒂贝尔的铸币。为了使铸造这种最小的足重的硬币变得容易些，可以把它划为 15 等份，铸造面值为 1、3、5 的斯蒂贝尔。在铸造过程中还应考虑到，足重的硬币在重量和大小上以下述方式区别开来，即只有在极为粗心的情况下才能发生混淆，并且要铸造成银币的样子，因为它们估价太低，形状太小，就像最小的足重硬币。对于 5 斯蒂贝尔的铸币，其绝对重量为 1/6 罗特是可取的；

根据比例，3 斯蒂贝尔铸币重 1/10 罗特。合金的比例应按下述方式确定。鉴于 3 斯蒂贝尔铸币的存在，5 斯蒂贝尔铸币的比价达不到所能期待的最高的铜的价格。3 斯蒂贝尔铸币只有 2/3 银格罗森那么大，它的重量为 3/20 罗特。因此，在这个合金比价下，1 斯蒂贝尔铸币太小了。由于估价较低，适合于用铜来铸造。为了适应小宗市场交易，最终还可把斯蒂贝尔分成四等份，依此铸为 2 芬尼铸币和 1 芬尼铸币。这样，这个量 —— 它在大额支付中不必考虑 —— 等于我们现在的芬尼的 7/12。这么小的量足以在任何情况下都使人们感觉不到有什么损害而不加考虑。实行这种新的铸币重量和含量时所带来的暂时不便，相对于实行它之后所产生的长期便利而言，可以不必考虑。

如果按照这些规律铸造货币，那么更为关键的是，社会如何提供各种类型铸币的最合乎理想的数量。众所周知，直至目前，政府仍通过实施货币权自己直接承担这一事务。只是最近英国在 1817 年实行币制改革时，才首先尝试让私人通过下述方式也参与货币供应，即让他们自由地铸造特别大的金币。

在国家自身承担确定每种铸币所要求的数量的事务的地方，肯定会发生一些极为严重的错觉，致使流通中的铸币时而是这一种时而是那一种过多或过少，为交易带来很大麻烦。在如此缺少经验和交换关系变幻不定的情况下，要是能为一种或少数几种铸币确定适当的数量，那该有多好啊！升水的事实十分清楚地表明了这一点。铸币制度的历史证明，为了获得一定种类的铸币，常常必须支付升水。然而，当我们仔细考虑估价规律时，很快便发现，只需对英国政府遵循的方法稍加修正，肯定能完全避免所有这类错误。

铸币是为了使交换变得容易，并由此在同一程度上间接地使生产变得容易。因此，各种铸币就像使我们的劳动变得容易的锤子和钳子一样应被视为工具。只有按照与其生产中的痛苦成正确比例的购买价格，才能买到数量最为理想的锤子和钳子。同样，只有按照与其生产中的痛苦相应的购买价格，才能买到数量最合乎理想的每一种铸币。由此得出下列对政府来说唯一合乎自然规律的方法：政府应该尽可能地准确计算，铸造每一种铸币实际花费多少成本，包括只为此目的而聘用的官员的薪金以及设备投资的利息与维修费用——这些只限于必要的而不是奢侈浪费的花费，然后便宣布，每一个私人要准备对把金属铸成铸币的成本进行补偿。这样，私人将要求按照以下数量铸造每一种铸币，即这种数量能使一定种类的铸币所带来的便利抵消铸造成本而有余。

此外，这种措施的结果是，不同种类铸币的估价将准确地按照应该加以补偿的铸币成本的差别而有所不同。因为铸金比铸银更廉价，铸较大的铸币比铸较小的铸币更廉价，所以每个人都试图在有可能的地方用金和尽可能大的铸币进行他的支付；这显然是最合乎理想的结果。

尽管这个结果本身是合乎理想的，但是这种估价上的差别却会给交换带来值得高度重视的不便。如果这种差别较大，以致它在一些种类的铸币上超出每个人感觉不到损害因而不予考虑的程度，那么，由于这时在与某种铸币的交换中必须考虑这种差别，这种差别就成为明显的不便。可是，铸造足重的铸币，甚至是铸造银币，其铸造成本很低（对普鲁士铸币计算的铸造成本就很低，只有

$1\frac{1}{5}\%$，也许因为没有把全部应该计入的费用，包括某些不大的费用，都计算进去)，以至于 1/4 塔勒的全部铸造成本与半个塔勒的全部铸造成本相比差不了多少。因此，对于金币和足重的银币来说，不用担心那种不便利之处；相反地，对它们只会出现这样的结果，即在较为大量的兑换时必须支付一个相应的贴水，而这与不利的后果并没有什么联系。对于辅币来说则完全不同(铜币的铸造成本为40%，因而1斯蒂贝尔的成本已达到$1\frac{3}{5}$芬尼)。这里，国家必须对铸币成本作出的补偿只达到这一数量，如果分摊到每一块铸币上，仍保持在上述水平之下。但是另一方面，这一数量又产生足够的刺激，以致要把辅币的使用限制在必要数量上。因此，对于英国政府的方法应该加以责备的只是，它徒劳无益地关心金币的铸造，把铸币权限制在金币上。

众所周知，在那些由政府自己承担向社会供应足够铸币的地方，通过铸币税即通过按铸造成本的比例克扣铸币含量来补偿铸造成本，已成为长期的习惯，而且至今还部分地存在。这种方法与一个金匠的方法如出一辙。金匠为了补偿自己的劳动，想以比他按合同应提供的更少的金属量提供他所打的首饰。这种方法是完全不能容许的。这里对此无需讨论。我们知道，铸币只有在下述条件下才达到了它们的目的，即铸造铸币时要极为仔细，做到每一块铸币在含量上的差别降至使每个人不加考虑而接受的程度。因此，不能完全避免含量上的差别，但无论如何只能允许到上述程度。

如果按照上述原则铸造贵金属铸币；如果政府本着使每一个有兴趣的人都能容易地对每块铸币进行监督的精神来铸造和发行

每种新的铸币，开始它曾宣布准备进行的在上述条件下的铸币活动，并由此进一步逐渐地首先撤出所有纸币以及进而撤出旧的铸币；那么实行新的法定的铸币重量和成色也就不会对交换产生明显的干扰了。逐渐缩小流通的货币量，会按众所周知的方式使其他剩下的货币价格提高。因为货币本身充当尺度，所以上述情况表明，国内货币在交易所中被竭力寻求，它的行市相对于外国铸币而提高，特别是金银条块也不再按照铸币含量应有的价格水平进行支付。这样，对接受铸造双面值的披斯托尔的贵金属商人来说，最终是有利可图的，因为国内硬币的贴水超过了补偿硬币的铸造成本。因此，撤出流通的货币的直接结果是，铸造厂得到铸造那些金币的订单。

一旦该铸币厂取得了实现这种订单的条件，只需自己动手铸造金币，就能自己沾取贵金属商人的利益。但是，要考虑到这样一条定理，即政府只有基于绝对不可避免的、极其重要的理由，才能介入某一生产领域。承认这一定理，将这种收益留给贵金属商人，并且把关心铸造社会所期望的不多也不少的硬币数量之事也留给贵金属商人，显然更为适当。政府不必担心这一点，因为政府可以做到通过迅速或逐步废除流通着的货币来提高这种盈利，或者把它降低到最小。为此，政府应该把从流通中撤出的硬币熔化为金条或银条出卖，以便容易确定和比较同铸造的硬币的比价，这必须在新铸造的硬币的纯金含量的基础上进行。

新铸造的双面值的披斯托尔投入流通的结果是，常常能够更方便或同样方便地用这种铸币进行支付。当流通中其他种类的货币不断退出时，更进一步提出了这样一种必要性，即为这样一种支付保持小额硬币，这种支付只能用这种小额硬币支付，或者说用这种小额硬币能够更便于支付。这样一种以银币进行的支付与流通中的金币量相比，数量会减少。其结果，尽管银币的绝对数量减少，但剩下的银币量与将要用它进行的支付仍然是同一比例的。因而它和从前保持相同的估价，也就是说，只要新铸造的双面值的披斯托尔是需要的，国内银币的贴水就会比它的铸造成本高一些。二者之差按比例地补偿了金属商人付出的痛苦。

当流通中的旧铸币不断撤出时，这种比例长期保持不变，一直到新的双面值的披斯托尔多到足以进行所有出现的支付——这些支付能够用这种铸币很方便地加以校正——的程度为止。如果达到了这一点，那么通过小额铸币更方便进行校正的那些支付，就不会因为这种铸币的增加而减少。如果除此之外交换关系也保持不变，那么双面值的披斯托尔增加的明显结果——这在每一次量的增加时都会发生——就是其估价降低。也就是说，双面值的披斯托尔比价的下降，使贵金属商人在铸造这种铸币时所获得的好处丧失了。随着这种好处的丧失，也就不会再有铸造这种铸币的订单签发了。这时，社会供应的双面值的披斯托尔的量显然达到合乎理想的状态。当流通的小额铸币不断退出时，现有的铸币量与应该用这种铸币进行的支付量的比例发生了变化，因为根据前提，现在双面值的披斯托尔不能很方便地替代退出流通的小额铸币量。因此，小额铸币的比价现在又开始回升。这种在双面值的披斯托尔上所发生的现象，在单一的披斯托尔并进而在半个披斯托尔上也会反复出现，一直到社会拥有这类铸币的合乎理想的数量时为止。

在银币继续退出流通的情况下，银币的贴水也高出半个披斯托尔的铸造成本。只有在下述条件下才能使这种贴水的提高中止，即该国与之交换的其他国家在铸币制度中保持它们现在的方法。由于预计有可能从交换中获得如此廉价的外国铸币，所以用外国货币进行收付所带来的不便被抵消而有余。这种情况当然也已经在金币中出现了。由此带来的结果是，时而或部分地需要使用外国铸币支付。对于社会来说，这没有任何不利后果，因为只有盈利多于不便时才会使用这种方法。而对政府来说只有益处，因为这时本国的铸币损耗很小。只有当本国的铸币都被从交换中排挤出去时，才会从这种现象中产生不利后果。这种不利后果表现在，由前面提出的原则创造出的交换手段将失去对它的估价尽可能保持不变的优势。然而本国的所有铸币都被这样排挤出去本身是完全不可能的。因为由于量的减少这些一定种类铸币的估价恰恰会不断提高，所以不久就必定会达到外国铸币不再能与它保持平衡的高度；而且还不仅如此，因为由于众所周知的法律规定，一系列的支付必须无条件地以本国货币进行，所以，政府可以不阻挡由于外国货币涌入而造成的它自己的货币的不断退出；相反，它还要继续地把每一种铸币——既包括足重的铸币也包括辅币——撤出流通，一直到铸币厂收到铸造每一新型铸币的订单为止。与此同时，政府也从货币贴水的程度获得明确无误的信号，表明它已在多大程度上接近了这一点；当贴水超过铸造成本，直到比贵金属商人铸造铸币付出的努力所获得的价值还要高的程度时，就达到了这一点。

如果达到了这一点，那么社会供应的各种硬币量就正好是合乎现实需要的。这时，政府还是可以把那些仍按照旧的重量和含量进行流通的铸币留在交换中。然而，如果政府为尽快结束双重铸币重量和含量所造成的混乱而把旧币统统废除，那么这样做将更符合目的。这种铸币制度简化的益处，是以社会必须承担更多的铸造成本的不利后果为代价的。撤出流通的铸币由于磨损或由于应归咎于政府自身的克扣式的铸造所造成的含量减少，将比通常更早地把负担加在政府头上。以上两种情况同交往便利程度的提高似乎没有多大关系。

为了最终尽可能地完善铸币制度，政府只应更多地关心，尽可能地使由上述讨论的措施造成的状况保持不变。通过对铸币行市的观察，做到这一点完全没有什么困难。只要对各种铸币的估价保持不变，这种合乎理想的状态就会存在；而只要铸币按原来的贵金属加铸造成本进行支付，对铸币的估价就会保持不变。对于铸造成本来说——像普鲁士硬币计算的成本那样——双面值的披斯托尔大约为$\frac{1}{4}\%$，塔勒尔硬币大约为$1\frac{1}{5}\%$；马克金币最高为$15\frac{24}{25}$双面值披斯托尔，马克银币最高为$15\frac{5}{6}$塔勒。如果金银条块的价格提高到这个水平以上，那么这就是有关种类铸币的估价降低到合乎理想的水平之下的一个准确无误的信号。这可能有双重的原因，或者是铸币量相对于变化了的交换关系变得过多了，或者是各种铸币由于磨损或其他方式而蒙受了被个人忽略不计的损失。对这两种情况来说，存在着一种十分容易的和唯一可能的补救方法，即把最轻的铸币从交换中撤出并且熔化，直至它们的估价重新达到所希望的水平。此外，当铸币印纹哪怕只是一面已难以辨认的时候，这种铸币当然必须被撤出。如果政府出于这种考虑撤出这些铸币——特别是指辅币——的时机比普鲁士现在更成熟的话，那

么这种做法将是合乎理想的。

政府在撤出处于流通中的铸币时所蒙受的损失，等于投入足重的铸币时两者之间所形成的重量差额，增加或减少到铸币与金银条块之间差价的水平。这种损失是社会用在铸币上的消费。因此，社会，也就是国库，像任何其他消费者一样，必须对自己的消费进行支付。这种消费的成本，相对于人类通过铸币所获得的益处来说，实际上是微不足道的，短视的财政官员们现在却试图通过下述方式补偿国库的这种损失，即把铸币的铸造成本计算得很高。这种方法注定要受到责难。由于显而易见的原因，国家从事的每一种生产比私人出于自己的考虑所从事的生产费用要高。因此，如果国家仅仅按实际成本计算，它的铸造成本将比私人的铸造成本高。如果人们为了补偿用在铸币上的消费而想把铸造成本提得比实际需要的还要高的话，那么，就会存在这样一种危险，即为一个自己铸造足重的铸币的私人带来异乎寻常的益处。这是同众所周知的不利后果联系在一起的，即政府失去了保证自己铸币的正当存在的可能性。这种保证的丧失要比采取上述措施获得的货币量重要得多。正因为如此，政府只应满足于补偿实际成本，而不应该仅仅考虑特殊的经营利润。

显然，在铸币制度中遵循这里阐明的原则将会获得这样一种结果，即铸币金属重量和成色永久地保持不变，并保证货币估价尽可能不变。众所周知，直至现在到处都在努力追求这种结果，然而还没有哪一个国家达到了这一结果，即使新近英国试图实行的方法，也由于显而易见的原因而未能达到这一点。除了上述主要优点之外，还同时产生了很多其他优点。如上所述，社会将被严格地按照比例来提供每一种硬币，当用多种硬币进行支付相对于这些硬币的铸造成本而言具有便利时，这种做法是合乎理想的。因为所有的支付鉴于相应较大的益处而以尽可能大的单位的铸币进行，有可能的地方则用金币来进行，所以磨损降到了最低限度。社会应支付的铸造成本也达到同样的最低限度。由于铸币比金银条块的行市高，所以在使用这些贵金属时，一个人只有在罕见的情况下，即这种差价起码能为其他益处所抵消的情况下，才决定使用铸币而不是金银条块。在这种情况下，社会便通过这些益处补偿铸造成本的损失而有余。一般说来，铸币在因磨损而必须重铸之前，都一直不断地作为铸币流通。因此，一方面只需要铸造尽可能少的铸币，另一方面又不需要徒劳无益地铸造。最后，需要让渡的金属含量降到最低限度，从而由这种让渡所造成的痛苦也降到最低限度。

第二十一章　论私有制、行会、补贴和贸易保护

货币制度建立之后，下一步重要的是：提供个人按自然规律行事的可能性，**保证他能将其劳动的果实不折不扣地归自己所有**，促使各个γ尽可能紧密地结为统一体。这种保证的必要性是人类所共知和早已接受了的，以致我们无论是置身于空间或时间里，到处都能发现以最合理的方式建立这种保证的孜孜不倦的努力。

众所周知，在目前情况下，这是通过个人人身保护和财产关系的立法进行的，总之，是按照一种同需要相适应的方式进行的。通过这种立法，使每个人都能充分准确地和有把握地将对他的劳动果实的享受不折不扣地归自己所有。这是一个众所周知的事实，任何进一步的记述看来都是多余的。

令人不解的是，思辨近来陷入如此的迷雾之中，以致倾向于认为，通过完全的或部分的废除私有制便可以促进人类的福利水平，正像共产主义和形形色色的社会主义所主张的那样。然而，撇开任何理论不谈，历史的每一页都证明，各民族在福利水平上所取得的进步的程度，与它们成功地保护私有制的程度几乎是一样的。北美的印第安人仅仅把几匹马和他们棚屋里的少数几件家具称为他们

自己的，即使是这些东西也还面临着日常劫掠的危险。他们的狩猎地则仅仅同整个部落一起共同占有，必须加以保护，防止邻近部落的争夺。他们千百年来仍然停留在相同的福利水平的阶段上。我们根据塔基图斯（*Tacitus*）的描写看到，古日耳曼人也处于完全类似的情况。只是在南欧的财产制度找到了自己通往德意志森林的道路之后，我们才看到，用几乎未经加工的兽皮抵御恶劣的天气否则就是赤身裸体的日耳曼人，变成了具有固定住地和与此相连的舒适生活的农民。

令人遗憾的只是，由于这种财产关系的转变，一些个人成功地使大多数人为自己服务。对这些大多数人来说，由于奴隶制和各种不同程度的依附关系的产生和发展，财产关系的建立又退回到美洲野蛮人的水平上。于是，我们重又看到，那种使福利水平保持在同样高度上的情况如此长久地延续下去。只是当这些桎梏被打破，先是在城市自由民中间被打破，后来普遍地被打破，对工人劳动收入的保证取得更大的成功时，福利水平才不断地得到提高。

毋庸置疑，两个事实要对思辨陷入我们在共产主义和社会主义中所看到的那种迷雾承担罪责。一个事实是，我们在目前情况下经常会看到，一些人即使同谋生没有直接的关系，也通过自己的活动创造价值。第二个事实是，像我们已经看到的，一些制度对劳动者阶级明显地带来了极其不利的后果，而人们却以为这应该归咎于确定财产关系。第一个事实导致这样一种错误的信念，即认为为了使人们能够持久地从事一种创造价值的活动即劳动，根本不需要谋取财产的刺激。这样，那些以消除确定财产关系对所谓劳动者阶级的不可避免的不利后果为己任的人，便在对财产的关系上陷入伦理学家千百年来在对享受欲的关系上所陷入的同样的错误。因为他们未能成功地找到消除已被明确认识到的弊端的有效手段，所以就认为这些弊端是同财产不可分离地联系在一起的，从而认为只有通过废除私有制——正像伦理学家常常禁止享受一样——才能有助于消除人所共知的弊端。

显然，上述第一个事实的原因在于享受规律：通过不断地调整活动，这些活动中的痛苦便持续下降，最后转变为某种程度上的巨大享受，这正像我们在寻求关于劳动的痛苦量的规律中所看到的那样。因此，如果说我们在目前情况下经常看到一些人出于对活动的爱好而劳动，那么这种现象的原因仅仅在于，这些人鉴于目前情况不得不从幼年起就接受训练，而这种训练在以后的年代里便会促成这种现象的出现。作为这种现象的条件的目前情况的任何变化，必然带来这种现象本身的相应的变化。特别是消灭私有制会造成最不利的影响，即使开初影响不大，但随着时间的流逝影响会越来越大。这正是因为现代人通过目前的情况一旦获得并占有较高的人的训练，即使没有谋取财产的直接刺激，而是出于其他考虑，也有可能做到在迄今为止已经习惯了的活动中保持这种训练。即使对一些人来说，这些其他的考虑将保证完全补偿财产的损失，但是在绝大多数情况下，它们也像一切代用品一样，很少能做到完全补偿，从而使这些人在从事他们所习惯的活动方面懈怠下来。一般来看，一旦某一项工作应由大家共同的努力来完成，即使每个人对完成这项工作都有同样的兴趣，那么，每个人也都力图尽可能地逃避所应承受的辛苦。这种对所习惯的活动的懈怠，一方面会减少所生产出的享受资料量；另一方面会对新成长起来的一代人的教育

产生特别强烈的影响，因为这种活动由于受到尚未经受训练的年轻人的日益抵制而需要强大的刺激。因此，一方面现在一代人的福利水平被降低；另一方面正在成长的一代人将只达到较低的人的训练，而这反过来又必然造成生产性活动的减少，在教育方面越来越使人类重又退回到我们所看到的北美野蛮人的地位。

人口数量即现在还活着的人数会处于我们在野蛮人那里所看到的情况，是不可思议的。没有人会对这种说法提出异议。因为同时生活着的人的数量的增加只能是福利水平提高和较高的人的训练的结果，从而后者从这一水平上降低也会造成人数的减少。人口数量同福利水平的联系作为一个到处反复出现的事实，早已为人们所注意。

因此，下述结论是不能成立的：许多人在目前情况下，即使没有谋取财产的刺激，即使没有私有制，也能顺从地去进行劳动。撇开这一点不谈，我们也已经部分地看到，以后还会更清楚地看到，劳动者阶级贫困的原因不应在确定财产关系中去寻找，从而这种贫困也不能通过废除私有制加以补救。此外，由上面所发现的关于享受的原理，进而关于每种物品的价值随其数量的减少或增加以及确定价格的方式而提高或降低的原理，可以得出结论：**只有通过确立私有制，才能找到确定每种物品按照情况以最合理的方式应该生产出的数量的尺度**。因此，由共产主义者所设计的对各种不同劳动及其报酬进行分配的中央当局，很快便取得这样的经验：它为自己提出了个人的力量远远不能解决的任务。因此，**尽可能地保护私有财产——不论是占有者享用这种财产本身还是想转交其他人享用——，是人类社会存在的绝对必要的条件**。

像已经指出的那样，一般说来，通过我们的立法对人身及财产的保护，充分地使每个人都能决定把他的劳动果实留归自己的程度。但是，它并不使每个劳动者都在以下方面受到保护：

1. 能够建立和经营每一种似乎对他最有利的生产；此外，

2. 一切应被看做他的劳动果实的东西都归他所有，他能把自己劳动所得最合理地加以使用而不受立法和他的伙伴的阻碍。

现在，出于这方面的考虑而采取的错误措施很多，鉴于前言中所阐明的原因，我认为这里限于一般地谈谈已经指出的两个范畴——它们能够把那些在各个情况下不难认识的错误统统包括在内——以及仅仅列举一些最重要的错误本身，是最为适当的。

关于第一个范畴，即对人身的不充分的保护，只作如下的考察也就够了。如果对人身的保护应该足以使个人能够按自然规律行事，按上帝的宗教生活，那么，这种保护就不应仅仅限于保护人们免受来自他们同伴方面的实际攻击，而是也必须提供给他们行动的充分自由，使他们的行动不受任何实际的干预而享有与他们的同伴应享有的同样的权利。至于后一种保护，我们的立法在无数情况下不仅不提供这种保护，而且还相反地对个人采取禁止性的措施。因此，在这些情况下，立法不仅不运用自己的力量对个人进行保护，而且还运用自己的力量使个人不可能遵从上帝的宗教。

如果立法使建立一个生产部门——不论是什么样的生产部门——取决于任意的条件，从而制造而不是消除与世界构造格格不入的困难，那么这种错误就会到处泛滥。立法在这方面所犯的错误，一方面促成了与积极宗教的存在所引起的完全同样的自大，另一方面也造成了对每个个人提出受其保护的正当要求的法律范围的错误规定。

由于人类在知识和技能方面的进步，下述情况就不可能不被认识：只有生产者事先已经获得了与一定生产有特别密切关系的所有知识与技能，每个个别的生产部门才能既对生产者有利又对社会有利地进行经营。但是，另一方面，这种认识又常常使人们力图未经获得那种训练就去经营一个生产部门。一般说来，群众教育越不发展，这种情况就越是经常地出现。这便导致同伦理学家所得出的完全类似的结论，人们以为世界上缺少使个人在这方面采取合理行动的力量，于是便匆匆忙忙地通过使经营一定生产取决于检验、特许等办法创造这种力量。这样，个人便由此必然得出他的同伴是否能为社会创造足够价值的判断。然而，十分明显的是，只有社会本身才有资格对此作出判断！的确，人们走得还更远，甚至自以为可以决定，有多少人在某一定地点的某个生产部门里，能够像常说的那样，为自己找到食吃。一旦觉得所估计的数字已经达到，便禁止或阻碍任何新的人来这里落脚！除了这一错误结论外，造成这种错误的主要原因是，人们把货币看做价值的尺度。按照这种观点，要改善自己的状况，只有通过增加自己的货币量才有可能；而要增加自己的货币量，看来只有靠牺牲别人才能达到。由于这种概念，个人便把社会当作敌人而与之对立起来，他作为这样的人只有靠牺牲社会才能致富。因此，进一步的结果便是，每个人都认为必须使自己及其家庭对社会隔离开来，极力防止家庭成员已经享有的任何权利丧失。这种观点的普遍流行，也会造成对每个个人适用的权力范围按照这种尺度加以衡量。因此，整个人类社会的结构便按照具有一定等级划分的一定社会阶级向前发展。在一般

人道主义的考虑中，完全不足取的是，当一个人由于偶然情况被迫从一个较高的阶级沦为较低的阶级时而对其表示同情。然而，这种考虑却无情地忽略了下述现象：女乞丐的女儿正是由于这种形势被迫又成为女乞丐的，而她是带着与国王的女儿同样的权利来到世上的。因此，一般说来，在这种错误的范畴中，也包括所有对谋生活动的限制，而不管是什么样的谋生活动。

有一种力量推动人们不仅能获得为所选择的生产部门所需要的最合理的训练，而且也能在经营这种生产部门时以对社会最合乎理想的方式去行动。我们现在知道，只有在人们通过教育和上帝的真正宗教认识到，这种力量最充分地存在于利己主义之中时，我们便不再需要一些人为达到这种目的而人为地和僭越地创造出的力量。因此，后一种做法必然愈益被取消，因为对遵循自然规律来说，它还会在自然的障碍之外制造人为的障碍。

造成这些错误的第二个原因，也不能提供任何充分的理由维持这些错误。这一点几乎无需在这里讨论。我们知道，个人不能靠牺牲社会的利益获取自己的生活享受，而是要为社会创造更多的财富，其程度远远超出他按照社会的估价由社会那里所取得的；而按照他自己的估价，则恰恰会出现相反的情况。因此，他不能把社会当作敌人而与之相对立，而是只有通过在社会内的合作并同社会一起才能提高自己的生活享受总量，而且只有在生产的自由不受任何限制时，才能做到这一点。

作为上述错误结论的结果，为经营某一生产部门，除了上面已经提到的检验、特许和居住限制之外，还虚构了所谓德高望重之人。对此，也必须加以考察。这些人被赋予谋求财产的权利，然后被利用来购买可能不断延续的租金，以便由此支持那些人们认为为了社会的利益需要支持的生产部门。当这些租金不足以达到这种合乎理想的目的时，便常常通过国库的补贴提高这些租金。于是，便出现了教会、修道院，各种宗教的和世俗的美差，大学、研究院、学校、济贫所等。它们也是以下述前提为基础的：世界需要人们特别创造的力量，以便按照最合理的方式完善自己。然而，世界上并不存在这种缺陷，所以那些支持不仅是多余的，而且也是极其有害的。

一切现存的东西都必须靠自己创造维持其继续存在的手段，否则就不应继续存在。因此，宗教、艺术和科学只有在下述条件下才应予存在：从事这些工作的人员所付出的劳动在自由交换中被支付的报酬，使他们获得相应的生活享受，而不受属于一个德高望重之人的财产的资助。毫无疑问，真正的宗教——与学校是等同的——真正的艺术和科学，在自由交换中会准确地找到最合乎理想的资助数量。然而，现在由国家提供的资助却只能对人类的发展产生有害的影响。因为这些资助使那些被提供资助的人的劳动的价格必然降低到相应水平之下，以致只有把资助算进去才能使生活享受达到相应水平。因此，撇开所有其他的障碍不谈，只有献身于这一生产部门的人，才能处于为自己获得这种资助的地位。这样，便造成如下结果：最有能力的人绝不去经营这种生产。这一结果还会在更大的程度上由下述情况所引起：众所周知，在被给予资助的情况下，即在以薪金聘用的情况下，良好的职业训练很少能作为决定性的因素。因为个人或许多个人，即使在对这种职业训练进行判断时有最诚挚的愿望，也会受到严重的欺骗。毋庸置疑，这首

先是这种生产中最为可悲的结果。

因此，所有这些资助都必须被废除，所虚构的德高望重之人也必须被取消。这里应该考虑的仅仅是，那些迄今被指定接受这些资助的人，不致因一种突然的改变而遭受损害。由于在这些人中间也像在所有被聘用的人中间一样，这些资助作为薪俸一劳永逸地被确定下来，所以这种转变可以通过下述方式进行：对已经聘用的人保留资助，而对新人不再提供资助。

不仅国家对宗教、艺术和科学直接或间接提供的资助对社会福利是有害的，而且像我们前面已经看到的那样，由救济金中提供的资助也是如此。因此，后者也必须被废除。但是，为了达到这种目的，仅仅对被聘用的人提供生活手段是不够的。这样便会对新增加的需要支持的人带来贫困。撇开所有其他情况不论，这同所要达到的目的也是相违背的。这里，可以采取下述办法来补救：这批款项不是作为资助提供，而是作为贷款提供。这种贷款的利息应逐渐地提高到这样的水平：经营所需要的资金不仅要按照一般利率付息，而且还要通过所收的利息补偿管理费用和由于没有偿还的贷款而造成的资金损失。采取这种措施的效果，从我们在对提供资助的后果进行评判时已经作出的叙述中便可以看出来，在那里，由于最初享受总额提高至全部资助，产品价格便降低到使资助最后成为必要的程度。在这里则相反，归还所提供贷款的必要性又使产品价格提高起来，直至报酬即使在归还贷款相同利息的情况下仍保持相应的水平。这里，偿还贷款大部分可以通过下述方式得到保证：使其雇用的接受了贷款的工人把工资的适当部分用于偿还贷款，宣布为雇主的直接责任；如果他们渎职，就有责任从自己的资金中支

付这部分贷款。

通过这种措施所达到的，还不仅仅是合理地平衡价格关系。贷款按如此高的利率付息的必要性，而另一方面即使小量的节约也能购买租金，必然很快表明对工人的巨大好处。这种对工人的巨大好处是由下述情况产生的：当工人把自己工资中相当于他不得不用来偿还贷款的那一部分，不是去偿还贷款，而是作为为将来的节约留存下来，作为 c 来利用。这种合理的方法将愈益成为一般的习惯，因为由于资助的消除，工资将保持这样的高度，即生活享受即使在实行节约的情况下也维持一个相应的水平。因此，一方面用于资助的资金逐年增长；而另一方面用于贷款所必要的资金不断减少，直至只有那些放荡不羁的人和由于特别的不幸而陷于窘境的人才接受贷款。对前一种人，支付高额利息的必要性是一种有效的惩罚；而对后者不幸的拯救，则是私人慈善活动的事情。在后一种情况下，同情可以在最广泛的基础上生效并使这些情况得到仔细研究，不仅可以通过为之偿付利息，而且也可以通过为之整个地偿付这种贷款，有效地提供帮助。但是，这里要避免由某一行政当局从事这种研究。因为这种制度必然对该行政当局的行为方式提出一定的指示，所以不可避免地会使个人在某种程度上提出法律要求，而这又会重蹈进行资助的错误。帮助必须完全由私人提供，而不能由常设的机构提供。但愿每个人在自己的圈子里查明这种情况，在出现需要的情况时，借助于自己的圈子对之进行补救！

一切阻止所有者滥用自己财产的立法规定，都属于第二个范畴。所有这些规定的全部危害，所有影响财产对所有者的价值减小的因素，这里都无需进一步证明。因此，必须尽可能迅速地废除所有这些限制性的规定。必须向各个所有者提供在其活着和要死去的时候任意支配自己财产的最充分的自由，只是出于同样的考虑必须剥夺其对后来的所有者最自由地利用财产加以某种限制的权利。规定地产不得出卖，通过实行不可分割的世袭财产权、长子继承权、家族制度、不可分割的农业庄园等对各该所有者的支配权进行限制，都属于此列。后面，我还将从一般的观点回过头来对这种错误进行详细考察。此外，属于此列的还有：我们已经谈到的涉及支付利息的限制性立法；反对虚幻的过度奢侈的立法，这整个立法幸而在很大程度上已经成为过去，但直至目前仍能在选择纳税的物品时发挥作用；在许多国家中不顾留下遗产者的意志而为子女完全地或部分地继承父母的遗产辩解的规定；旨在从国内市场上排除外来产品——这些产品由于特别优越的自然力或其他条件，即使来自遥远的地方，也能比较便宜地进行制造——的限制性立法，即一切纳入禁止输入和保护关税这两个最广义上的概念之中的东西，这是更重要的，在目前尤其重要；最后，还有那些甚至从法律上使欺骗通行无阻的立法规定。

由于对货币性质的误解，增加归商人和工厂主所有的货币额似乎是一件值得庆幸的事实，特别是在取得下述假象的场合，即以为这可以靠牺牲外国的利益来达到，以为这种货币额增加能够靠对欺骗的认可而产生。因此，通过冒充外国公司和搞假商标，就使商人和工厂主比较容易地欺骗别人；通过允许他们的账目对所有其他人保密，就使他们比较容易地宣告破产，如此等等。这里，一些法律规定必须加以改变。首先，使每个人（包括商人在内）在要求贷款时，有义务事先向可能的债权人提供关于自己财产状况的最充分的说明。他的财产按照市场价值计算，即按照寻求贷款时实际出售所可能得出的价格计算，应足以抵偿以前已经承担的责任以及新找到的贷款所增加了的责任。其次，每个人只允许以他自己的名义，而不能以被继承下来的公司或被购买的别人的公司的名义经营企业。在许多人参与同一企业的情况下，只能以主要参与者的名义经营；或者在总经理同样参与的情况下，通常附以"*und Komp*"字样。只有在股份公司的情况下，也像现在这样，是在由企业性质所产生出的名称下经营。再次，每一个为出售而生产的人，都要按真实情况在商品上以无法抹掉的方式附加上他所从事的公司以及商品原产地的说明。最后，每一个销售者都要认真地提供每一种供购买的商品品质好坏——它影响对商品的估价——的信息。而对这些规定的任何违反，都要作为欺骗而受到惩罚。

在消除所有这些人为地通过立法造成的障碍之后，个人不能完全地享受自己劳动果实的情况就不会继续存在。

第二十二章　关于组织信用的建议

众所周知，由于人类在认识自然规律方面的进步，由于由此而产生的日益将自然力用于生产(这基本上只有靠昂贵的机器和工具才有可能)，最后由于日益扩大的分工，进一步加工物美价廉的材料，或者说由于商业的推动，早已造成这样的状况：人们只有能够支配根据情况所需要的某种程度上较大的劳动量——不论他们是为开辟一个新的生产场地所需要，还是为补偿迄今为止的所有者对生产场地的转让——，才能建立一定的生产部门。而具有进行一定生产所需要的充分技巧的人，往往缺少对所需要的劳动量的支配。因此，这种短缺也造成建立最有利的生产部门的一个巨大障碍。

我们由上面的论述中可以知道，在这方面，最合乎理想的劳动量是通过所有个人的 c 而达到的。因此，这里要克服的困难仅仅是，从 c 的总和中计算出最合乎理想的量供熟练的生产者支配。

这里，有两个事实作梗，使交换不能直截了当地立即消除这种障碍。一个事实是，按照事物的性质，只有在很少的场合才能遇到这样的情况，即一个人手中的 c 的量与建立一定生产部门所需要的劳动量相等。另一个还更重要的事实是，把这样一笔货币交付给一个为履行所要承担的债务只能提供自己个人的技巧作为担保的人，对个人来说是同极大的风险联系在一起的。因为在大多数情况下，出借贷款者不可能一下子做到由自己的知识判断出寻求贷款者的技巧，所以这种风险就更大。这里，可以提供帮助的是，建立一个把所有个人的 c 汇集起来的共同基金；鉴于损失，于是便在债权人和债务人之间建立起团结合作的关系，就像在保险公司中那样。为了仅仅使熟练生产者成为债务人，那些对债务人的品性有了解的人应吸引到这方面来。为此，便产生出下述办法：

国家以自己的权威建立一个信用社，但除了保证正当的按照章程的管理之外，并不对由该社所缔结的债务担保。国家宣布对信用社官员所犯的渎职罪或者甚至是贪污罪负责，但也仅仅以此为限。国家授权该信用社在抵押和担保基础上以任何利率发放贷款，为筹措用于这种贷款的基金按需要向所有者发行生息债券。

在发行债券时，利息应约定在这样的水平上，即使债券在交易所的估价刚好保持在票面价值以下；应无限制地保留信用社按票面价值收兑债券的权利，但在仅仅部分地收兑时则有义务支付同样高的利息。

每一个独立的并在信用社规定的地区内有自己住处的人都可以成为债务人，只要债务存在，就都可以保持这种地位。如迁出这个地区之外，有义务偿还全部债务。

债务人应承担的利息水平，不仅要完全补偿债券的利息，而且还要完全补偿管理费用以及按每个寻求贷款者所冒风险的程度据经验而可能出现的损失。因此，利率由于不同的寻求贷款者所冒风险程度的不同而必然不同。

作为抵押的只能是这样的物品，它们的保管不需要特别的小心；此外，在贷款期间，也无需担心会造成损失威胁的价格波动。但是，作为保证人，每一个国家成员都可以在国境线内，在一个确切规定的时间内，作自己的家庭预算并在这段时间里履行自己对国家和社会的义务。因此，他理所当然地不能以任何方式接受某种资助，即使对信用社也不能欠债。这样一个人作为保证人，如果他乐于为多人承担担保，那他所有担保的总和，考虑到他的可以估价的房产租金额，可以达到他的房产租金的确定的倍数。

贷款按照每月平均摊付的方式进行偿还。其分期偿还率应达到这样的水平：至少在根据死亡率表债务人可能生存的时间内，要足以补偿利息和偿清贷款。

保证人应被赋予一切监护的权利，达到使这些权利可以同管理自己的企业日益结合起来。

担保随债务人的死亡而失效；当债务人无辜丧失劳动能力时，担保也停止。在保证人死亡的条件下，他的遗产担保至债务人能够提出另一个可以接受的保证人为止。

当债务人按月付款而至最近一个期满日仍拖欠未付，或因住地搬迁需偿付整个债款而至完全搬出仍拖欠未付，保证人就要履行支付义务，除非是由于无辜丧失劳动能力所造成的拖欠。在保证人应履行支付义务的情况下，信用社在下达通知 8 天之后，便直接对保证人采取同对原来的债务人一样的措施。

信用社有权以对纳税人所作的规定的形式，用行政手段索回到期的支付。债务人和保证人只有在认为自己的权利受到侵犯时，才可以提出索赔的控告。

债务人和保证人可以自由地决定，借款是按一次性结付的方式或是按某种分期付款的方式付清。两者也有权随时全部地和部分地偿付所缔结的债务。

对这样一种信用社的需要是多么强烈，从新近频繁出现的建立所谓市民互助会的尝试中可以清楚地表现出来。众所周知，如果从人们想要达到的目的来看，所有这些尝试都应看做是完全的失败。因为数百万资金尚不足以提供有效的帮助，而区区几个塔勒就想达到这种目的，数目是太小了，同雄心勃勃地选择的名称完全不相称。这些尝试的失败，主要归之于遵从上面提到的原理，即世界上已经存在的一切都必须自己创造自身存在的手段。由于滥用博爱，由于对租金性质的完全误解，人们才想通过建立市民互助会以图从慈善的观点筹措资金，从而完全地或部分地放弃付息。这是因为人们认为，只有能够无偿地提供贷款，帮助才是有效的。我们知道，生产者决定作为租金所提供的东西，可以使他在不损害其报酬比例的条件下来提供。因此，对上述观点的错误，无需再多费唇舌了。

市民互助会的这一基本缺陷，便通过这里所推荐的信用社得到完全补救，因为信用社必须自己承担所造成的损失——不是指由欺骗性的管理所造成的损失；对此，政府必须承担责任，因为它有监督权——使债务人有义务支付利息，其幅度不仅可以使资本家获得他们相应的利息，而且还可以弥补管理费用以及必然造成的损失。这样，信用社便赢得了独立存在的手段，并摆脱了必须向富裕的市民乞求施舍的无谓努力。

谁要是不相信交换规律，谁就会不适当地使债务人放弃承担这整个费用，从而就会力图寻求使债权人承担这种费用一部分的手段，正像我们每天在我们的大亨们那里所看到的类似情形那样。这样一种尝试只能与一种人的做法相比较，这种人为了给一堆砂子以圆锥体的形式，便着手将每一粒砂子放到为此所需要的位置上。如果他能给自然力以发挥自己效力所应有的自由，那他就能无比迅速和卓越地达到这一结果。他要做的就仅仅是，使重力能够无阻碍地发挥作用。如果把干燥的砂子尽可能高地铲为一堆，那么，这种力无需任何帮助就能造成圆锥形的砂体。同样，如果人们给决定价格的交往规律以不受干扰的自由，那么，这种价格就会按照情况来决定。信用社按照使债券尽可能接近票面价值的利率，通过向所有者发行债券获得自己的资金。为了达到这一点，在发行债券时，同现在的做法相反，不应确定利率和议定购买价格，而应相反地在任何情况下都按票面价值确定出售价格；而为了议定利率水平并由此获得尽可能完整的数字，利率不应按百分率确定，而应按千分率确定。这种方法使整个处于相互交换中的人类比较容易地参与这种借贷。这时，每个人都可以权衡，价值总额是在获取这种利息时大呢或是立即消费时大；如果是前一种情况，就参与这种借贷。为了使这一点变得更加容易，债券按照1000、100和25塔勒的档次发行。但是，为了使对信用社方便的尽可能大的面额的债券投入流通，应使较大面额的债券得到通过按较短期限付息所带来的好处。例如，在1000塔勒债券的情况下，按月付息；在100塔勒债券的情况下，按季付息；最后，在25塔勒债券的情况下，仅仅按年付息。此外，按比现在一般情况下较短期限付息，也促进了货币流通，从而有利于货币估价的稳定性。在这种全面参与的情况下，当利率不适当时，债券的行情便由于真正的竞争而变动，直至找到利

息的支付同交往关系完全相应的那一点。因此，如果试图通过某些措施使债权人完全地或部分地直接支付管理费用，那么，在最有利的情况下也只能做到由他们按预付的方式支付这些费用。因为在权衡获取利息的价值同立即消费的价值时，不能不考虑这种支付的必然性。因此，在估价时，只考虑在满足那些费用之后所剩下的利息。如果在采取这种措施之后，竞争保持与以前一样，从而贷款价格保持与以前一样，那么，这种剩下的利息也必然保持在同以前整个利息一样的高度。债券的名义利息必然同以前相比而提高，其提高的幅度与这些费用相等。因此，债务人的处境不仅没有好转，而且通常还要恶化。因为对债权人来说，在计算自己真正的好处时，这种措施将会造成特殊的困难。在这种情况下，人们对困难的估计常常容易高出实际情况。因此，各个 c 会变得更小。此外，贷款提供者自己承担的管理费用的相应份额丝毫也没有减少，尽管它名义上被完全转嫁到债务人身上了。因为对贷款的需求由于更加困难的条件而减少，从而流通中的债券以同样的程度而减少，意欲购买的人必然通过提高价格即降低利率争夺这种被减少了的量，而这种利息的减少又对债务人有利。因此，十分明显，贷款提供者和贷款接受者的方面，以他们都能从中得到好处的程度，分摊机构的维持费用。这样，问题便仅仅在于，以尽可能简单的和合理的方式收取这些费用。这一点只有通过将这些费用分配于债务人身上才能达到，因为同对债务人所耗费的劳动相比，收取资本和偿付资本利息的劳动是微不足道的从而可以忽略不计。因此，在这些费用中所占的相应份额，仅仅按照对每个债务人所付出的辛苦和承担的风险来计量，而每个债务人应支付的利息也必须由此来测定。

必须将债券的利率确定在使债券的价格保持在尽可能接近票面价值以下的高度上，必须规定信用社保有按票面价值收兑债券的权利。这是因为只有如此，信用社才能为计算各个债务人所应偿付的贷款提供一个基础，以保护债务人避免无法预料的损失。在债务人接受贷款时，必须向他一次性地规定，他应向信用社支付的数量和分期付款的比率。这种必要性又为信用社带来另一种必要性，即保证信用社在作为基础的可能性出现时，以所确定的数额也足以抵偿它先前为债务人的利益所缔结的债务。只有在信用社能够在任何条件下，按照它贷予债务人的数额，自由地收兑自己债券的时候，才能做到这一点。而只有在债务人能按票面价值或以不值得考虑的些微损失利用这些债券时，信用社才能向债务人适当地按票面价值对这些债券作价。相反地，新发行的债券必须首先保持在票面价值以下，即使这种可能性很小。因为不然的话，由于按票面价值兑现的危险，利率将被提高到相应程度以上。

由于在任何条件下都有按票面价值收兑自己债券的权利，信用社便能够取得摆脱任何影响利率的交换比例波动的好处。任何这种波动都必然造成信用社债券或者提高到票面价值以上，或者大大降低到票面价值以下。如果信用社按照使债券在变化了的条件下刚好低于票面价值的利率发行新的债券，通过向交易所的自由购买收回旧的债券，那么，信用社在前一种情况下便赢得了全部的利息差额，在后一种情况下便赢得它的资本债务的全部的价格差额。信用社是靠牺牲它的债权人为代价取得这种利润的。因此，十分自然，债权人对信用社的债券估价要低，低的幅度是这种可能的损失。换句话说，对于接近于票面价值的债券，必须支付较高的利息。于是，信用社的这种好处又由于已经指出过的原因而间接地造成更大的损失。但是，信用社必然会利用这种好处，为的是不致丧失对它的债务人的计算上的保证。这样，它便可以利用由此而赢得的数额，整个地或部分地弥补所产生的损失。

只要信用社成功地通过类似保险公司所需要的那种观察，确定为保证自己的生存应对债务人和债权人计算的利率，那么，通过在债券方面实行上述办法，信用社就会准确地得到为提供所需贷款的适当资金。为了取得可靠结果，这里必须注意，对债务人约定的条件与其容易些不如困难些，这是为了不致危及基金会生存的缘故。为了对这种生存提供更大的保证，还必须制定一个短期的规定：一旦在年终出现亏空时，使信用社能暂时自由地适当提高已经签订的贷款的利率。这种规定看来对债务人不会有多大危险，因为他们有随时偿还全部债务的权利。因为只需短短几年就足以取得至少是近似正确的结果，所以令人担心的利息的提高被限制在日益狭小的界限之内。

如果通过这种方法使信用社得到为进行贷款所必要的资金，那么，重要的就仅仅是，尽可能促进个人参与信用社的活动。这里，我们遇到了两种相互直接对立的力量。任何对个人参与的促进，都扩大造成信用社损失的危险，从而实际上扩大损失的程度。这种扩大必然造成对债务人的利率的提高，从而又造成他的参与的困难。因此重要的是，对所提供的促进同由此而带来的损失进行理智的权衡。必须长久地提供这种促进，因为对它的估价高于由此而带来的损失。旧的市民互助会不作这种权衡，而是片面地力图通过一切可能的手段避免损失，毫不关心这样是否会使参与变得过于困难。

因此，这必须被看做是市民互助会的另一个缺陷。通过上述参与的条件，便可以近似地达到对促进参与的价值同损失的价值进行权衡的界限。

使损失不致过大的手段在于，只能以抵押和担保进行贷款。这里，以抵押进行贷款具有较为次要的意义，因为提供抵押的人在他所提供的那一物品中占有按公认的估价至少与所寻求的贷款同样高的价值。因此，他可以通过出卖这种抵押品在任何条件下获得所希求的资金。他不这样做，或者是因为物品对他的价值比他由此能够达到的价格更高。如果是这样，那么，这个人出于明显的理由，必然会对他的收入的最后一个原子按低于所有其他人的平均水平来估价；即是说，他属于富有的市民阶层，因而不需要贷款。或者是因为他希望能够在较短的时间内获得一个较高的价格。即使在这时，他也不十分需要贷款，因而也不特别关心为自己获得贷款。以担保进行贷款具有更大得多的意义，因为使那些有个人的生产技巧而没有钱的人能够建立自己的生产部门是特别重要的。通过使信用社分布的地区内的每一个独立的居民按上述方式以担保取得贷款，这一点就能不招致损失的过大风险而实现。

如果一个人具有适合于一定生产部门的充分训练的设定是确实的，那么，造成经营资金损失的风险便仅仅是：个人的夭折或由不可预料的事故而造成的劳动能力的丧失。在所有其他情况下，由于所作的设定是正确的，他都会赚取相应的收入，因而能够和愿意遵守对信用社所承担的责任。但是，造成夭折和无辜丧失劳动能力的风险，允许按照经验作出充分准确的估价，以便事先能考虑在内。这种费用还没有达到通过平均分配而使个人难以忍受的高度。

只是无辜丧失劳动能力应在这里加以考虑，因为它无非是表明人们对这个人的训练所作的设定给弄错了。在判断这种训练水平时，根本的考虑必然恰恰是：这个人是否达到了对应加以遵从的自然规律的必要的认识，是否具有按照所赢得的认识去行动的力量和意志。因此，如果成功地采取了保证信用社只使那些符合上述设定的人成为它的债务人的措施，债务人应付的利息与债权人收取的利息相比便会有些许提高。

判断一个人是否符合上述设定，需要对人和实际情况有一个准确的了解，而这种了解仅仅是个人对很少数的人才能有的。因此，不能把这些设定是否切合实际的判断交由信用社的领导人去做，因为信用社毫无例外地面向所有的人。更不能把对寻求贷款者在这方面的判断留交寻求贷款者自己。因为即使是没有不好的意图（这当然常常是不存在的），但像人所共知的，人们在判断自己的力量和能力时，也会以结果对他更为有利而失误。他一方面过高估计了自己的力量和能力，而同时另一方面又过低估计了起相反作用的障碍。因此，在对那些设定是否切合实际进行判断时，必须考虑由于自己的地位最适宜于进行判断的人的兴趣。让这样一个人对提供了自己具有每个人都能达到的生产技能的实际证据的人进行担保，就能做到这一点。谁通过自己的活动达到赚取收入的地位，或早已取得了这种地位，谁就必定具有对应加以克服的困难以及为克服这些困难所需要的力量的认识，因为他只有具有这种认识和借助这种认识，才能为自己创造这种地位。因此，他便具有对上述设定作出正确判断的能力。由于不得不使这样一个人为取得贷款的良好结果进行担保，人们也就确信，只有那些了解实际情况

的人才参与判断并尽可能好地利用他们的这些认识。当然，像生活中随处可见的，判断失误也不会因此而完全避免。但是，这种判断失误的情况很少，不会因此而为信用社带来过大损失。信用社只需小心提防不要上保证人和债务人之间进行合谋的当。只有细心的管理才能使这种情况尽可能少地发生。如果保证人所承担的金额开始不太高，比如限制在他的房租的五倍之内，将会对此有所助益。像我们上面所看到的，在目前情况下，所担保的金额只在很少的场合才超过保证人的年收入。而只有蠢人才会为了这一金额而拿自己有保证的生存来冒险，例如去行骗。但是，另一方面，担保的金额又要达到一定高度。以科隆手工业的情况为例，在那些最需要救助的生产部门中，要满足 500 到 750 塔勒。经验在这里必然表明，这些条件应该难一些或是容易一些。经验也必然以同样的方式显示，担保必须保持的时间应该确定多长。也许暂时确定 5 年就够了。

在通过上述措施为信用社提供充分保证的同时，另一方面也必须为保证人留下活动的余地，以便在必要的情况下通过自己的力量达到确实的良好的结果，摆脱不是由于自己的责任所引起的不良后果。因此，担保在债务人死亡时解除，在其无辜丧失劳动能力时中止。由此而使信用社增加的损失必须分之于社会，由社会来承担。为此还需要赋予保证人对债务人进行监护的监护人的权利，只不过要做一些债务人自己的企业必须要做的修改。出于两个方面的原因，这一点是必要的：一方面，这是因为只有如此人们才乐于接受这样的担保；另一方面，也是因为保证人所具有的人类积累起来的经验和认识（像我们看到的，这是可以预料的），在建立一个生产部门时被尽可能扩大地加以利用。因此，重要的是，一旦债务人延误了期限，保证人就要履行支付义务。这样，如果债务不能许诺有一个好的进展，保证人便获得了可以立即对债务人的企业施加影响的机会和理由。在正常情况下，这种措施失去了重要意义。与此相关联而出现的是，年轻人又被置于监护之下。因为这种贷款通常仅仅被刚刚成长起来的年轻人所寻求，为的是建立自己最初的营生。父母、年长的近亲或者老师与师傅（年轻人在他们的领导和监护下获得自己的训练），成为他们贷款的保证人。只有如此，下述情况才显得极其合理：通过这种监护关系使这些人过渡到完全独立。但是，另一方面，也不必担心会严重地滥用这种权利，因为每个人都不难办到通过勤奋和节约很快摆脱监护，或者在感到困难时用另一个保证人代替以前的保证人。

信用社必须具有这样的权利：以尽可能少的困难和手续，强制地追索由它单方面确定的债款。这是必要的，因为只有如此，管理费用一般才能降至最低程度。这种权利没有什么危险，因为信用社没有提出不合理要求的利益，领导必须具有对一个要求的合法性作出判断的能力；此外，还因为对已往发生的侵害，可以通过要求重新审理的诉讼加以纠正。再者，在征税过程中被证明是有效的那些形式，也防止了这种不正当的行为。最后，支付期限应按月来规定，一方面是因为应该从日常收入中付息和还本，另一方面是因为这样促进了货币流通速度。

上面提及的另外一些对信用社的规定，无需详细论述便可以得到证明。

只要成功地建立起这样一种借贷信用社并因而保证了它的生

存，短短几年的经验就足以使这一组织在各个方面都发展起来。由于建立了这样一种借贷信用社，这里所谈到的那种障碍必然成为被消除的障碍。因为它使每个人都能容易地利用他的 c 获取可靠的租金；另一方面也使每个诚实的和有道德的并具有一个生产部门所需要的充分技能的人，在获取他的生产所需要的经营资金方面，不致特别困难。

第二十三章　土地国有化计划及其目的

如果人们按照上面详细阐述的方式被教育成为他们那个时代的人，如果由于按照已经阐明的原理铸币而为货币提供一个尽可能不变的估价，如果对人身和财产的保护达到使每个人都能可靠地预期按照他所喜爱的方式不受限制地享受他劳动的全部成果，如果最后通过建立借贷信用社使有技术的、诚实的和有道德的人尽可能容易地获取自己生产部门的经营资金，那么，阻止人们按自然规律行事的障碍便只剩下唯一的一个，而它却是人们无法通过自己的活动加以克服的。这个障碍就是，人们不能任意地在整个地球表面上为经营自己的生产寻求最有利的场所。这里还有一些人事机构，它们不是有助于消除这种障碍，而是通过实行土地私有制使之在无数情况下成为不可克服的障碍。因为实行土地私有制，事情便常常完全地由个人的一己之见所决定，不管他是否愿意将属于他的一块土地提供于或建成为最合理的生产部门。一个众所周知的事实是，这种固执己见曾无数次地阻挠最合理地建立一个生产部门，除非是出现特殊情况。人们甚至发现，在需要进行大规模建设的工业部门中，例如在采矿以及修建公路和铁路中，必须实行征用法！

如果全部土地财产都属于社会，社会将其中每一块土地都提交那些乐于支付最高租金的人用于生产，那么，上述弊端就可以按照最合乎理想的方式加以消除。如果社会由于在这块土地上进行生产而富裕起来，它所使用的劳动量由应付租金来衡量，那么，由租金产生的考察中便可以直接得出这种结论。在享有可以任意支配这种劳动量的充分自由的条件下，根据著名的交换规律，劳动量本身越大，它所创造的价值也就越大。因此，在其他条件相同的情况下，如果个人获得了为此可以支付最高租金的生产场地，社会在大多数情况下都能得到好处。因此，如果成功地发现了一种方法，由此可以找到靠一块场地而持续不断地支付最高租金的个人；如果除此之外，还能成功地使社会获得全部土地财产；那么，上述障碍便可以被消除。

如果被公认为适合于一定生产的场地，以按照经验进行最合理的开发所必要的规模，尽可能公开地出租给出价最高的人，那么，第一个条件便会最合乎理想地出现。通过这样的出租方式，我们便会看到：个人因此而能够持续不断地以最合理的方式经营他的生产部门，而且通常在他的整个一生中都是如此。但是，也要考虑出租期间的租金波动。如果承租人由于原先计算错误或意外情况使应付租金降低而不能提供约定的租金，那么，他便可以退租。因此，作为出租条件，提出以下建议：

出租自签约之日开始，至承租人死后 14 日结束。但是，继承人有权在现有条件下继续租用至遗赠人死后一年。

承租人可以随时提前一个季度提出退租，而政府只有在承租人拖欠租金超过一个季度的情况下才能解除租约。

承租人在承租期间获得所有者的一切权利。他只是对有意造成的损害向国家承担责任。而继承人只有在继续承租的条件下才被赋予这种权利，并承担承租人现在一般在承租期间所负的责任。

应支付的租金按照由经验大体确定下来的波动幅度每年发生变化。

国家应将为获得和改善合理地用于生产的土地所需要的全部资金提供承租人支配，使生产者和土地牢固地联系起来，如没有巨大的价值损失便不能分开。而承租人必须对所使用的资金付息，其利息高度不仅包括按照借贷信用社债券的利率对所提供的资金支付的利息，而且也包括能使承租者在获得采取改良措施的好处的程度上偿还所提供的资金。

只有承租人才能够决定应该生产什么，而政府只能在专家评估的基础上对他的计划的合理性提出异议。

在任何情况下都不能损害出租。

十分明显，通过尽可能公开地向出价最高的人出租，就会发现在目前情况下能为所提供的土地支付最高租金的人。但是，因为政府通过这种方法单方面地确定了各块土地的边界，所以并不存在这种边界也适合实际情况的保证；而且一旦实现了出租，就更难考虑由变化了的条件所决定的变更。交往本身在这里提供了帮助，只要政府不为它设置障碍。像我们看到的，应付租金量为一块土地用于生产的合理程度提供了一个准确的尺度。因此，只有在整个应付租金量提高时，期望改变土地边界才包含某种改善；也只有这时，这种改变才是合乎理想的。在这种情况下，希望改变土地边界的人就不仅能使他的邻居相对于政府在利益上不受损害，而且还能为他的邻居提供一笔补偿费；若通过这种方式应加以限制的不像现在这样是土地所有者的利益，而是承租人的利益，那么，这种改变就更显得合理。因此，一切合乎理想的对土地边界的改变，都将不经过政府的参与。如果政府不仅心甘情愿地同意所有不影响租金的对土地边界的改变，而且还力图促进这种改变，那么，这种改变就会进行得更快和更合乎理想。

这种方法使各块土地不断获得适合实际情况的边界。所有者同意将权利交与承租人，生产费用由政府承担以及承租人按确定的水平付息的必要性，使每块土地都能得到适合实际情况的开发。这就直接表明，没有人能比生产者自身更好地决定什么样的开发是最合理的。因此，重要的是，为了进行最合理的开发，必须使生产者最好地使用自己的知识。如果将所有者利用土地的权利提交生产者完全自由地利用，如果使生产者按照指定的利息水平对生产费用付息，那就能做到这一点。只有在由此带来的生活享受总量的提高超过应付租金时，生产者才会去利用这笔费用；而一旦对这种提高的估价高于对租金的估价，这笔费用就会立即得到使用。

按照规定，国家只有在租金不能被正常支付时，才能解除租约。这种规定是必要的，因为只有这样承租人才能得到保证，不致未经他的同意而把他的勤劳和技能的成果夺走。出于同样的理由，承租人也必须独自决定应该生产什么，而政府只有在专家评估的基础上对承租人明显的过分要求提出异议的权利。欠租需付的宽限期由下述考虑决定。它不应太短，以致在无法预料的偶然情况下，不能给承租人以足够的时间筹措货币；他们在必要时，要通过借款的方式筹措货币。但它也不能长到超过为此所需要的时间，因为一个承租人若不能享有如此信用，便可以被看做是一个准确无误的信号，表明他也不能以此而继续承租；他也许在计算他的应付租金时失误了。所选择的时间应能满足这些要求。如果承租人较长时间地拖延欠租，国家也应毫不迟疑地立即行使他的解约权，以此强制承租人退租。这样做所要求的与其说是国家自身的利益，不如说是承租人被正确理解的利益。否则的话，承租人将年年每况愈下。而他通过较早地转换到另一个生产部门或仅仅是同一生产部门的一个改变了的场地，便能获得相应的生活享受。但是，赋予承租人以完全自由的退租权利是必要的，这样一方面，由于失误而实际过高承租的承租人便能够解脱承租；另一方面，追求承租的人也不会由于担心陷入租价提高到与应付租金实际相等的困境而受到阻碍。此外，国家也不会由于这种规定而冒什么风险，因为谁最后成为一块土地的承租人，对国家来说必定是无所谓的。只有那种使土地的轻率经营者或者甚至是故意破坏者有可能逃避他们行为后果的情况（他们只有在成功地掩盖自己的行为目的时，才能做到这一点），才导致与这种规定的对抗。然而，轻率并不是人类品性的占统治地位的特点，以致不会不对由此而为国家造成危害的损失程度感到担心。否则，人类在福利方面就不会有任何进步。而故意破坏，在缺少一切相互对立的私人利益的情况下，只有出于某种不大的报复心理才是可以想象的。只有在出现特殊的非常罕见的情况下，这种报复心理才会在一个人的头脑中产生，因而造成危害的损失也不大。通常，承租人只有在由于不了解情况或不小心而过高承租时，才使用退租权。这时，国家本身也必然希望解约，因为它关心的只是收取应付租金，而不是靠牺牲它的成员而发财。即使承租人在其他个别情况下也行使这种权利，那么，对于国家来说，这是无所谓的；在许多情况下甚至是所希望的，因为按较高的价格重新接受承租常常是所期待的事情。

在决定应付租金时，要考虑地租的波动。这部分地是为了尽可能减少承租人退租；部分地是为了考虑地租按照经验所出现的巨大波动，以便尽可能使应付租金不断地得到支付。同时生活的人口数量的增长以及与此紧密相连的福利的增长，决定了所有享受资料的相应增加。由于人类在艺术、科学和技能的训练方面的提高，这种享受资料的增加可能对其他情况不致造成什么影响。但是，根据经验，仅仅这种提高还不足以满足日益增长的需要。相反地，在相当多的生产部门里，都必须对新土地进行开发和维持，而新的土地由于为生产而进行的开发和维持的费用很高，所以至今仍不能利用。像我们所看到的，只有在价格关系发生变化使其中包含对这些费用的补偿时，才能做到这一点。因此，对迄今已经有力地加以使用的土地的租金必须提高，其提高的幅度，相当于众所周知的在目前情况下这些新利用的土地通常被从其他生产部门抽走的费用。此外，人类还不断成功地通过改善他们的组织状况，大大加快货币的流通速度，而贵金属的开采迄今也许已经超过消费。像我们所看到的，两者造成货币与所购买的货物相比的价值的降低；在这种情况下，也造成应付租金的提高。当加利福尼亚和澳大利亚新发现的金矿提供了比过去更强有力的金量增加的前景时，这种情况也将会在最近的将来继续存在下去。因此，在目前情况下，地租也必然会出现持续的提高。经验证明，下述结果是毋庸置疑的：在确

定应付租金时，这种出租土地的租金较长时间的提高通常是不会不加考虑的。例如，在普鲁士的国有土地管理中，延长18年的土地出租便直接把租价提高了10%。因此，应付租金必然尽可能准确地与这种提高相并行。

如果以a表示第一年的租金，A表示n年以后的租金，那么，这种提高便可以近似地以下述公式来表示：

$$A = a(1 + z)^n,$$

因为由基本条件带来的影响地租水平的变化，本身又有效地造成新的变化，这种新的变化按时间的幂来表示。因此，如果在租约中规定应付租金每年提高的百分率，那么，就要考虑在目前条件下地租的波动。这种百分率应规定多高，可以由经验来确定；承租人在同一块土地上相继出现的人数愈多，确定得就愈准确。后来者的考虑可以为进一步的考察暂时提供一个支点。

从普鲁士国有土地管理中所出现的地租的提高中，可以在上述公式的基础上通过下述等式得出这种百分率：

$$110 = 100(1 + z)^{18};$$

因此，

$$Lg(1 + z) = \frac{Lg^{11} - Lg^{10}}{18} = 0.0022996,$$

$z = 0.005309$，因此每年提高0.5309%，或者说超过$\frac{9}{17}$%。根据经验，这种推算远远落后于实际。提高之所以如此低，是因为它在一切情况下都可以出现，是因为管理当局有权在任何情况下通过批准延长租期而造成巨大的提高。通过来自现实中的一个更为重要的例子，我们发现了一个要高得多的百分率。据辛克莱(《不列颠帝国公共收入史》，1803年第3版，第1卷，第184页）计算，被亨利八世取消的寺院土地，当时带来273000英镑；而两个半世纪以后，却至少带来600万英镑。运用上述公式，便得出：

$$6000000 = 273000(1+z)^{250},$$

于是，

$$Lg(1+z) = \frac{Lg\,6000 - Lg\,273}{250} = 0.0053680,$$

或者 $z = 0.012437$，即每年提高1.2437%。因此，可以确定，租金每年提高近 $1\frac{1}{4}\%$。这样，如果我们以后每年按1%提高，那么，这种提高对目前情况来说肯定不会被认为是太高的。

由于无法确定出租的最终期限，所以解除租赁关系只能安排在承租人死后进行。为此，必须给继承人留下进行这种安排的余地，所以他们继续承租的权利延至一年。这里，限制他们的权利和提高他们的责任是理所当然的，这是出于在短期承租时使这种限制成为习惯的同样的原因。

最后，不减免应付租金的规定看来是合理的，以便由此促进保险事业的发展。只有如此，才能学会对罕见的情况为生产所造成的损失进行估价。为了发现最合乎理想的生产部门，这种估价必须成为成功的前提条件。

按照个人利用土地于生产的这一基本原理，应该达到两方面的结果：一方面，那种能够持续地付最高租金的人应随时可以获得用于生产的土地，应付租金也要不断地尽可能如数地缴纳；另一方面，每个人都能随处作为竞争者出现。因此，消除这一最后障碍仅仅取决于国家获得全部土地财产。

如果社会在它产生时就立即宣布土地属于社会，像一切游牧和狩猎民族中的情况那样，那么，土地就能够被个人用于生产，只要他为此得到政府的许诺。这种许诺只有在有限的时间内和在上述差不多的条件下才能获得。因此，这里现在要加以解决的问题就绝不会产生。这种宣布也能够不受某个个人的任何反抗而进行，因为那时要考虑的还不是租金，因此没有人具有与它相违背的利益。这种情况没有发生，而且也不可能发生，因为对这种宣布的必然性的认识已经是以刚刚形成的交往关系的认识为前提的。因此，这一问题后来才产生是必然的。现在，这个问题的解决恰恰已经成为必要的。这一点为改造我们的所谓社会关系而进行的坚持不懈的努力所证明，这种努力最近已导致最为严重的暴力事件。

共产主义者和社会主义者们自信，通过打碎它即废除私有制，就能解决这个症结问题。撇开无论如何都不能为自己辩解的对目前所有者（他们是在社会的保证之下赢得这些财产的）的不公正的态度不论，我们也已经看到，对财产的最大保证是人类福利和文化的基本条件之一。即使租金不经所有者的努力而不断提高的情况，也不能为某一项造成所有者地租降低的措施进行辩解。因为租金必然按照与时间的一定比例提高，所以这种情况一经发生，在计算购买价格时就要加以考虑。像我们所看到的那样，这正是购买价格只有通过计算才能得出的缘故。因此，毫无疑问，购买者（由于购买是在社会法律保证下进行的）也换得了对租金实行一切波动的权利，而不管其性质如何。如果人们现在还想强迫土地所有者部分地或全部地放弃他们的所有权，不管这种强制是如何间接地进行的，那么，这就意味着对确定所有制关系的最高原则的极其粗暴的蹂躏。即使人们将终身息金(它的量等于土地财产转交国家时所得到的应付租金)作为补偿许诺给土地所有者，正像现在采取征用制时通常所做的那样，这种不公正的态度由于上述原因也只是被减少，而没有被避免。

然而，为了达到促进国家占有土地财产的目的，并不需要这样一种强制。为此只需做到下面一点也就够了：像对待任何个人一样，使国家随意通过购买以自由让渡的方式成为土地所有者。当国家想在购买土地财产方面同私人展开竞争时，许多在享受规律中有其根据并因此而必然到处再现出来的因素，便会联合发挥作用，为国家提供更为有利的条件。

1. 在多少正常的条件下，国家借款时仅仅通过满足一定条件的简单许诺为私人提供的保证便如此巨大，以致私人要做出类似的保证就必须按公认的估价对财产进行费用昂贵和手续繁琐的抵押。由此产生的一个结果是，国家能够通过开在所有者名下的债券以有利得多的条件签署贷款协议，因为这样一来费用被节省了，准确的和及时的利息收入的可靠程度提高了，能够不经任何手续立即卖掉债券的方便程度受到重视。这些较为有利的条件表明，国家为它的贷款应付的利率与私人相比要低。由此产生的另一个结果是，由于利息较低，国家可以支付比私人更高的租金购买价格。如果国家支付 4% 的利息，而私人必须支付 5% 的利息，那么，国家在购买租金收入时可以为此提供 500 塔勒，而私人只能为此适当地提供 400 塔勒。

2. 对一些个人来说，等量货币额(即使撇开它由于用来获取租金可以提高不论)的接收愈是接近于现在，它的价值也就愈大。

这部分地是因为，享受被推到未来越远，享受的可能性就越小。这部分地也是因为，随着年龄的增大，在绝大多数享受中，享受资料必然增加，以便以同样的强度满足某种一定的享受；或者这样结果也是一样，即以相等的数量只能满足较小的享受。相反地，对于国家来说，由于国家无限期的存在，这种对等量货币估价的影响便不存在。结果，当带有固定利息的债券提供给私人时，私人享受的却比准确地作为日益提高的地租的实际等价物计算时所必须提供的要小。其结果同第一种理由所提供的完全一样。

3. 个人的有限生命期，他的有限的地产以及有限的货币手段，使下述情况对他不利：在我们按照上述被认为是唯一适用的条件下出租土地，以便将生产提高到最有利的阶段，从而也将应付租金提到尽可能高的程度。由于所有者的生命期平均来说限于与承租人的生命期同样的时间内，所以所有者便由于生活时期的土地出租而通常把自己一辈子束缚起来。因此，一个在这种出租过程中所犯的对己不利的错误，就会对他带来不断的损失。这种损失使他十分痛心，这是由于他的地产有限而常常涉及属于他的很大一部分租金的缘故。为了避免这种错误，他必然宁可选择不那么有利的出租几年的方式，尽管这样对地产的改良以及由此而造成的租金提高不那么有利。土地所有者很少能通过有利地改变一块土地的边界来帮助承租人，也不能提供由承租人自由支配的用于土地改良和建设的货币资金。如果国家把上述出租条件作为基础(这反过来又能使国家与私人相比提高购买量)，把所有这些因素结合起来，就必定能够在出租时达到超过个人的好处。几乎无需进一步指出，即使在所有者自己利用土地的情况下，这里所描述的关系也会

像我们在以前所看到的，以租金的占有造成对勤劳的松懈的同样的方式和程度，造成归他所有的租金的减少。因此，这些关系归根结底必然造成，私人对财产的估价比国家要低。

英国的情况表明，国家的这种优势具有多么有利的影响。在那里，地产集中在少数豪门富族之手。因此，在这些家族中，摆脱了财产和货币手段的不利限制。此外，由于这些家族把自己看做是一个整体，所以个人生命期的限制也失去了它的不利影响。因此，近似地按照上述原理组织农业生产，在英国早已成为习惯。众所周知，土地按照适度规模被出租 99 年。这样，虽然不是完全地但却近似地达到按照生活时间并带有日益提高的租金出租的好处。于是，我们看到，英国农业达到发达的水平，从而地租达到任何其他地方一般都达不到的相当高的水平。

由于上述三种原因的共同作用，便造成如下结果：**国家能够以它的如此优惠的条件从私人那里购买地产，以致它后来可以通过地租的提高赢得一笔用来偿还购买费用的基金**。

用一定的事例将会说明这一点。为此，我们选择了普鲁士所存在的情况。普鲁士的情况绝不是十分正常的，致使有益的交换规律在这里不能不受干扰地发挥作用。当然，只有在这种作用不被干扰时，这种作用的结果才能以其固有的程度表现出来。但是，我们在导言中关于伦理学家试图借以对抗享受规律作用的那些障碍所说的话，在这里也是适用的：**赋予人的力量尽管被滥用，但也只能削弱被上帝所创造的自然力的作用，而不能使它完全丧失作用**。因此，虽然普鲁士的组织制度有各种缺点，但我们还是能够重新发现它们的结果在质上表现为交换规律作用的必然结果，即使在量上也是相当程度地保持着它们在不受干扰地发挥作用的条件下所达到的规模。

现在，即1852年12月，普鲁士$3\frac{1}{2}\%$的国家债券的市价围绕94而波动。普鲁士提供给它的债权人的保证程度和方便程度，使这些债权人满足于不到$3\frac{3}{4}\%$的他们的资本的利息。因此，$3\frac{3}{4}\%$的国家债券接近于按照它们的名义量估价。如果政府宣布准备凭这种国家债券，以这些债券购买时的利息等于由地产所产生的应付租金的水平，购买全部地产，那么，土地所有者将获得他的地产的租金收入的$26\frac{2}{3}$倍。这就是众所周知的普鲁士的许多地区能够获得大量地产的价格。通过这样的购买，国家赢得地租提高的整个数额。如果需要促进向国家出卖地产，那么，国家还可以向所有者提供更大的好处。

若以A表示购买费用，z表示对这一金额应付的利息，a表示购买时应付的租金，Z'表示由于租金的提高这一金额每塔勒的年增长额，那么，zA便表示由国家每年应付的利息，从而$zA-a$表示第一年中超过租金的费用。此外，对这一费用应付的利息为$z(zA-a)$；如果国家不应遭受损害，这些利息必须与应付租金的提高相等。因此，等式为：

$$z(zA-a)=z'a,$$

或者

$$A=\frac{a(z+z')}{z^2},$$

像我们所看到的目前普鲁士的情况，$a=1$，$z=0.0375$，$z'=0.01$；因此，

$$A=33\frac{7}{9},$$

这就是说，在目前条件下，按年租金的 $33\frac{7}{9}$ 倍购买地产，政府将不会遭受损害。如果像 1842 年的情况重新出现，$3\frac{1}{2}\%$ 的国家债券的市价按 $3\frac{1}{4}\%$ 生息；如果我们假定地租的提高同由英国土地所计算出的一样，即 $1\frac{1}{4}\%$；那么，就得到：

$$A=\frac{0.0325+0.0125}{(0.0325)^2}=42.60354.$$

这样，购买即使按年租金 $42\frac{3}{5}$ 倍的价格也可以不受损害地进行。众所周知，按照应付租金的 $33\frac{7}{9}$ 倍或者甚至 $42\frac{3}{5}$ 倍的价格，全部地产都可以被购买，除非轻率地决定保留地产。经验证明，政府的上述优势已经能够在购买地产时战胜私人的竞争；如果政府获得了一个更为合理的组织制度的条件，那就更是如此。

如果我试图通过一些图表加以说明，那么，对象的重要性就有说服力了。此外，我之所以详细地做这些，是因为对持续发挥作用的力量的日益提高的作用获得一个明确的看法，对于判断交往关系具有极其重要的意义。而为了获得这种看法，最合适不过的途径就是，注意研究那些计算出各种力量在同样时间内发挥作用的程度的图表。首先应该建议政治家们对这种日益提高的作用取得最明确的看法，因为只有这样他们才能对他们的措施进行正确的判

断。为了有利于计算，我假定地租的年增长率为1%，国债按4%付息。然而，这种假定同实际情况的可以预料的证明相比，对于国家和计算的结果都是更不合理的。下列图表描绘出这样一幅图画：当整个年剩余都用于清偿时，通过租金的增长清偿购买费用是如何成为可能的。在这一图表中，n 列表示自购买以来的年数，A 表示每一个这样的时期开始时应偿付的购买费用，ZA 表示这些年每年的年终应支付的利息，$a(1+z')^n$ 表示同一时期赚得的租金，$a(1+z')^n-zA$ 表示可用于清偿资本的数额。

表 23.1

n	A	zA	$a(1+z')^n$	$a(1+z')^n-zA$
0	100 000	4 000	4 000	0
1	100 000	4 000	4 040	40
2	99 960	3 998	4 080	82
3	99 878	3 995	4 121	126
4	99 752	3 990	4 161	172
5	99 580	3 983	4 204	221
6	99 359	3 974	4 246	272
7	99 087	3 963	4 288	325
8	98 762	3 950	4 331	381
9	98 381	3 935	4 374	439
10	97 942	3 918	4 418	500
11	97 442	3 898	4 462	564
12	96 878	3 875	4 507	632
13	96 246	3 850	4 552	702
14	95 544	3 822	4 598	776

续表

n	A	zA	$a(1+z')^n$	$a(1+z')^n-zA$
15	89 768	3 791	4 644	853
16	93 915	3 757	4 690	933
17	92 982	3 719	4 737	1 018
18	91 964	3 679	4 784	1 105
19	90 859	3 634	4 832	1 198
20	89 661	3 586	4 880	1 294
21	88 367	3 535	4 929	1 394
22	86 973	3 479	4 978	1 499
23	85 474	3 419	5 028	1 609
24	83 865	3 355	5 078	1 723
25	82 142	3 286	5 129	1 843
26	80 299	3 212	5 180	1 968
27	78 331	3 133	5 232	2 099
28	76 232	3 049	5 284	2 235
29	73 997	2 960	5 337	2 377
30	71 620	2 865	5 390	2 525
31	69 095	2 764	5 444	2 680
32	66 415	2 658	5 498	2 841
33	63 574	2 543	5 553	3 010
34	60 564	2 423	5 609	3 186
35	57 378	2 295	5 665	3 370
36	54 008	2 160	5 722	3 562
37	50 446	2 018	5 779	3 761

续表

n	A	zA	$a(1+z')^n$	$a(1+z')^n-zA$
38	46 685	1 867	5 837	3 970
39	42 715	1 709	5 895	4 186
40	38 529	1 541	5 954	4 413
41	34 116	1 365	6 014	4 649
42	29 467	1 179	6 074	4 895
43	24 572	983	6 135	5 152
44	19 420	777	6 196	5 419
45	14 001	560	6 258	5 698
46	8 303	332	6 321	5 989
47	2 314	93	6 384	6 291

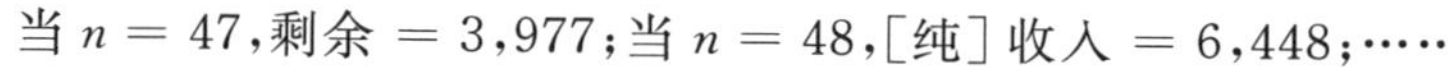
当 $n=47$，剩余 $=3,977$；当 $n=48$，[纯]收入 $=6,448$；……

我们从这个图表中首先可以看出：清偿购买费用在47年内完成，政府从那时起保持对全部租金的自由支配。其次可以看出：由租金提高带来的好处在最初时期是多么迟缓才使人察觉出来，它在整个头七年内还不足以清偿购买费用的1%；而它在较后的几年增长得又是多么快，因为在还不到七个七年的时间内购买费用便被全部清偿。最后还可以看出：这种提高对生命期有限的私人来说，与无限期存在的国家相比，其价值又是多么微小。

如果要大规模地采取这种措施，那么，十分明显：这里所使用的方法，即把租金超过向剩下的购买费用支付利息所需要的数额的余额不折不扣地用于清偿债务，是不适宜采用的。这是因为在采取这种方法时，通过自己的节约而使采取这种措施成为可能的一代，不能从其好处中获得相应的份额。为了弥补这种缺陷，只需按照由于采取这种措施而使国家的财产状况得到改善的比例，把节约中的一部分用于日常支出也就够了。如果每年形成的节约按它本身仍然完全用于清偿购买费用的比例进行分配，而与这种节约相应的部分用于日常支出，这一点就能实现。一方面节约越大，另一方面债务越小，或换句话说财产状况越有利，用于日常支出的部分也就越大。若以 A 表示剩下的购买费用，以 E 表示节约，那么，通过下述比例就可以得出用于日常开支的部分：

$$A : E = E - e : e,$$

或者：

$$e = \frac{E^2}{A + E}.$$

按照这一原理，可以计算出下表。在这个表中，n 列表示购买后的年数，A 表示还应清偿的剩下的购买费用，zA 表示尚存债务的利息，a 表示租金，E 表示节约即从 zA 中扣除利息以及从 $\sum e$ 中扣除在以前年份里转用于日常开支的数额以后的租金，e' 表示节约中用于清偿债务的部分，e 表示节约中用于日常开支的部分，最后 $\sum e$ 表示在各该年份里用于日常开支数额的总和。因此，这个表应按下述方式来读：在第 47 年中，由于实行以前的方法，便完成了清偿；而由于实行现在这种方法，债务余额还有 34195 塔勒。这就要求付息 1368 塔勒。这一年的租金总计 6384 塔勒。因此，在扣除相应利息和在以前年份中转用于日常开支的数额（$\sum e$ 列显示为 2323 塔勒）后，在第 47 年形成节约 2693 塔勒。其中转用于日常支出的数额，可以通过下面的等式得出：

$$e = \frac{(2693)^2}{34195 + 2693} = 197,$$

这样,剩下用于清偿债务的数额为 2496 塔勒。因此,第 47 年的租金按照下述方式分配:

1. 用于支付利息　　1368 塔勒
2. 用于日常支出　　2520 塔勒
3. 用于清偿债务　　2496 塔勒

总计　　6384 塔勒

因此,该表如下:

表 23.2

n	A	zA	a	E	e'	e	$\sum e$
0	100 000	4 000	4 000	0	0	0	0
1	100 000	4 000	4 040	40	40	0	0
2	99 960	3 998	4 080	82	82	0	0
3	99 878	3 995	4 121	126	126	0	0
4	99 752	3 990	4 162	172	172	0	0
5	99 580	3 983	4 204	221	221	0	0
6	99 359	3 974	4 246	272	271	1	1
7	99 088	3 964	4 288	323	322	1	2
8	98 766	3 951	4 311	378	377	1	3
9	98 389	3 936	4 374	435	433	2	5
10	97 956	3 918	4 418	497	494	3	8
11	97 462	3 898	4 462	556	553	3	11
12	96 906	3 876	4 507	620	616	4	15

续表

n	A	zA	a	E	e'	e	$\sum e$
13	96 290	3 852	4 552	685	680	5	20
14	95 610	3 824	4 598	754	748	6	26
15	94 862	3 794	4 644	824	817	7	33
16	94 038	3 762	4 690	895	887	8	41
17	93 151	3 726	4 737	970	960	10	51
18	92 191	3 688	4 784	1 045	1 033	12	63
19	91 158	3 646	4 832	1 123	1 109	14	77
20	90 049	3 602	4 880	1 201	1 185	16	93
21	88 864	3 555	4 929	1 281	1 263	18	111
22	87 601	3 504	4 978	1 363	1 342	21	132
23	86 259	3 450	5 028	1 446	1 422	24	156
24	84 837	3 393	5 078	1 529	1 502	27	183
25	83 335	3 333	5 129	1 613	1 582	31	214
26	81 753	3 270	5 180	1 696	1 661	35	249
27	80 092	3 204	5 232	1 779	1 740	39	288
28	78 352	3 134	5 284	1 862	1 819	43	331
29	76 533	3 061	5 337	1 945	1 897	48	379
30	74 636	2 985	5 390	2 026	1 972	54	433
31	72 664	2 907	5 444	2 104	2 045	59	492
32	70 619	2 825	5 498	2 181	2 116	65	557
33	68 503	2 740	5 553	2 256	2 184	72	629
34	66 319	2 653	5 609	2 327	2 248	79	708

续表

n	A	zA	a	E	e'	e	$\sum e$
35	64 071	2 563	5 665	2 394	2 308	86	794
36	61 763	2 471	5 722	2 457	2 363	94	888
37	59 400	2 376	5 779	2 515	2 413	102	990
38	56 987	2 279	5 837	2 568	2 457	111	1 101
39	54 530	2 181	5 895	2 613	2 494	119	1 220
40	52 036	2 081	5 954	2 653	2 524	129	1 349
41	49 512	1 980	6 014	2 685	2 547	138	1 487
42	46 965	1 879	6 074	2 708	2 560	148	1 635
43	44 405	1 776	6 135	2 724	2 567	157	1 792
44	41 838	1 674	6 196	2 730	2 563	167	1 959
45	39 275	1 571	6 258	2 728	2 551	177	2 136
46	36 724	1 469	6 321	2 716	2 529	187	2 323
47	34 195	1 368	6 384	2 693	2 496	197	2 520
48	31 699	1 268	6 448	2 660	2 454	206	2 726
49	29 245	1 170	6 512	2 616	2 401	215	2 941
50	26 844	1 074	6 577	2 562	2 339	223	3 164
51	24 505	980	6 643	2 499	2 268	231	3 395
52	22 237	889	6 709	2 425	2 187	238	3 633
53	20 050	802	6 776	2 341	2 096	245	3 878
54	17 954	718	6 844	2 248	1 998	250	4 128
55	15 956	638	6 912	2 146	1 892	254	4 382
56	14 064	563	6 981	2 036	1 779	257	4 639

续表

n	A	zA	a	E	e'	e	$\sum e$
57	12 285	491	7 051	1 921	1 661	260	4 899
58	10 624	425	7 122	1 798	1 538	260	5 159
59	9 086	363	7 193	1 671	1 411	260	5 419
60	7 675	307	7 265	1 539	1 282	257	5 676
61	6 393	256	7 338	1 406	1 153	253	5 929
62	5 240	210	7 411	1 272	1 024	248	6 177
63	4 226	169	7 485	1 139	897	242	6 419
64	3 329	133	7 560	1 008	774	234	6 653
65	2 555	102	7 636	881	655	226	6 879
66	1 900	76	7 712	757	541	216	7 095
67	1 359	54	7 789	640	435	205	7 300
68	924	37	7 867	530	337	193	7 493
69	587	23	7 946	430	249	181	7 674
70	338	14	8 025	337	169	168	7 842
71	169	7	8 105	256	102	154	7 996
72	67	3	8 186	187	49	138	8 134
73	18	1	8 268	133	16	117	8 251
74	2	0	8 351	100	2	98	8 349
75	0	0	8 435	86	0	86	8 435

我们从这个表的 e' 可以看出，在实行这种方法的条件下，当 $n=0$ 和 $n=75$ 时，用于清偿债务的数额等于零；当 $n=43$ 时，它达到最大值 2567 塔勒。从 $\sum e$ 列还可以看出，用于日常支出的数

额继续增长，直到等于第 75 年的整个租金。这两种考察都是完全适用的。但是，也可以看出，$\sum e$ 的增长在最初时间里是多么缓慢。直到第六年以前，我们例子中的数额还没有达到半个塔勒；因此，在我们的例子中，也只是在这一年，它才开始产生影响。但是，即使在这时，增长在最初也还是相当缓慢的，以致在第 20 年里才有 93 塔勒用于日常支出。由此可以看出，由于是通过计算的方法得出的，这一数额便为财产状况的改善提供了一个准确的尺度，尽管这种改善在最初年代是进展不大。但是，从后来十分迅速的提高中也可以看出，在较后的时期里为国家形成的条件是多么有利。采取这种方法的好处是，能使现在活着的一代参与分享由国家创造的利润。这种好处仅仅是以不大的损失换得的：清偿购买费用不是在 47 年之后而是在 74 年之后才完成，在第 47 年里还有购买费用的 1/3 强留待清偿。

在上述两个表中，出发的前提是：租金在刚刚购买时，足以完全抵偿购买费用的利息。我们由公式 $A=\frac{a(z+z')}{z^2}$ 可以看出，如果国家不是按应付租金的 25 倍而是按其 31 $\frac{1}{4}$ 倍的价格进行购买，那么，它在这里提出的前提条件下就不会有任何损失。因此，如果购买在这两个界限之间进行，例如以租金 30 倍的价格即十分接近使对国家的好处丧失的界限进行，那么，作一个概算看来是合理的。下表（其中的字母表示与第一表中同样的意义）就包含计算的结果：

表 23.3

n	A	zA	a	$a-zA$
0	100 000	4 000	3 333	— 667
1	100 667	4 027	3 366	— 659
2	101 326	4 053	3 400	— 653
3	101 979	4 079	3 434	— 645
4	102 624	4 105	3 468	— 637
5	103 261	4 130	3 503	— 627
6	103 888	4 156	3 538	— 618
7	104 506	4 180	3 573	— 607
8	105 113	4 205	3 609	— 596
9	105 709	4 228	3 645	— 583
10	106 292	4 252	3 681	— 571
11	106 863	4 275	3 718	— 557
12	107 420	4 297	3 754	— 543
13	107 962	4 318	3 793	— 525
14	108 487	4 339	3 830	— 509
15	108 996	4 360	3 869	— 491
16	109 487	4 379	3 907	— 472
17	109 959	4 398	3 947	— 451
18	110 410	4 416	3 986	— 430
19	110 840	4 434	4 026	— 408
20	111 248	4 450	4 066	— 384
21	111 632	4 465	4 107	— 358
22	111 990	4 480	4 148	— 342
23	112 322	4 493	4 189	— 304

续表

n	A	zA	a	$a-zA$
24	112 626	4 505	4 231	−274
25	112 900	4 516	4 274	−242
26	113 142	4 526	4 316	−210
27	113 352	4 534	4 359	−175
28	113 527	4 541	4 403	−138
29	113 665	4 547	4 447	−100
30	113 765	4 551	4 492	−59
31	113 824	4 553	4 536	−17
32	113 841	4 554	4 582	+28

该表显示，前32年的债务增长了大约$13\frac{5}{6}\%$，只是在第32年清偿才能开始，然后从这时起清偿将按照同前表一样的比例进展。

因此，通过交换规律的作用，无需任何其他的协助，便使国家掌握足够的手段，以便现在在人类建立国家时所犯的错误本身可以被认识之后改进这些错误。国家也应毫不迟疑地使用这种手段，用以清除阻碍合理行动的最后障碍。

此外，通过采取这些措施，还同时达到其他同样重要的目的。我这里限于列举以下几个目的：

1. 像我们在以前所看到的，应付租金的缩小，或在另一种情况下应收租金的扩大，具有使应付出的劳动量 A 从而获得量 M 减少的作用。这明显地按照 M 减少的程度为社会带来损失。因此，如果成功地使个人所收租金量减少，同时又不因此而对个人造成利用适当的 e 购买租金的过大困难，这对社会来说便可以看做赢利。

通过采取所建议的措施，即购买地产，这一点便可以最大规模地实现，因为这样一来全部地租就不可能由私人收取了。而另一方面，借贷信用社所提供的租金中，便留下了为 c 找到最合理利用的足够的租金。

2. 通过把全部地产转归国家所有，个人之间的法权关系就变得十分简单了，以致他们之间法权界限的疑难也属罕见的情况了。

3. 对于大量的生产来说，所需要的经营资金将会减少，其减少的幅度等于为此所需要的土地的全部购买价格。

4. 最后，获取社会必不可少的货币手段，可以通过收取地租来实现，而不会带来任何烦恼和不公平现象。因为像我们上面已经看到的，按照十分保守的估计，普鲁士的应付地租达到每年 1 亿塔勒；按照所有其他国家的情况，这一数额大到甚至足以由此而承担现在已经成为习惯的社会所使用的货币手段量。

第二十四章　拟议中的福利最大化改革的作用

通过上面所建议的那些措施，一切阻碍个人进行按照自然规律行事的尝试的障碍——就个人自己的力量不足以消除这些障碍而言——，都可以被清除。这仅仅取决于，每个人都最合理地使用他自己的力量，以便得到他将获取与他对社会的贡献完全相应的和尽可能大的生活享受的可靠保证。如果我们考察一下采取所指定的措施所带来的结果，就会立即明白这一点。

按照所指定的方式改造我们的关系，首先便造成一种风气，即将来只用现金进行购买。通过建立信用社，便使每个人比较容易地获得为用现金进行一切购买所需要的货币额。此外，由于众所周知的原因，借款人的条件在信用社里比在商人那里赊欠要优惠得多。因此，谁要是在一个亲戚或熟人那里获得充分的信任，使他有可能在信用社里获得担保，谁就会在一切情况下向信用社寻求获得用现金进行购买的必要货币。因此，现金购买较之要求赊贷愈益成为风气，后者的情况表明，他在他的最亲近的亲戚和熟人那里也得不到信任，从而同意给他赊贷是与极度的风险联系在一起的。这种风气对一切交换关系的良好影响，特别是由此产生的使正确确定价格关系变得容易，是十分清楚的，因此无需进一步地论述。

不仅如此，通过把地产转交国家，也取消了个人把他的 c 投入地租的可能性。只有在他的 c 的总额超过自己生产的需要时，他才能把他的 c 让予别人去生产租金；而他只有参加信用社，才能做到这一点而无过大的风险。此外，通过把对穷苦人的救济变为贷款，便向社会的所有阶层阐明把他们收入的一部分在任何情况下都作为 c 来使用的合理性。两者同时施加影响，使购买信用社债券的竞争尽可能加大，从而必然使这种债券的利息降至最小。这最后一点便以众所周知的方式造成人类生产率的提高。

最后，我们已经注意到：对于人们来说，同样的货币额，他们在达到人的训练之后获得这些货币的年头越早，价值就越高；另一方面，他们的生产能力越是由于年龄而降低，租金也就合乎人们理想地变得越高。两者共同造成这样的结果：对于人们来说，当他们不再需要把 c 用于自己的生产时，把它用于购买终身年金是对 c 最合理的利用。因为他们这样做，每年把一定的 c 用于终身年金，便为老年保证了日益提高的租金，而租金本身也超过一般利息率而大大提高。迄今为止，有两个方面的考虑妨碍采取这种最合理的使用方式。第一个是生活保障组织的建立还很少，另一个是力图为子女们留下一笔尽可能大的遗产。丰富的经验已经使第一个障碍部分地消除，并将很快地进一步消除；而一旦真正的上帝的宗教和由此对财产的正确估价得到普遍的认识，后一个障碍就会消除。因为像我们看到的，按照真正的上帝的宗教，通过自己的劳动获取收入是每个人的义务。因此，建立教育使人们由此而能在生活中取得这样一种地位，即使他们能够不致过度辛苦地谋取自己的收入，便成为

教育者的义务。但是，像我们所知道的那样，对于这样一些人来说，人类的福利水平一般说来提得越高，从而他们相应的生活享受变得越大，一种在正常过程中只有随年龄的增长才归属于他们的特殊财产也就越失去它的价值。应该补充说明的是，只有在保险业充分建立时，入保者才能通过终身年金同普通利息相比的提高而获得在他们临终时留下的购买总额的完全等价物。因此，如果这些人打算为另一些人，例如他们的子女，追加购买总额的价值，那他们只要在活着的时候把终身年金超过那笔资金的利息的余额——其超过的程度同这些资金由于较早地被接受而较高估价的价值相等——转交那些人就能做到这一点。这样，必然造成一种风气，即每个人在他满足用于从事自己的生产所必要的资金之后，把 c 用于购买终身年金，同时将 c 决定至使租金在劳动力降低的情况下足以满足一般生活享受的高度。如果这种风气已经形成，那么遗产便降低到一个适度的水平，以致它们量的差别在计算生活享受总额时一般不再起重大作用。于是，每个人只凭借他自己的劳动力和技巧来获取相应的生活享受。但是，在幼年教育——上面已经指出这是必要的——中，每个人都被带上以最短的方式达到尽可能高的训练水平的道路，这几乎完全取决于他自己沿着这条道路走得多远。其必然的结果是，整个人类将陷入争取更多生活享受的地位的高尚的竞争之中。这之所以是更多生活享受的地位，是因为为此所需要的训练只有以更大的努力、通过相互竞争才能达到。但是，一个人只有使他个人的能力巧妙地达到一定的程度，才能更成功地在这种竞争中赢得上风。但是，因为这种竞争一再发生而使每一种地位降至最低，所以其结果必然是，每一种生活地位都归于相对说来最具有这方面品质的人们,从而每一个人如果在这种竞争中被排挤到较低的等级上,那就只能怪自己。这样,一方面,人类的力量因此而以最合理的方式分配于生产;另一方面,共产主义者和社会主义者所追求的东西,被通过自然力量的作用以不可超越的完美性而达到:每个人都按照他为人类所作的贡献的比例获得报酬;因此,前面所发现的决定整个人类生活享受最大化的原理,也得到广泛的贯彻,因为这总是同个人为社会所作的不同贡献结合在一起的。此外,我们在前面看到,如果每个人都处在必须而且能够恰恰通过自己的努力获得他的相应的生活享受的地位上,那就会自愿地把他的劳动量提到最高的程度。这样,上述状况才能实现,整个由人类劳动所得的享受资料量从而人均的相应享受资料量才达到最大。于是,万事俱备,地球成为一个完美的乐园。

第二十五章　自身利益与人类进步

人们啊，仔细思索一下吧！

新近，自然科学家成功地指出，物质世界如何通过简单的、按一定规律发挥作用的力量的共同作用而必然采取它现在的形式，物质世界如何通过这些力量而联结在一起并不断发展。我们赞叹世界的辉煌，使那些自然科学家走上他们成功地把宇宙的产生、存在和发展归结为越来越简单的规律的道路。这里，上帝的智慧以无比高的程度显示出来。由于其他自然规律作用的方式和方法，上帝懂得通过享受递减规律，使他所创造的人——他提供人以最自由的自决权——只有在以最合乎理想的方式谋取整体福利时才能利用这种自由。而人一旦达到认识上帝的宗教，认识上帝用以创造、保持和发展他的世界的规律，就能做到这一点。上帝同时还懂得，以其他的方式，通过提高其总量——这种提高的量是完全不容忽视的——，大大补偿那种享受的明显地暂时缩减。例如，上帝善于消除利己主义似乎是同社会福利相对立的障碍，通过这种利己主义产生出直接的对立面，**使利己主义成为人类在艺术和科学中、在它的物质的和精神的福利方面取得进步的唯一的和不可阻挡的力量**。

人们啊，如果你们完全认识了这种世界构造的精美，那么你们就会对这种存在顶礼膜拜。它以它的不可捉摸的智慧、力量和仁慈，通过一种看来是如此微不足道的手段，便能够和趋向于产生出如此的庞然大物，对你们来说是如此不可估量的财富，使你们享有这种存在倾注于你们的富裕，从而值得你们为了你们自己的幸福，以尽可能加速实现那种最合乎理想的结果的方式，来组织你们的行为！

图书在版编目(CIP)数据

人类交换规律与人类行为准则的发展/(德)赫尔曼·海因里希·戈森著;陈秀山译.—北京:商务印书馆,2017
(汉译世界学术名著丛书:120年纪念版:珍藏本)
ISBN 978-7-100-14092-8

Ⅰ.①人… Ⅱ.①赫… ②陈… Ⅲ.①商品交换—行为经济学 Ⅳ.①F014.3

中国版本图书馆CIP数据核字(2017)第137970号

汉译世界学术名著丛书
(120年纪念版·珍藏本)
人类交换规律与人类行为准则的发展
〔德〕赫尔曼·海因里希·戈森 著
陈秀山 译
王辅民 校

商务印书馆出版
(北京王府井大街36号 邮政编码100710)
商务印书馆发行
南京爱德印刷有限公司印刷
ISBN 978-7-100-14092-8

2017年12月第1版　　开本710×1000 1/16
2017年12月第1次印刷　　印张22
定价:105.00元